城市轨道交通职业教育系列教材——城市轨道交通控制

城市轨道交通信号联锁与 ATS 系统

主　编　黄浩勇
副主编　杨　菁　付向明　刘廷明
主　审　凌喜华

西南交通大学出版社
·成　都·

内容提要

本教材汇聚了城市轨道交通主要的计算机联锁子系统、ATS 子系统，共分为 3 个大项目、7 个大任务。项目 1 以城市轨道交通正线计算机联锁子系统为例，分别介绍了卡斯柯信号有限公司的 ILOCK 型二乘二取二计算机联锁子系统，北京交大微联科技有限公司的 EI32-JD 型二乘二取二计算机联锁子系统，US&S 公司的 Microlok II 型双机热备计算机联锁子系统。项目 2 重点介绍了 TYJL-II 型计算机联锁子系统和 TJWX-2000 型微机监测子系统。项目 3 以成都地铁 4 号线、1 号线为例，分别介绍了卡斯柯 ATS 子系统、浙大网新 ATS 子系统中心设备，以便于读者熟悉 ATS 子系统设备的组成、功能、基本操作、维护及常见故障处理。

本教材配以大量设备应用的图片，在内容组织上符合循序渐进的教学规律，按项目化教学方法的教学理念编写。本书可以作为高职高专城市轨道交通专业教材，也可作为本科院校中职学校、相关专业师生及有关技术人员的自学参考用书。

图书在版编目（CIP）数据

城市轨道交通信号联锁与 ATS 系统 / 黄浩勇主编. — 成都：西南交通大学出版社，2016.8
ISBN 978-7-5643-4895-3

Ⅰ. ①城… Ⅱ. ①黄… Ⅲ. ①城市铁路 – 轨道交通 – 铁路信号 – 信号系统 – 联锁 – 教材 Ⅳ. ①U239.5 ② U284.3

中国版本图书馆 CIP 数据核字（2016）第 190364 号

城市轨道交通信号联锁与 ATS 系统
主编　黄浩勇

责 任 编 辑	李芳芳
特 邀 编 辑	王晓刚
封 面 设 计	何东琳设计工作室
出 版 发 行	西南交通大学出版社 （四川省成都市二环路北一段 111 号 西南交通大学创新大厦 21 楼）
发 行 部 电 话	028-87600564　028-87600533
邮 政 编 码	610031
网　　　　址	http://www.xnjdcbs.com
印　　　　刷	四川煤田地质制图印刷厂
成 品 尺 寸	185 mm × 260 mm
印　　　　张	16.25
字　　　　数	406 千
版　　　　次	2016 年 8 月第 1 版
印　　　　次	2016 年 8 月第 1 次
书　　　　号	ISBN 978-7-5643-4895-3
定　　　　价	39.00 元

课件咨询电话：028-87600533
图书如有印装质量问题　本社负责退换
版权所有　盗版必究　举报电话：028-87600562

出版说明

城市轨道交通凭借快捷、准时、舒适、运量大、能耗低、污染小、占地少等优点，日益成为城市现代化建设进程中重要的公益性基础设施项目。城市轨道交通涉及面广、综合性很强，其发展状况已被当成一个城市综合实力和现代化程度的重要评判指标。由此，城市轨道交通建设正在我国兴起一个新的浪潮，社会对城市轨道交通专业人才的需求巨大，给城市轨道交通类专业的职业教育发展带来了良好契机。

西南交通大学出版社与国内诸多交通院校一直保持友好往来，并整合他们在轨道交通领域的尖端科技优势和人才集成优势，致力于为国家轨道交通教育事业做出贡献，形成了以"轨道交通"为核心的出版特色，在教育界、学界都拥有良好的口碑和较高的品牌知名度。

本套丛书从满足快速增长的城市轨道交通专业实用型人才培养需求出发，从校企结合教学直接面向岗位需求这一特点出发，精心组织国内相关专业优秀教育工作者或优秀教育工作高校，分"运营管理""工程技术""车辆""控制""供电技术"五大类，系统地为读者呈现城市轨道交通教育课程全景。在编写时，力求体现如下特点：

◎ **适用性**

理论知识够用即可，在讲述专业知识的基础上，突出实际操作技能的训练，注重岗位关键能力的培养。

◎ **专业性**

图书的顶层设计从国家高职高专专业目录规范出发，内容编排紧密结合岗位应用实际，体现专业性和主流设备前沿特征，体现教学实际需求。同时，在编写或修改时，尽可能地让一线用人单位参与进来，根据生产现场实际提出建议。

◎ **生动性**

在架构设计和版式设计上，力求简洁生动，图文并茂；努力体现二维码技术等移动互联网时代元素在图书中的应用，尽可能把生产实际和研究成果，用立体生动的形式予以表达，便于读者理解掌握。

这套书可作为高等职业院校、中等职业学校城市轨道交通相关专业的教学用书，也可作为城市轨道交通企业新职工的培训教材。有关教材的课件资料等，可以联系我社使用。

联系电话：028-87600533

邮箱：swjtucbsfx@163.com

西南交通大学出版社

前　言

　　轨道交通以高效快捷、安全舒适等其他交通工具无法比拟的优越性，成为城市交通发展的热点和重点，当前我国的城市轨道交通正处在大发展、大建设时期。截至2014年年底，我国已有38个城市经国家批准建设轨道交通，规划总里程超过6 880 km。据《中国城市轨道交通年度报告》课题组和中国土木工程学会城市轨道交通技术工作委员会初步统计，截止到2015年12月31日，我国内地已有25个城市拥有110条建成并运营的城市轨道交通线路，运营总里程达3 293 km。今年是"十三五"的开局之年，我国将进入新的城市轨道交通建设大发展阶段。

　　在轨道交通的发展历史上，信号系统的作用十分重要，它是列车运行的凭证。尽管信号系统在整个工程中所占的投资额比例不高，但对于提高列车通过能力、保证行车安全有着至关重要的作用。

　　在很长的一段时期，城轨信号系统技术被国外企业所垄断，为了摆脱长期依赖国外进口技术的局面，国内信号厂家紧密跟踪国际技术发展，走自主创新发展之路。经过多年艰苦努力和技术攻关，探索研制出了具有独立知识产权的若干子系统。其中，中国铁道科学研究院、卡斯柯信号有限公司、北京交控科技有限公司等企业走在前列。几家单位通过多年的攻关，均研制出不同类型的各种CBTC信号系统，对我国的城市轨道交通建设做出了突出的贡献。

　　随着城市轨道交通行业的迅猛发展，大量的城市轨道交通信号设备需要专业技术人员维护，进入这个行业的从业者需要经过专业的技能培训才能上岗。本教材采用校企结合模式编写，结合我国轨道交通发展状况，既汇集了高校专业教师们的理论知识，又汇聚了城市轨道交通专业技术人员的宝贵经验，希望能为从业者增加知识储备。

　　本教材分为三个大项目：项目1以地铁正线计算机联锁子系统为例，分别介绍了：① ILOCK型正线计算机联锁子系统，它是卡斯柯信号有限公司引进ALSTOM公司SMARTLOCK系统核心技术，进行了国产化开发的二乘二取二计算机联锁系统；该系统采用分布式联锁控制方式，每个设备集中站都装备有二乘二取二的多重冗余的联锁计算机和现地控制工作站（与车站 ATS 操作员工作站共用），用于控制轨旁信号设备及实现联锁逻辑。② EI32-JD 型计算机联锁系统，它是北京交大微联科技有限公司采用 JD 型计算机联锁软件，搭载日本信号株式会社 EI-32 型计算机联锁主机硬件，二次开发研制而成的符合故障-安全原则的高可靠性、高安全性的计算机联锁系统。③ MicrolokⅡ型计算机联锁系统，它为 US&S 公司所研制，系统采用双机热备方式，MicrolokⅡ是基于安全微处理器的计算机系统和接口/通信系统。项目 2 重点介绍了 TYJL-Ⅱ型计算机联锁子系统和 TJWX-2000 型微机监测子系统。项目 3 以成都地铁 4 号线、1 号线为例，分别介绍了卡斯柯 ATS 子系统、浙大网新 ATS 子系统中心设备，目的是使读者熟悉 ATS 子系统设备的组成、功能、基本操作、维护及常见故障处理。

本教材在内容组织上符合循序渐进的教学规律，以工作过程为导向，以职业能力培养为重点，按项目化教学方法的教学理念编写，是一本理论性与实践性相结合的专业教材。

本教材由成都工业职业技术学院（原成都铁路运输学校）黄浩勇任主编，成都地铁公司杨菁、四川管理职业学院（原内江铁路机械学校）付向明和重庆铁路运输高级技工学校刘廷明任副主编，成都地铁公司凌喜华主审。参加本书编写的人员还有：成都地铁公司张平、郑进、成都工业职业技术学院付兵、赖成红、江蓉秋，中铁八局电务公司李天才。全书由成都工业职业技术学院黄浩勇和成都地铁公司杨菁完成统稿。在资料搜集和教材编写过程中，特别得到了成都地铁公司多位专家的支持和帮助，在此表示衷心的感谢！

由于我国城市轨道交通计算机联锁子系统和 ATS 子系统制式较多，资料难以收集齐全，再加上编者水平有限，时间紧迫，书中难免有疏漏之处，诚请广大读者和同行批评指正，以不断提高教材质量。

编　者

2016 年 7 月

目　录

项目 1　城市轨道交通正线计算机联锁子系统 ················· 1

　　项目描述 ··· 1
　　教学目标 ··· 1
　　典型工作任务 1　卡斯柯 ILOCK 型正线计算机联锁子系统 ········· 1
　　　　工作任务 ··· 1
　　　　知识准备 ··· 2
　　典型工作任务 2　北京交大微联 EI32-JD 型正线计算机联锁子系统 ···· 29
　　　　工作任务 ··· 29
　　　　知识准备 ··· 29
　　典型工作任务 3　浙大网新 MicrolokⅡ型正线计算机联锁子系统 ······ 46
　　　　工作任务 ··· 46
　　　　知识准备 ··· 47
　　项目小结 ··· 55
　　复习思考题 ··· 56

项目 2　城市轨道交通车辆段计算机联锁子系统及微机监测子系统 ······ 57

　　项目描述 ··· 57
　　教学目标 ··· 57
　　典型工作任务 1　铁道科学研究院 TYJL-Ⅱ型车辆段计算机联锁子系统 ···· 57
　　　　工作任务 ··· 57
　　　　知识准备 ··· 58
　　典型工作任务 2　铁道科学研究院 TJWX-2000 型微机监测子系统 ······ 75
　　　　工作任务 ··· 75
　　　　知识准备 ··· 75
　　项目小结 ··· 100
　　复习思考题 ··· 101

项目 3　城市轨道交通 ATS 子系统 ·· 102
　项目描述 ·· 102
　教学目标 ·· 102
　典型工作任务 1　卡斯柯 ATS 子系统 ·· 102
　　工作任务 ·· 102
　　知识准备 ·· 102
　典型工作任务 2　浙大网新 ATS 子系统 ·· 175
　　工作任务 ·· 175
　　知识准备 ·· 175
　项目小结 ·· 248
　复习思考题 ·· 248
附　录 ·· 250
参考文献 ·· 252

项目 1　城市轨道交通正线计算机联锁子系统

【项目描述】

地铁正线计算机联锁子系统是地铁信号系统的重要组成部分。本项目以成都地铁 4 号线、1 号线、3 号线为例，分别系统地介绍了卡斯柯 ILOCK 型正线计算机联锁子系统、北京交大微联科技有限公司的 EI32-JD 型计算机联锁子系统、US&S 公司的 Microlok Ⅱ 型计算机联锁子系统。目的是使读者掌握子系统硬件构成原理、各部分功能、联锁检查条件和系统接口数据交换关系。

【教学目标】

（1）熟悉卡斯柯 ILOCK 型正线计算机联锁子系统硬件构成原理、各部分功能。
（2）掌握卡斯柯 ILOCK 型正线计算机联锁子系统所有联锁功能。
（3）了解卡斯柯 ILOCK 型正线计算机联锁子系统接口关系。
（4）熟悉北京交大微联科技有限公司 EI32-JD 型计算机联锁子系统硬件构成。
（5）掌握北京交大微联科技有限公司 EI32-JD 型计算机联锁子系统所有联锁功能。
（6）熟悉 US&S 公司 Microlok Ⅱ 型计算机联锁子系统输入/输出原理和所有联锁功能。

典型工作任务 1　卡斯柯 ILOCK 型正线计算机联锁子系统

【工作任务】

（1）本工作任务以成都地铁 4 号线为例，学习卡斯柯 ILOCK 型正线计算机联锁子系统。
（2）掌握 ILOCK 子系统设备集中站的设备，集中站和非集中站的连接方法。
（3）理解 ILOCK 子系统列车防护、列车运营管理、轨旁设备管理、维护管理、ESB 管理联锁功能。
（4）了解 ILOCK 子系统其他联锁功能。
（5）理解联锁机的硬件结构和构成原理。
（6）了解 ILOCK 子系统接口关系和数据交换原理。

【知识准备】

一、概　述

　　ILOCK 型正线计算机联锁子系统是卡斯柯信号有限公司引进 ALSTOM 公司 SMARTLOCK 系统的核心技术，结合既有的通过原铁道部检测和认证的 VPⅠ系统联锁软件及人机界面等开发成果，进行了国产化开发的二乘二取二计算机联锁系统。

　　成都地铁 4 号线正线采用分布式联锁控制方式，4 号线一期全线分为七个联锁区，每个联锁区包括有岔站和无岔站，由位于设备集中站的联锁控制器 ILOCK 控制。相邻车站（相对于联锁站而言）的信号机、转辙机、站台安全门等都由联锁站控制，联锁站与非联锁站之间利用电缆和继电器进行连接。

　　每个设备集中站都装备有二乘二取二的多重冗余的联锁计算机和现地控制工作站（与车站 ATS 操作员工作站共用），用于控制轨旁信号设备及实现联锁逻辑；此外，还在这些设备集中站配置维护监测终端 SDM，完成对联锁子系统的维护诊断工作。

　　成都地铁 4 号线一期工程信号系统正线共设置有 7 个设备集中站，分别是非遗博览园站、蔡桥站、清江西路站、草堂北路站、中医药大学、省人民医院站、市二医院站及万年场站，如图 1-1 所示。

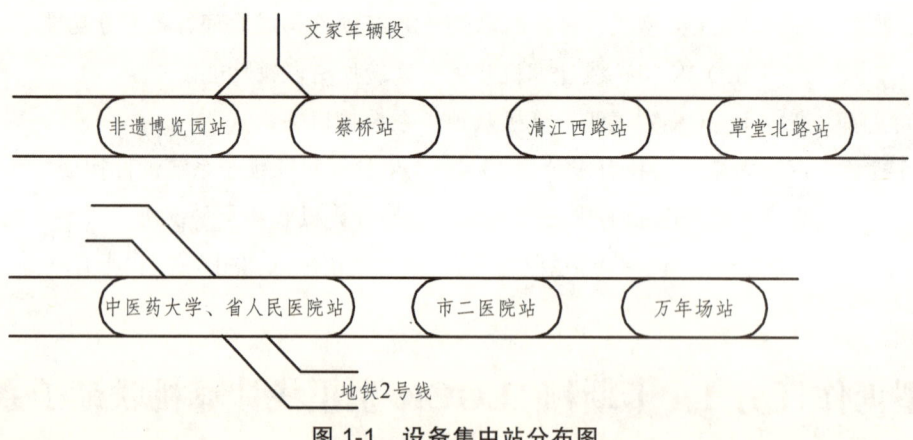

图 1-1　设备集中站分布图

　　如图 1-2 所示，ILOCK 正线联锁系统的设备主要分布在设备集中站，其具体构成如下。

　　（1）设置一套双系热冗余的二乘二取二联锁系统（简称 ZLC）。它负责完成管辖区域内的所有联锁功能及与中心 ZC 和车载 CC 之间的接口和数据传输。该设备布置在设备集中站的信号机房内。

　　（2）配置 2 层通信传输结构：一层为 ZLC 系统与 ATS 子系统、系统维护台及现地控制工作站之间的信息交换提供网络传输通道；另一层为 ZLC 系统与车载和 ATP 计算机之间的信息交换提供网络传输通道。上述传输设备均安装在信号机房的网络机架内。

　　（3）设置一套热备冗余的现地控制工作站（HMI）。车站值班员的操作命令（例如：进路办理、单操道岔、开放引导信号等所有的联锁操作）经 HMI 处理后送给 ZLC，ZLC 把联锁运算后的相关表示信息（信号机状态、道岔位置、区段状态等）送至 HMI 上显示。该设备布置在车控室的综合控制台上。成都地铁 4 号线一期工程信号系统设备集中站的 ATS 监控工作站与联锁设备的操纵工作站合用，称为现地控制工作站。

（4）设置一个系统维护台（SDM）。它负责完成本设备集中站所辖车站的联锁诊断和故障记录等，并把相应的信息内容通过网络送至维修中心。该设备布置在信号机房内的维护操作台面上。

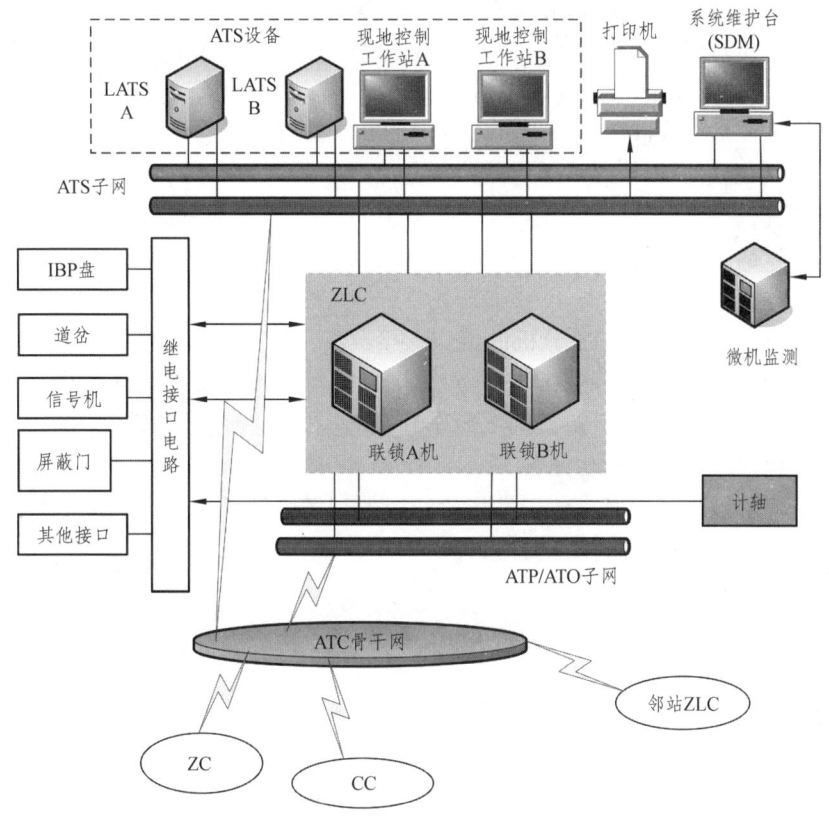

图 1-2　设备集中站设备布置图

成都地铁 4 号线一期工程信号系统共设置有 9 个非设备集中站，分别是中坝站、成都西站、文化宫站、西南财大站、宽窄巷子站、骡马市站、太升南路站、玉双路站及双桥路站，每个相应的非设备集中站都与其所属的设备集中站相连，如图 1-3 所示。

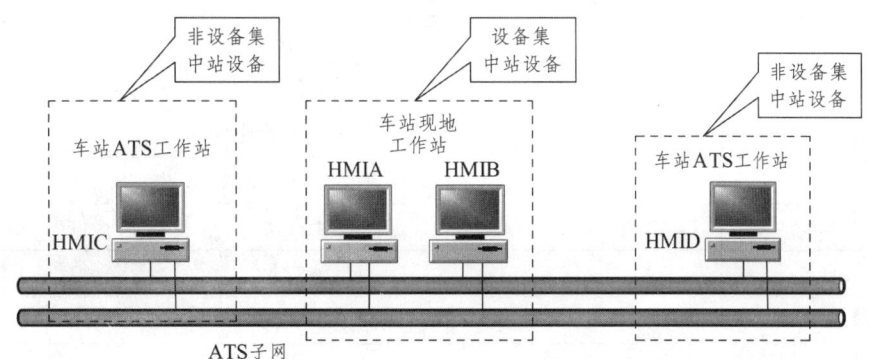

图 1-3　非设备集中站与其所属的设备集中站连接图

每个非设备集中站设置 1 台车站 ATS 工作站,提供所属设备集中站范围内信号设备状态的显示和列车的运行显示,同时提供与发车表示器的接口。该设备布置在车控室的综合控制台上。

正线 CI 子系统完成的主要功能如下:
- 负责本设备集中站所辖区域内的联锁逻辑处理;
- 负责与相邻 ZLC 之间的信息交换;
- 负责采集和驱动现场相关轨旁信号设备,通过安全型继电器实现和道岔转辙机、信号机、计轴、紧急停车按钮/取消紧停、屏蔽门及防淹门等设备的安全接口;
- 实现与轨旁 ZC 接口,负责把本区域内的联锁处理结果发送给轨旁 ZC(包括信号机和道岔状态、列车进路设置情况、保护区段的建立、区间运行方向),并接收轨旁 ZC 发送的列车位置等相关信息;
- 实现与车载 CC 的接口,接收车载系统发送的屏蔽门动作信息,通过安全型继电器实现与屏蔽门系统的接口;
- 通过网络实现与车站 ATS 分机的接口,接收车站 ATS 分机的控制命令,并把站场显示信息传送给车站 ATS 分机和中央 ATS,同时接收并显示 ATS 分机发送的列车识别号;
- 负责和 LEU 接口,在后备模式下向车载系统提供轨旁信号和道岔的相关信息;
- 提供直观的维护和诊断功能;
- 具有现场脱机测试功能,便于站场改造时的现场联锁试验;
- 实现与 MSS 集中监测设备的接口;
- 实现与其他系统的接口功能。

注:以下 ILOCK 联锁控制系统简称 CI 子系统。

二、联锁功能

ILOCK 型计算机联锁系统满足原铁道部颁布的《计算机联锁技术条件》和《继电式电气集中技术条件》。它可以实现联锁设备基本联锁功能,保证列车运行安全,实现列车进路上轨道区段、道岔、信号机之间的正确联锁关系。

根据成都地铁 4 号线一期工程信号系统的功能需求,CI 子系统具有如表 1-1 所示功能。

表 1-1 CI 子系统功能表

序号	功　　能
F1	列车防护
F1.1	区段空闲检测及子进路锁闭
F1.2	进路建立、锁闭及解锁
F1.3	道岔锁闭
F1.4	开放信号
F1.5	保护区段
F1.6	方向设置

续表

序号	功能
F2	列车运营管理
F2.1	自动折返
F2.2	自动通过进路
F3	管理轨旁设备
F3.1	管理道岔
F3.2	管理信号机
F3.3	计轴设备
F4	维护功能
F4.1	道岔单锁/解锁
F4.2	封锁/解锁
F5	站遥切换功能
F6	提供列车运营命令
F6.1	扣车
F6.2	取消扣车
F7	管理 ESB
F8	故障诊断、信号设备监督和报警功能
F9	TSR 管理
F10	操作防护功能

F1 列车防护

F1.1 区段空闲检测及子进路锁闭

区段空闲检测的计算公式如下，其示意图如图1-4所示。联锁区段真值表如表1-2所示。

$$E = (A * .N. B + C * D)$$

式中 .N.——取反；

* ——相与。

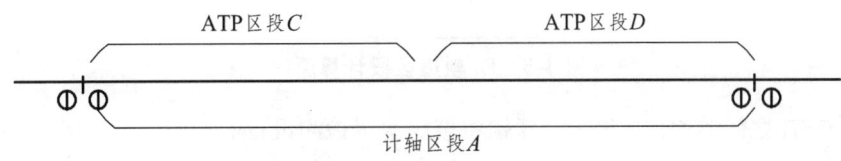

图 1-4 区段空闲检测示意图

表 1-2 联锁区段真值表

情况	计轴区段 A 1=出清 0=占用	计轴状态 B 1=不可用 0=可用	ATP 区段 C 1=出清 0=占用	ATP 区段 D 1=出清 0=占用	CI 区段 E 1=出清 0=占用
1	0	0	0	0	0
2	0	0	0	1	0
3	0	0	1	0	0
4	0	0	1	1	1
5	0	1	0	0	0
6	0	1	0	1	0
7	0	1	1	0	0
8	0	1	1	1	1
9	1	0	0	0	1
10	1	0	0	1	1
11	1	0	1	0	1
12	1	0	1	1	1
13	1	1	0	0	0
14	1	1	0	1	0
15	1	1	1	0	0
16	1	1	1	1	1

如图 1-5 所示，ZLC 轨道信息与计轴信息、ATP 闭塞信息和计轴可用/不可用三个因素有关。ATP 闭塞信息及计轴可用/不可用信息由 ZC 提供给联锁子系统，计轴信息由联锁机通过安全型采集板采集。联锁机将依照这些信息及其他相关的条件，得出 CI 轨道信息。联锁设备与 ZC 的接口以及联锁设备与轨道占用/空闲设备的接口符合故障-安全原则。

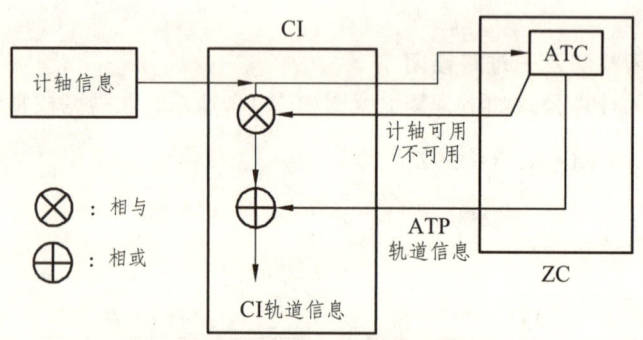

图 1-5 CI 轨道区段计算原理

当 ZC 与 CI 之间的通信中断时，联锁将按照次级检测设备的检测结果来反映区段的状态，CI 通过采集中国标准安全继电器节点来获取计轴区段的信息。

子进路锁闭：初始化时，所有的子进路都锁闭。当区段空闲时，需要人工办理解锁手续后才能解锁，或在 8 min 之内按下"上电解锁"按钮可对全站子进路进行解锁。一条子进路对应一个 CI 区段，双向运行区段应防止迎面子进路的建立。进路建立并锁闭后，子进路应能防止道岔未锁闭。在进路建立以后，一条进路的所有子进路和道岔应被锁闭，CI 子系统不允许解锁列车前方的子进路，即防止迎面解锁。

当防护进路的信号机被跨压后，在检查本区段空闲、下一区段占用后，进路上的第一个区段立即解锁，如图 1-6 所示。

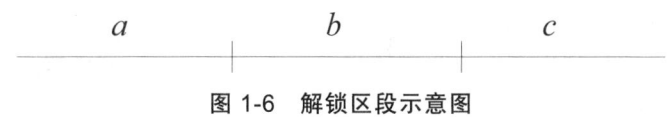

图 1-6 解锁区段示意图

非第一区段的正常解锁必须完成三点检查：前一区段解锁，本区段占用；检查下一区段占用，本区段出清。

三点检查的顺序是：前一区段占用，本区段空闲；本区段占用，前一区段出清；下一区段占用，本区段出清。

在轨道区段瞬间（例如：3 s 内）失去分路的情况下，子进路不允许解锁（如前一区段已解锁，本区段空闲，下一区段空闲的情况下，子进路不能解锁）。

F1.2 进路建立、锁闭及解锁

- 进路建立

根据操作能选出与操作意图相符的进路。

道岔位置不对或不能转动道岔时，进路不能建立。

不得同时选出敌对进路。敌对进路包括同一站台轨道或无岔区段上对向的列车进路（包括保护区段）、同一咽喉区内对向或顺向重叠的列车进路（包括保护区段）。

敌对的防护进路锁闭时，进路不能建立。

如果转辙机故障而不能转动，但转辙机可以被检测到在定位或是反位且可以被锁闭时，联锁子系统应允许办理经过该道岔位置的进路并走行列车。

有敌对子进路，进路不能建立。

进路正处于取消过程中，该进路建立的操作不能被执行。

信号机被封锁后，以该信号机为始端的进路不能建立。

进路内的无岔区段或道岔区段封锁后，经过该区段的进路不能建立。

收到防淹门请求关门信息或防淹门关门授权信息或防淹门未在开门状态，防护信号为始端的经过防淹门的进路将不被允许建立。

收到防淹门关门授权信息或防淹门未在开门状态，防护区域内的信号往外的进路将不允许建立。

- 进路锁闭

给定的进路已经建立。

进路上的道岔、防护道岔锁在规定位置。

进路上的区段均被锁闭。

敌对条件（敌对的自动通过进路、敌对的自动折返、敌对的延续防护进路、敌对的区段锁闭）未建立。

进路的锁闭按时机分为预先锁闭和接近锁闭。预先锁闭在进路选通，有关联锁条件具备时构成；接近锁闭在信号开放后接近区段有车占用时构成，当无接近区段时，信号开放后立即构成。

当信号机故障或轨道区段故障时，可以采用办理引导进路锁闭方式锁闭进路。

当道岔失去表示时，可以采用引导总锁闭方式锁闭全站道岔。（在用引导进路或引导总锁闭方式引导接车时，列车运行安全由车站值班员人工保证）

- 进路解锁

进路随列车运行而自动解锁，或在操作员办理解锁手续后解锁。进路随列车运行而自动解锁的模式叫作 TORR 模式。

非进路第一区段原则上需满足三点检查（待解锁区段的接近区段已满足解锁条件、本区段占用又出清、本区段的离去区段占用）后，延时一段时间后自动解锁。

在自动通过进路模式下，进路不能随列车运行而自动解锁（此时 TORR 模式不起作用）。

在操作员办理取消进路手续时，TORR 模式无效。

在列车跨压信号前，若信号已经被关闭，则 TORR 模式无效。

当计轴器不可用且联锁系统没有收到 ZC 发来的列车头部跨压信号机的信息时，TORR 模式无效。

每架进路信号的接近区段都需要定义。该区段的长度需要考虑列车以最高速度运行且以最低的通信效率在其设备之间传递信息所需要的时间的情况。

当进路处于接近锁闭而列车未驶入进路的情况下需要解锁时，能办理人工解锁。进路自信号机关闭时起延时 T_1（T_1 的具体时间待讨论后定）后解锁，并自动记录人工解锁的使用次数。

进路未处于接近锁闭的情况下办理取消进路时，检查确认信号机关闭和进路空闲后，进路立即解锁。

轨道区段在开机、停电恢复和因故障锁闭时，检查确认该区段未排列在进路中且空闲后，能采取"区故解"操作实现故障解锁，并提供自动计数功能。

办理"总人解"操作可使引导进路解锁。

F1.3 道岔锁闭

当办理进路并且道岔可操作时，进路中的道岔（包括防护道岔）应操纵至规定位置。

道岔可动时，车站的 CI 可直接发单操命令。

防护进路上的道岔可以转动时，道岔应随防护进路的建立而转动到规定位置。

道岔区段封锁后，其他条件具备时可转至相应的位置。

处于死锁状态的道岔不能自由转动。

如果子进路将道岔锁闭于某个位置，则该道岔不能再转动。

如果防护进路将道岔锁于它的规定位置，则该道岔不能再转动。

如果道岔单锁在某个位置，则该道岔不能再转动。

联锁应该对请求单锁的道岔实施单锁并保持单锁直至收到该道岔的解除单锁命令。

联锁机重启时，所有的道岔均处于引导总锁状态。

道岔区段被占用时，道岔将不能自由转动。

处于引导总锁闭状态的道岔不能自由转动。

处于非进路锁闭状态下的道岔不能自由转动。

当满足以下任一条件时可以认为道岔处于锁闭状态：
- 包含该道岔的区段被占用；
- 包含该道岔的任一区段锁闭；
- 与该道岔相关的 OVERLAP 锁闭；
- 该道岔死锁；
- 该道岔被引导总锁锁闭；
- 该道岔被单锁；
- 该道岔被非进路锁闭。

F1.4 开放信号

办理进路时，在检查并确认其进路上超限区段空闲、道岔位置正确、进路已锁闭、未施行人工解锁、敌对进路未建立、照查联锁条件正确等所有条件具备后，防护该进路的信号机方可开放。

防护道岔的信号机关闭后，未经再次办理，不得重复开放；但当正线办理了自动进路后，该进路保持锁闭，信号机随着列车的运行自动变换显示。

信号的开放应检查屏蔽门、紧急停车按钮、扣车等状态信息。当上述信息丢失时，已建立的进路防护信号机立即关闭。

当屏蔽门关闭且锁紧的状态信息丢失时，切断相关联信号机的开放电路。列车在车站停车时，由于屏蔽门的正常开启导致出站信号机的关闭，在检查相关联锁条件满足后出站信号机自动开放。

当车站紧急停车按钮按下后，联锁系统将使相关进路上已开放的信号机立即关闭。对于进路防护信号机的再次开放，需要人工办理重开信号操作，当检查相关联锁条件满足后，方可再次开放信号。

后备模式下，当办理扣车作业时，联锁系统将使已开放的车站正方向出站信号机立即关闭（当信号机内方有进路时，所防护的进路继续保持进路的锁闭）；办理取消扣车操作后，对应信号机在联锁条件满足后可自动开放。

CBTC 模式下，站台办理扣车后，出站信号关闭。

信号机具有灯丝监督的功能，开放后能不间断地检查灯丝良好状态。若灯丝断丝到某一设定的临界值，自动关闭该信号机。在信号机灯光正常转换的过程中，不会出现灯丝错误报警信息。

不允许信号出现乱显示情况（即不符合规定的信号显示）。在组合灯光开放和关闭后，同时点灯或灭灯。

如果执行了信号封锁操作，那么无论是在 CBTC 模式还是在非 CBTC 模式下对应的已开放信号均会被关闭。

联锁设备能够根据 ATP 设备提供的列车信息自动控制相应信号机的显示。

信号重开：

如果信号机由于某种原因关闭（如在后备模式下的区段故障或灯丝断丝），当故障恢复后信号需要人工重开。

信号机在以下情况下均会关闭：
- 区段故障或灯丝断丝；
- 列车压入允许信号；
- 办理区段故障解锁；
- 封锁信号机；
- 封锁进路内的无岔区段、道岔区段或进路的防护区段；
- 屏蔽门打开；
- 紧急停车被激活；
- 防淹门关闭或收到防淹门关闭请求时。

引导总锁和引导：
- 引导信号允许列车在进路内区段故障或信号灯丝断丝的情况下进站；
- 当按进路控制和单独操纵道岔方式建立引导进路时，确认与进路有关的道岔位置正确后，锁闭进路中的道岔和敌对进路。
- 当道岔失去表示时，可以采用引导总锁闭的方式锁闭全站道岔。（在用引导进路或引导总锁闭的方式引导接车时，列车的运行安全由车站值班员人工保证）

引导信号在下列情况下应及时关闭：
- 当进路上的道岔失去表示或引导的灯丝断丝时；
- 列车压入引导信号；
- 在信号机内方第一轨道区段发生故障的情况下，开放引导信号的按钮接点断开或30 s内未采取维持信号开放的操作或在采取了维持信号开放的操作后30 s内未再次采取维持信号开放的操作时；
- 办理引导进路解锁时；
- 引导信号机封锁后；
- 引导进路内的无岔区段或道岔区段封锁后；
- 人工关闭信号时。

引导进路接近锁闭后，总人解引导进路，延时15 s引导进路解锁。

在人工确认列车通过引导进路后，办理"总人解"操作可使引导进路解锁。

点式后备模式下，当屏蔽门未关闭且锁闭时，防护该站台的相关信号机被关闭，防止列车进入站台。

对于后备模式下，已开放的出站进路信号机，当相关的PSD被打开时，该信号应变为禁止状态。当该PSD再次关闭时，如果对应站台有车占用则不需要办理重开信号操作，在检查相关联锁条件满足后，信号可自动重新开放；如果对应站台没有车占用，则需要办理信号重开操作，在检查相关联锁条件满足后，信号方可再次开放。

在后备模式下，所有出站信号机的开放条件都要检查本站本侧站台的PSD状态及进入下一站台进路范围内的PSD状态。当相应的PSD关闭且锁闭条件未满足时，本站本侧站台的出站信号机应关闭，根据站场轨道布置，确定是否检查另外一侧站台的PSD状态。非遗博览园站侧式站台中间设有隔离墙。

在后备模式下，若前方区间没有区间间隔信号机，则出站信号机的开放条件应考虑本站及下一站 ESB 状态；若前方有区间间隔信号机，则出站信号机的开放条件须考虑本站的 ESB 状态，不考虑下一站 ESB 状态，而区间间隔信号机的开放条件须考虑下一站 ESB 状态；当 ESB 激活时，相应出站信号机关闭；ESB 恢复后，需人工办理相应出站信号机信号的重新开放手续后才能再次开放信号。

F1.5 保护区段

在对正常进路防护的同时，根据地铁特殊的安全要求建立列车进路的保护区段并予以防护。

保护区段的建立可分为优选保护区段及关键保护区段。优选保护区段可以根据列车进路方向进行可变设置。为了使列车能在一条进路的末端接近一架不可越过的信号机，联锁需要管理两种保护区段。

优选保护区段：如果道岔可动就将保护区段上的道岔锁在较佳的位置，否则，道岔就防护在相反位置（意思是如果已经锁在另一位置了，则在这个基础上再叠加一个反位的保护区段）。

关键保护区段：道岔必须锁定在规定的位置。

保护区段的建立：
- 保护区段由列车占用触发区段来触发；
- 保护区段只能在列车在指向保护区段的方向运行时建立；
- 如果敌对的进路或区段已建立，则保护区段将不能建立。

保护区段的解锁：
- 如果列车进入了保护区段内方，保护区段应不予解锁。
- 列车在停车区段停稳以后，保护区段应解锁。列车停稳信息由计时器或 ZC 提供的 NTM 信息确定。
- 如果列车尾部已经通过保护区段，保护区段将被解锁。
- 在保护区段解锁期间，另一列车又要求办理保护区段时，保护区段的解锁过程应继续进行而不被中断。

CI 分别设置"ATC 解锁保护区段计时器"和"联锁解锁保护区段计时器"。计时器倒计时结束、保护区段解锁后，第二列车占用触发区段触发保护区段时，只在在首列车出清停车区段后才能触发有效并建立保护区段。

F1.6 方向设置

对于每条子进路应设置相应的 TD（列车运行方向）；

对于双向运行的区段和单向运行的区段，每个区段均会设置两个 TD。对于单向运行的区段，禁止列车运行的那个方向的 TD 将会一直保持在未建立状态。

在系统启动阶段，联锁子系统应将 TD 设置为未建立状态。

在进路建立并锁闭后，就完成了进路中所有 TD 的设置。

无论引导进路是否建立并锁闭，均不会为引导进路中的各区段建立 TD。

不应为延续防护进路中的区段建立 TD。

正方向 TD 和反方向 TD 不能同时建立。

所有 TD 随区段的锁闭而保持。当区段解锁时，TD 随之复位。

列车在折返区段，TD 随反向进路的建立而转换方向。这些折返区段是用于列车停车调头运行的区段。

如果反方向折返进路没有建立并锁闭，正方向 TD 将不会解锁。

折返时，在反向进路建立并锁闭同时收到列车停在折返区段的停稳信息后，折返区段的 TD 被复位。

F2 列车运营管理

F2.1 自动折返

车站处于站控时，车站值班员可设置自动折返进路。

车站处于遥控时，中心可设置自动折返进路。

站控下，车站值班员可以为已经建立的折返进路设置自动折返模式。

遥控下，中心可以为已经建立的折返进路设置自动折返模式。

敌对进路建立后，则不应建立自动折返。

敌对自动折返建立后，则不应建立自动折返。

敌对自动通过进路建立后，则不应建立自动折返。

当设置了自动折返模式后，联锁机检查联锁条件满足后，其自动办理初始进路，随着列车的行进自动解锁和触发自动折返进路。

在某一进路已设置为自动折返模式后，任何人工办理该进路的操作将被禁止。

自动折返包括的进路的始端信号被封锁后，则不应建立自动折返。

自动折返包括的进路的无岔区段或道岔区段被封锁后，则不应建立自动折返。

办理引导总锁后，则不应被建立自动折返。

取消自动折返模式，已办理的进路不会被取消。

取消折返进路将取消自动折返模式。

当 ATP 功能丧失时，联锁设备也支持后备运营模式下折返站列车进路的自动设置。

在折返过程中，中央调度员或车站值班员仅需对信号机进行一次模式设置。

F2.2 自动通过进路

车站处于站控时，值班员可设置自动通过进路。

车站处于遥控时，中心可设置自动通过进路。

站控下，车站值班员可以为已经建立的进路设置自动通过进路模式。

遥控下，中心可以为已经建立的进路设置自动通过进路模式。

敌对进路建立后，则不应建立自动通过进路。

敌对自动折返建立后，则不应建立自动通过进路。

进路的始端信号被封锁后，则不应建立自动通过进路。

进路内的无岔区段或道岔区段被封锁后，则不应建立自动通过进路。

办理引导总锁后，则不应建立自动通过进路。

自动进路设置前，若进路已存在，则进路保持不变。

自动进路命令取消时，原进路状态不改变，该进路由列车占用或取消作业解锁。

取消进路，将同时取消自动通过进路模式。

当列车进入进路后，始端信号关闭，进路保持锁闭；当信号开放的条件再次满足后，信号自动开放。

办理进路后，进路锁闭但由于某种原因不能开放信号时，进路应能人工取消。

在车站联锁自动进路模式下，值班员可在车站的车站操作员工作站上将部分或全部信号机置于自动状态，而其他联锁操作则由值班员人工操作。

F3 管理轨旁设备

F3.1 管理道岔

当车站处于站控状态时，中心值班员无法对道岔进行单独操作。

车站处于任何模式下（遥控/站控/紧急站控），车站值班员均可对道岔进行单独锁闭和单独解锁。

操作人员可通过办理引导总锁，锁闭此联锁区域内所有道岔。引导总锁只有在站控和紧急站控模式下有效，其安全由人保障。

开向安全线和不同线路间的隔离道岔，具有解锁后延时自动转向线路安全线并锁闭的功能。

联锁设备能对道岔实现：

- 进路锁闭；
- 区段锁闭；
- 人工锁闭。

转辙机的控制和表示电路应符合转辙机控制技术的要求：

- 道岔既能人工单独操纵，也能由进路选动和带动，单独操纵优先于进路选动和带动；
- 当以进路控制方式操纵道岔时，进路上的道岔能顺序选出，动作电流能够错开启动峰值；
- 当联锁道岔受进路锁闭、区段锁闭、人工单独锁闭或其他锁闭方式控制时，一经锁闭的道岔不能启动；
- 联锁道岔一经启动能转换到规定的位置。当因故被阻，在规定时间内不能转换到规定位置时，自动切断道岔启动电路，有声光报警，道岔经操纵能转回原位；
- 道岔转换完毕后，自动切断道岔动作电源；
- 道岔转辙机的电机电路发生故障时，自动切断道岔启动电路。

道岔位置表示：

- 只有当道岔实际位置与操作要求一致，并经检查自动开闭器的两组接点排的相应接点位置正确，才能构成道岔位置的正确表示；
- 只有当联动道岔中各组道岔均在规定位置时，才能构成位置表示；
- 只有当多点牵引道岔的各点均在规定位置时，才能构成位置表示；
- 启动道岔时先切断位置表示；
- 发生挤岔时有挤岔表示；
- 人工单独锁闭时，不影响道岔的位置表示；
- 当道岔失去表示时，联锁设备不会自动解锁进路。

F3.2 管理信号机

正常情况下，正线区段列车以车载设备显示作为行车凭证。ATP故障车、工程车等无车载信号列车及地面ATP故障情况下降级运行的列车按地面信号机的指示人工驾驶运行。

常态下，正线室外信号机灭灯。非CBTC模式下，正线信号机接近点灯。当列车由CBTC运行模式转到非CBTC模式时，该列车前方第一架信号机自动由灭灯切换到点其他灯；当列车从非 CBTC 模式转到 CBTC 模式时，列车前方第一架信号机自动切换为灭灯状态。

由于常态下，信号机为灭灯状态，为了能及时发现信号机故障（如灯丝断丝），在设备集中站增加强制点灯功能，作为信号机检修手段。

正线信号机根据信号系统的制式和特点设置如下：
- 信号机原则上设置于列车运行方向的右侧，特殊情况经用户批准后可设于列车运行方向的左侧或其他位置；
- 在车站正向出站方向列车停车位置前方适当地点设出站信号机，出站信号机外方若有道岔，则出站信号机兼做道岔防护信号机；
- 道岔区设防护信号机，道岔防护信号机设引导信号；
- 根据道岔设置和进路需要设置道岔折返信号机；
- 在具备折返作业的岔尖前方区段适当地点设置折返阻挡信号机；
- 正线尽头线设尽头阻挡信号机；
- 在长大区间线路，根据追踪间隔的需要，设置区间进路信号机。

正线信号机采用黄、绿、红三灯位信号机构，其显示及意义如下：
- 绿色灯光：表示道岔已锁闭，进路中所有道岔开通直向，准许列车按规定速度越过该架信号机；
- 黄色灯光：表示道岔已锁闭，进路中至少有一组道岔开通侧向，准许列车按规定速度越过该架信号机；
- 红色灯光：禁止列车越过该架信号机；
- 红色灯光 + 黄色灯光：表示开放引导信号，准许列车以不大于一个规定的速度（如 25 km/h）越过该架信号机并随时准备停车；
- 线路尽头设阻挡信号机，永远显示红色灯光，不准列车越过该架信号机。

车辆段信号机设置及显示如下：
车辆段内配置的信号机平时处于点亮状态，作为段内列车运行的行车凭证，司机在段内驾驶列车时应严格按信号显示行车。

入段信号机，其显示定义如下：
- 一个红色灯光：禁止信号，指示列车在信号机前方停车；
- 一个黄色灯光：指示列车按规定速度进段入库停车；
- 一个黄色灯光和一个红色灯光：为引导信号，准许列车以不超过 25 km/h 的速度人工引导进段，并需随时准备停车。

出段信号机，其显示定义如下：
- 一个红色灯光：禁止信号，不允许列车（或车列）越过该架信号机；
- 一个黄色灯光：准许列车按规定速度出段；
- 一个白色灯光：为调车信号，准许越过该架信号机调车。

调车信号机，其显示定义如下：
- 一个白色灯光：准许越过该架信号机调车；
- 一个蓝色灯光：不允许越过该架信号机调车，但对列车不起阻拦作用。

停车库线股道中间调车信号机，其显示定义如下：
- 一个白色灯光：准许车列（或列车）越过该架信号机；

- 一个红色灯光：不允许列车（或车列）越过该架信号机。

显示方案定义如下：

CBTC 模式下信号机的显示方案：
- 常态下，正线室外信号机灭灯。非 CBTC 模式下，正线信号机接近点灯。正常情况下，列车运行于 CBTC 控制等级下，按照自动进路方式，以车载信号为主体信号。当列车不能运行在 CBTC 的 ATP 和 ATO 模式下时，该信号机前方的信号机能自动点亮，该车通过该信号机后，轨旁信号机将会再次自动灭灯。
- CBTC 模式下，信号机已不代表区段空闲的含义。只表示进路已经锁闭，该信息通过安全通信传给 ZC。此时列车按照 ZC 给出的移动授权运行，轨旁信号机不作为主体信号，司机无需观察轨旁信号机的状态，ATC 系统将会保证列车的安全。
- 当室外信号机灭灯时，在进路建立后，室内工作站界面上显示绿叉、黄叉或红叉，绿叉（道岔在直股方向）或黄叉（至少有一组道岔在侧向）代表 CBTC 列车接近且信号机状态为允许状态，红叉代表 CBTC 列车接近且信号机状态为禁止状态。

后备模式下信号机的显示方案：
- 后备模式下，轨旁信号机为主体信号。当轨旁信号机显示允许信号时，若允许信号的信号机因故灭灯，此时该信号机的显示由允许信号降级为禁止信号；当轨旁信号机显示禁止信号时，若禁止信号的信号机因故灭灯，此时该信号机须视为禁止信号。
- 在点式后备的后备模式下，ATP 系统将会保证列车的安全，防止列车冒进红灯，当收到前方为禁止信号的信息时，ATP 立即触发紧急制动。
- 当开放引导信号时，值班员应先人工确认引导进路区段空闲，才能办理引导进路。

混合运营模式下信号机的显示方案：
- 在混合运营模式下，信号机的显示方案为灭灯和点灯相结合的方式。
- 对于降级模式，系统具备室外自动点灯功能。如果某个区域由 CBTC 降为后备模式（BM 或联锁后备），那么该区域内信号机将被点亮，信号机作为主体信号，运行在该区域的列车根据信号机的显示行车。
- 如果某 CBTC 列车降为非 CBTC 列车，当该列车进入某个信号机的接近范围时，信号机将自动点亮，故障列车根据信号机的显示行车。
- 运行在 CBTC 模式下的列车与其追踪前方的降级模式下的列车之间的所有地面信号机的显示为灭灯状态。
- 若信号机灯丝故障，则对于收到"信号取消"的信号机将不影响信号的状态。
- 如果信号机灯丝故障，在后备模式下该信号机改点红灯；如果红灯灯丝故障，室外信号机灭灯，室内界面给出红闪报警灯提示。
- 在"信号取消"模式下，自动通过进路的信号在车通过该进路时将保持开放。
- 在后备模式下自动通过进路的信号在车占用该进路时将会关闭，而当车出清该进路后又将自动开放。

F3.3 计轴设备

联锁经操作后将输出计轴复位允许信号，输出时间为 1 min，在此期间可以进行计轴预复位操作，计轴复位允许操作带有计数器。正线各区段的计轴复位按钮设置在车站控制室综合后备控制盘（IBP）上。

F4 维护功能
F4.1 道岔单锁/解锁
单锁道岔操作没有请求应答的机制。

解锁道岔时有请求应答的机制。

F4.2 封锁/解锁
提供信号、道岔、区段的封锁和解锁功能。

解锁信号机、道岔区段、无岔区段时有请求应答的机制，封锁的信号机、道岔区段、无岔区段在界面上显示粉红闪。

对于封锁的信号，不管是否收到"信号取消"命令，信号都将立即被关闭，并且在解除信号封锁前将不能开放。

对于封锁的信号，以该信号机为始端的列车进路、折返进路、引导进路、调车进路、自动通过进路、自动折返进路将不能建立。

对于封锁的道岔区段、无岔区段或防护区段，不管是否收到"信号取消"命令，信号都将立即被关闭，并且在解除道岔区段、无岔区段或防护区段封锁前将不能开放。

对于封锁的道岔区段或无岔区段，经过该区段的列车进路、折返进路、引导进路、调车进路、自动通过进路、自动折返进路将不能被建立。

F5 站遥切换功能
根据需要可进行本地与中央两级控制权的转换。在控制权的转换中和转换后，未经人工介入各进路的原自动控制模式不变。

控制权可由控制中心转到车站，也可由车站转到控制中心。正常情况下由控制中心控制，授权后，控制权可转到车站。

遥控转为站控，由车站值班员根据中心调度员命令，向中心发出请求，得到中心允许后，完成操作。

站控转为遥控，由中心调度员向车站发出请求，得到车站允许后，完成操作。

在特殊情况下，可强制进行联锁控制，实现本控制区域进路的人工设置，站级具有较高的优先级。

无论站控还是遥控，控制中心调度员都可以对全线任何一个站台扣车及取消扣车，或设置全部上行线站台扣车及取消扣车，或设置全部下行线站台扣车及取消扣车，但只能取消此前中心设置的扣车。车站值班员设置的扣车不能被控制中心调度员取消。当中心办理扣车后，中心与车站通信中断；当中心无法取消该扣车命令时，车站可取消故障前已发出的扣车命令。

站遥控状态下车站与中心可以办理的作业具体见 ATS 子系统相关操作描述。

F6 提供列车运营命令
F6.1 扣车
当办理扣车作业时，联锁系统将使已开放的车站正方向出站信号机立即关闭（当信号机内方有进路时，所防护的进路继续保持进路的锁闭）。

后备模式下，如果办理了扣车，相应的本站出站信号机将不能显示允许信号。

每个车站的操作员均可通过 ATS 工作站、控制中心在中心 ATS 设备上进行扣车操作。在站控/遥控状态下，控制中心均可实现扣车功能，并具有相应的表示。

车站只能在站控状态下设置/取消扣车，在车站与控制中心的通信中断后，车站可以在站控状态下取消控制中心设置的扣车。

办理取消扣车操作后，对应信号机在联锁条件满足后可自动开放。

在点式后备模式下，通过关闭出站信号机的方式实现扣车。

无论是在 CBTC 模式下还是后备模式下，站台扣车后，出站信号机均关闭。

在车站控制室综合后备控制盘（IBP）上设置"扣车、取消扣车"按钮，用于在紧急情况下对列车运行进行控制。

F6.2 取消扣车

终止扣车作业后，当检查有关联锁条件满足时，在后备模式下，相应的出站（或出站兼道岔防护）信号机自动开放。

通信正常时取消扣车的操作由办理方来实施。

控制中心已成功办理扣车作业，此时如果 LATS 与 OCC 通信中断，转到站控后，车站可以取消控制中心设置过的扣车命令。

F7 管理 ESB

实现车站站台的紧急停车，各车站对应每一侧站台轨道均可通过设于站台上的紧急停车按钮或车控室的 IBP 盘上的紧急停车按钮实施此功能。紧急停车办理及解除的操作在综合后备盘上实现，不受站控/遥控状态限制。

联锁设备连续检查车站 IBP 盘和站台紧急停车按钮的状态，一旦检测到紧急停车按钮被按下，立即关闭相应的列车信号，同时 ATP 子系统通过车-地通信设备向列车发送相应的列车控制命令信息，禁止列车从区间进入车站，从而实现车站股道封锁的功能。

禁止已停在车站的列车出发进入区间，对于已启动而尚未完全离开车站的列车实施紧急制动。

紧急停车按钮需经人工确认后才通过按压在 IBP 盘上设置的"紧急停车取消按钮"来实现恢复信号的功能。

F8 故障诊断、信号设备监督和报警功能

CI 系统具有自检、自诊断和对信号机、转辙机等基础信号设备的检测报警功能，并在 SDM 上显示及报警，软硬件设计符合故障-安全原则。

在 SDM 上提供相应的报警信息显示，联锁机的报警信息定位到板级。

监测诊断功能的实现不影响被监测设备的正常工作。

监测信号电源、信号机、道岔、计轴等设备的状态，并将相关报警信息反映到 ATS 终端。

系统操作命令、所有信息的状态变化及故障记录能够保存 30 天，并能打印输出。

CI 系统监视和记录自身的工作状态和轨旁设备的状态主要包括：

- 进路状态；
- 轨道的占用/空闲；
- 信号机显示；
- 道岔位置；
- 信号机主灯丝状态监测及断丝报警；
- 转辙机动作状态等。

信号机的开放将检查红灯 LED 的完好性。系统具有对信号机 LED 的显示状态监督功能（包括显示损坏报警和短路保护），信号机开放后能不间断地检查 LED 的良好状态。LED 信号机发光二极管在灭灯损坏数量达到 25%时报警；发光二极管在灭灯损坏数量达到 45%时，

将使灯丝继电器可靠落下，并自动关闭该信号机。光源具有短路保护功能，当光源出现短路故障导致信号机灭灯时，可使灯丝继电器可靠落下，且不会烧坏其他设备。

F9　TSR 管理

点式后备模式下，若区间设置了后备临时限速，则该闭塞分区的始端信号机将被接近的非 CBTC 列车关闭，信号机显示禁止信号（红灯），司机在与调度人员人工确认后，调度人员再人工开放该信号机（开放引导信号），司机按该信号机显示及规定限速行车，列车只能以人工限制模式（RM）通过设置了临时限速的闭塞分区。

F10　操作防护功能

对于由人工确保安全的操作命令，具有相应的安全操作手段。

在车站 ATS 操作员工作站上，具备操作员身份认证及记录功能，对不同的操作人员赋予相应的职责、权利，以确保对设备的正确控制，防止非法操作。合法操作具有防止误操作措施。对于操作命令、运行过程及故障记录，可以调看并打印输出。

三、系统原理

1. 联锁计算机

1）典型机架结构

CI 子系统硬件结构布置示意图如图 1-7 所示，CI 子系统的硬件结构可以按照站场规模进行灵活的组合。

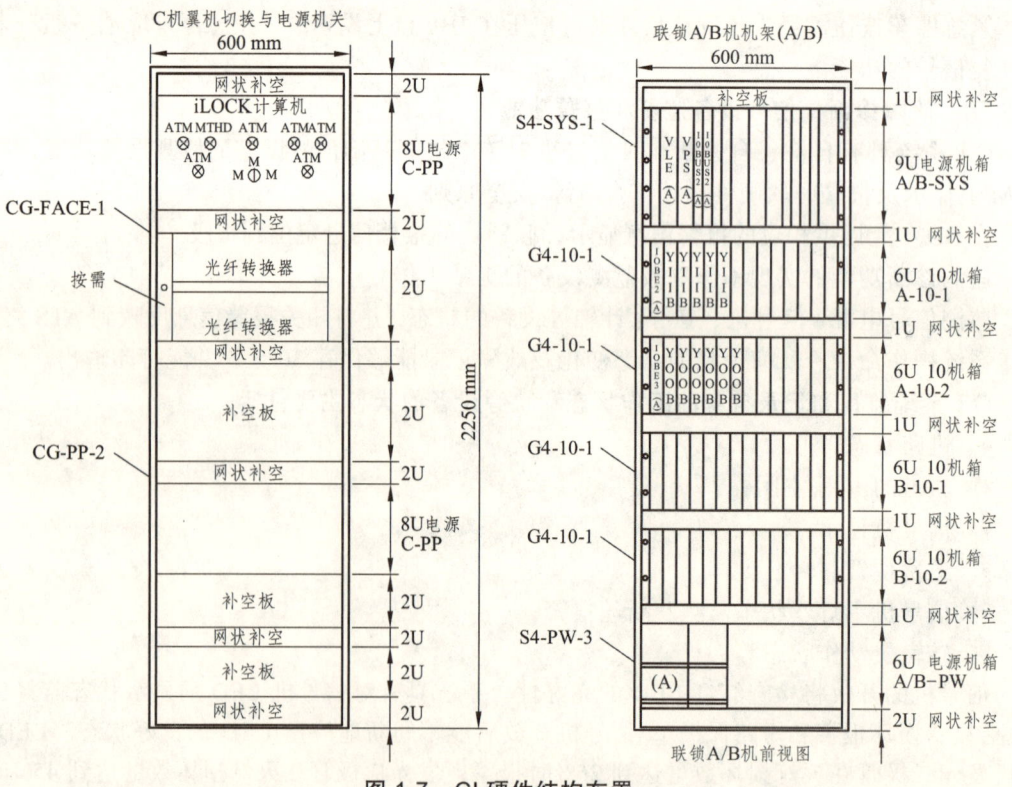

图 1-7　CI 硬件结构布置

CI 子系统的联锁机采用欧洲标准机箱,它具有灵活性及可扩展性。

联锁机由系统机箱和 I/O 机箱组成。系统所能处理的 I/O 机箱的最大数值取决于有多少安全型输入/输出口及联锁逻辑布尔方程式数量,系统的扩展是通过增设另一个 I/O 机箱,将接口电路板和所增加的输入/输出板插入该扩展的机箱,并通过电缆将它与系统机箱进行连接来实现的。印制电路板的数量取决于车站的规模。

联锁子系统的输入/输出对外连接是采用接触部分镀金的进口接插件,确保各部件(即每个插针)动态连接的安全性和可靠性。在所有的安全型线路中的各导体间及导体与地之间都能承受电压 2 000 V(有效值)的冲击。

系统机箱(SYS 机箱)高度为 9U,可放置 VLE 板、VPS 板、I/OBUS2 板。I/O 机箱高度为 6U,可放置 I/OBE2 板、VIIB 和 VOOB 板。每个 I/O 机箱有 14 个槽道,第一个槽道放置 I/OBE2 板,其余槽道放置 VIIB 和 VOOB 板。每块 I/OBUS2 板可以带 1 个输入/输出机箱,一个 CI 子系统最多能配置 12 块 I/OBUS2 板。CI 子系统的硬件结构可以按照站场规模进行灵活的组合。

2)联锁机的硬件原理

如图 1-8 所示为"联锁机系统硬件方框图":

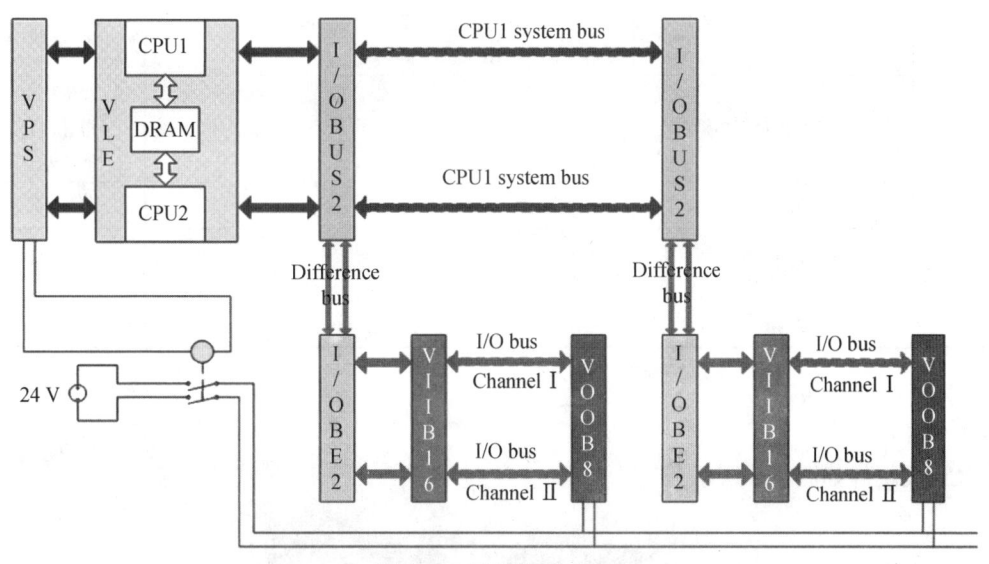

图 1-8 CI 硬件方框图

联锁机使用双 CPU 作为核心控制器,两个 CPU 通过双口 RAM 进行数据通信和任务级同步。CPU1 和 CPU2 分别引出两条总线:CPU1 控制 I/O 总线的通道一,对应于 VIIB 是一端的采集总线,对应于 VOOB 是正电的输出和校验;CPU2 控制 I/O 总线的通道二,对应于 VIIB 是另一端的采集总线,对应于 VOOB 是负电的输出和校验。双 CPU 对各自的内存进行检查(包括双口 RAM),也对各自的运行状态进行检查,这些检查的结果产生主校核字;双 CPU 也分别对输出端口的正电和负电进行检查,生成重校核字。双 CPU 将主、重校核字发给 VPS 板,VPS 板经过安全的校验确认主、重校核字都正确后提供励磁电压给安全型继电器,安全型继电器吸起后提供输出电源给 VOOB 板。

CI 子系统硬件及功能描述如表 1-3 所示。

表 1-3 CI 子系统硬件及功能描述

类别 Type	设备名称 Equipment	功能描述 Function description	设置位置 Location
ZLC	VLE 安全逻辑处理板	执行各种与联锁相关的逻辑处理和负责所有的通信	联锁机架
	VPS 安全校验板	对 CI 系统进行动态安全监控	联锁机架
	I/OBUS2 输入/输出总线接口板	VLE 板和输入/输出板交换信息的通道,一块 I/OBUS2 板可以带一块 IOBE2 板	联锁机架
	I/OBE2 输入/输出总线扩展板	配合 I/OBUS2 共同完成系统对输入/输出的控制,一块 I/OBE2 可带 13 块输入/输出板	联锁机架
	VIIB 安全型双采输入板	执行对现场信号设备的采集,一块 VIIB 板可采集 16 个安全信息	联锁机架
	VOOB 安全型双断驱动板	输出驱动普通安全型继电器,一块 VOOB 板可驱动 8 个码位	联锁机架
	系统机箱	放置 VLE、VPS、I/OBUS2,一个系统机箱高度为 9U	联锁机架
	I/O 机箱	放置 I/OBE2、VIIB、VOOB 板,一个 I/O 机箱高度为 6U	联锁机架
	DC 12 V/DC 24 V	用于 VRD 继电器驱动,系统内部继电器工作电源(工作继电器和同步继电器)和系统采集板采集电源	联锁机架
	DC 5 V	用于 ZLC 系统工作	联锁机架
	VRD 继电器	通过 VPS 驱动控制该继电器,监督系统的安全运行	联锁机架
	工作继电器和同步继电器	完成双机切换和同步功能	联锁机架

具体硬件描述如下:

(1) VLE 板。

VLE 板硬件如图 1-9 所示。

图 1-9 VLE 板硬件图

VLE 板具有强大的功能，是整个联锁系统的安全运算核心。它执行各种与联锁相关的逻辑操作，包括输入/输出地址控制等；将系统启动的信息及故障信息传送给维护诊断子系统等。VLE 板采用了高性能的嵌入式计算机板，具有高集成度和大运算能力的特点，并时刻接受安全校验板的安全监督，保证了系统的安全稳定。

VLE 板上的芯片分为系统芯片和应用芯片。系统芯片中写入的是系统软件；应用软件通过修改应用数据，就可以达到对每个车站的联锁进行修改的目的。

VPS 实际上是联锁机动态的安全监视器，它与 VLE 板一起，构成联锁机的安全检查核心。VPS 在精确的周期间隔内接收一组经编码的校验信息，当且仅当校验信息正确时，VPS 才输出一个安全的数字信号，该信号通过一个安全型的调谐波器，驱动 VRD 继电器。在任何出错的条件下（硬件错误、噪声干扰等），VRD 继电器均将可靠切断联锁机的安全电源输出。VPS 板硬件如图 1-10 所示。

图 1-10　VPS 板硬件图

（2）I/OBUS2 板。

I/OBUS2 板硬件如图 1-11 所示。

图 1-11　I/OBUS2 板硬件图

I/OBUS2 板是 VLE 板和输入/输出板交换信息的通道，I/OBUS2 板功能如下：

采集输入板的状态；

控制输出板的输出；

传送输出口状态校验信息。

（3）I/OBE2 板。

I/OBE2 板硬件如图 1-12 所示。

图 1-12　I/OBE2 板硬件图

输入/输出总线接口板（I/OBUS2）与输入/输出总线接口缓冲板（I/OBE2）配合工作，共同完成系统对输入/输出的控制。每个输入/输出机箱设置 1 块 I/OBE2 板，每个 I/O 机箱可以放置 13 块 I/O 板。

（4）VIIB 板。

VIIB 板硬件如图 1-13 所示。

图 1-13　VIIB 板硬件图

VIIB 板又称安全型双采输入板。每块输入板包含有 16 个安全输入口，安全型双采输入板的电路使联锁机能安全地检测每一个输入的状态。

对应 16 路输入，每路输入均有一个 LED 指示灯，在输入接通时，指示灯亮。

在输入端设有浪涌防护电路，该电路使硬件在普通的应用环境中免遭损坏。

（5）VOOB 板。

VLE 板通过 VOOB 板产生输出信号，驱动接口设备，并且系统能实时检测 VOOB 板输出的正确性，输出与实际驱动的一致性。每块 VOOB 板有 8 对输出，每对输出设一个正电输出和一个负电输出对应一个有效输出。每对输出端口设一个指示灯，当正电和负电输出同时有效时，相应的指示灯点亮。

VOOB 上设有无电流监测器，用以安全地检查输出信号，当且仅当有正确的输出信号时，才允许向输出电路供电。

VOOB 板的每个输出端口都设有浪涌保护电路，用以防止接口继电器侧瞬间反向感应电动势及其他干扰电压对系统的破坏。

VOOB 板硬件如图 1-14 所示。

图 1-14　VOOB 板硬件图

3）联锁子系统体系结构

按照欧洲铁路标准 EN50129，对铁路安全电子系统推荐了三种"故障-安全"型设备的体系结构，简述如下：

"反应故障-安全"：这种故障允许一个安全性相关功能由单一部件执行，前提是由快速的故障检测和对任何危险失效进行避错，来保证它的安全操作（如通过编码、多版软件比较或通过连续的测试）；即它的控制和防护部分是完全独立的。

"组合故障-安全"：组合故障-安全系统有二取二、三取二等。使用这种技术时，每个安全性相关功能必须至少由两个部件执行，每个部件必须独立于其他的部件，以避免共模故障。只有当大多数部件一致时，才允许进行非限制性输出。

"固有故障-安全"：这种技术是在假定单个部件所有可信的失效模式均无危险的情况下，允许一个安全性功能由一个单独部件来执行。固有故障-安全也可用在组合和反应故障-安全系统的某些功能中，例如：用来确保部件之间的独立性或如果检测到一个危险侧失效时来强制停止运转。

联锁子系统故障-安全体系结构，如图1-15所示。

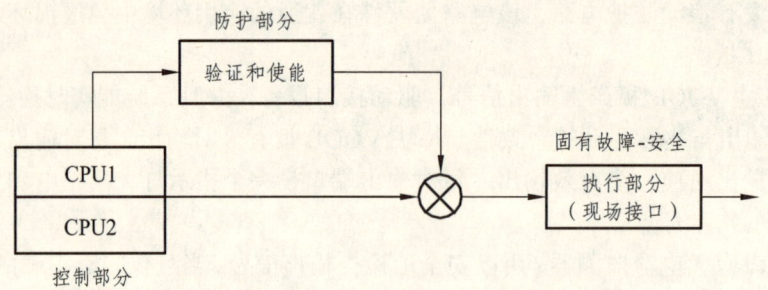

图1-15 联锁子系统故障-安全体系结构

根据 EN50129 标准的定义，如图1-15所示联锁子系统综合运用了"组合故障-安全""反应故障-安全"和"固有故障-安全"技术。

VLE 板采用双 CPU 进行运算，对同一信号设备，在 CPU1 和 CPU2 中采用了独立相异的二组编码来表示，运行各自独立的软件，使联锁机从硬件到软件均构成二取二的"组合故障-安全"体系结构。

在联锁运算采用二取二模式的基础上，CPU1 和 CPU2 每执行一行程序，均分别构成校核字的一部分并且被实时的送到以 VPS 板为核心的独立的安全防护（校验）部分进行校核，以监督系统完好，且每行程序均得到正确执行。VPS 板还对各安全型输出端口进行实时动态校核（校核周期为 50 ms），确保防护电路能在系统可能发生错误输出之前切断输出通道的电流，以实现故障-安全目的。在这里，联锁子系统应用了"反应故障-安全"技术。

联锁子系统中的 VPS 板、VIIB 板、VOOB 板以及 VOOB 板中的 AOCD 元器件均像安全型继电器一样具有"固有故障-安全"特性。

2. 冗余网络子系统

联锁子系统配置两层冗余的通信传输通道：一层用于 ATS 子网，另一层用于 ATP/ATO 子网，如图1-16所示。

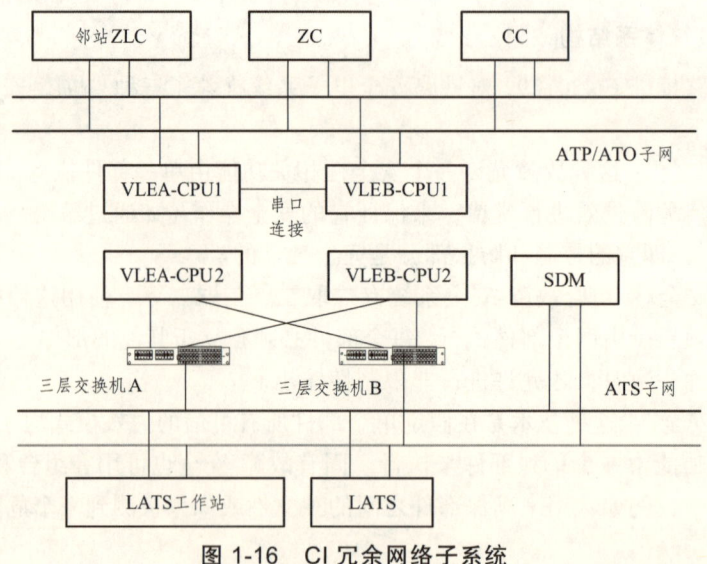

图1-16 CI 冗余网络子系统

表 1-4 CI 冗余网络子系统功能表

项 目	作 用	协议	冗余特性
ATS 子网	实现 ZLC 和 ATS 之间的信息交换	TCP/IP	冗余
	实现 ZLC 和 SDM 之间的信息交换		
	实现 ATS 和 SDM 之间的信息交换		
	实现设备集中站 ZLC 和非设备集中站 ATS 之间的信息交换		
ATP/ATO 子网	实现相邻设备集中站 ZLC 之间的信息交换	FSFB2	冗余
	实现和中心 ZC 之间的安全信息交换		
	实现和车载 CC 之间的安全信息交换		

联锁 A 机、联锁 B 机、车站现地控制工作站和系统维护台各提供两个网络接口，接入冗余的基于 TCP/IP 协议的 ATS 子网，实现信息间的相互交换。同时，接入 ATC 骨干网，实现和中心 ATS 之间的信息交换。

联锁 A/B 机通过另外独立的两个网口接入冗余的基于 FSFB2 协议的 ATP/ATO 子网，通过 DCS 接入 ATC 骨干网，实现和中心轨旁 ATP/ATO、车载 ATP/ATO 之间的信息交换。

这两层通信传输通道，均采用冗余的方式，因此，当冗余网络中的一条网络发生故障时，各子系统仍可以通过另一条网络进行通信。

网路连接状态信息传递给 SDM 子系统，便于现场人员及时查询和维护。

3. 系统维护台

信号系统提供的系统维护台，其显示的各种记录、故障及报警信息意思明确，便于维修人员跟踪记录、查找故障，其功能和配置介绍如下。

在各设备集中站设置本地维护工作站（SDM），主要为计算机联锁完成系统维护及接口设备监测的功能。SDM 对联锁设备和接口设备实施在线监视和记录，同时也可打印设备操作信息、日期和时间记录。除此以外，还提供了一种先进的"电子向导式"的诊断手段，通过它，电务维修人员可以快速直观的查询故障信息，及时有效地排除故障。

1) SDM 的基本功能

联锁子系统的系统维护，接收联锁机的诊断结果信息、输入/输出信息、全站简化参数信息、指定参数详细信息。系统正常工作时，不需要查询，SDM 自动接收联锁处理子系统的信息，当 SDM 故障修复后或与联锁机通信恢复后，SDM 能提供以下功能：

联锁处理子系统的系统诊断与维护。通过高速网口接收 ILOCK 的诊断结果信息、输入/输出信息、站场表示信息、全站简化参数信息、指定参数详细信息等，对这些信息提供记录与分析诊断功能。

读取联锁机 CPU 启动过程中的自检关键点信息。

SDM 子系统正常工作时，不需要对被监控对象进行查询，而是自动接收联锁处理子系统的信息，当 SDM 故障修复后或与联锁处理子系统通信恢复后，SDM 能立即开始接收联锁处理子系统记录的一天内的系统诊断信息。

通过网络接收来自车站现地控制工作站的操作和表示，并记录关键操作和表示。

站场显示、历史回放。

联锁系统内部网络管理。

对于联锁机布尔代数中运行的参数，SDM 提供参数追踪功能。维修人员可以选择所有参数，也可对指定的某个参数进行追踪。对于某些瞬间的故障，参数追踪功能可以帮助维修人员抓住故障点所在。

联锁计算机具有对室内外联锁设备的监测功能、自检、自诊断功能，以及运用过程图像再现和数据打印功能。

联锁计算机在工作中出现故障时可自动转换到备用机，倒换过程不影响联锁系统的正常工作。联锁计算机具有随时倒机功能，不受信号设备使用情况的影响。

2）与其他子系统的接口

SDM 具有与其他子系统进行数据通信、数据共享等功能。

与 HMI 网络接口：

通过局域网接收 HMI 传来的开关量信息。这些信息主要包括站场运用信息（如信号灯开放/关闭状态、列车位置信息、道岔位置以及车站值班员操作等信息），同时还包括一些联锁系统的设备报警信息等。

与 MSS 接口：

信号集中监测子系统（MSS）站机与联锁系统 SDM 站机连接，获取计算机联锁系统的维护开关量信息、报警信息、系统维护信息等，并把设备维护信息通过绿网传送给维修中心的维护支持服务器。

MSS 站机与 SDM 采用 RS-422 接口连接。

四、联锁子系统的接口及数据交换

联锁子系统的接口及数据交换功能如表 1-5 所示。

表 1-5　CI 子系统接口功能表

序号	接口描述	功能说明	其他
1	与邻站 ZLC 的接口	CI 与邻站的 CI 之间通过基于 FSFB2 协议的安全通信交换数据。相邻联锁站之间的 ZLC 通过信号子网相互传递信息	
2	与道岔转辙机、信号机的接口	CI 与信号机之间接口的实现方式如下： ● CI 通过中国标准安全型继电器控制信号机的每个灯位，这些继电器由 CI 的安全型输出板控制；通过一个中国标准安全型继电器监测信号机的工作情况，CI 通过安全型输入板采集该信息； ● LED 信号机报警总机通过串口向 SDM 传送信号机每个灯位的灯丝断丝信息 CI 与转辙机之间接口的实现方式如下： ● 通过中国标准安全型继电器控制转辙机，继电器由 CI 的安全型输出板控制。通过中国标准安全型继电器来监测转辙机的位置，CI 通过安全型输入板采集转辙机位置信息 与道岔转辙机，信号机的接口分界点在室外电缆终端架外线端	
3	与防淹门的接口	CI 与防淹门接口是通过中国标准安全型继电器来实现的。CI 通过安全采集板采集防淹门的状态信息	
4	与 IBP 盘上紧急停车/紧急停车取消按钮的接口	CI 与 IBP 盘的接口是通过中国标准安全型继电器来实现的。CI 通过安全采集板采集紧急停车状态信息	

续表

序号	接口描述	功能说明	其他
5	与计轴设备的接口	CI 子系统的 ZLC 通过安全型继电器接口采集计轴轨道空闲/占用信息	
6	与电源设备接口	CI 与电源设备之间通过串口交换数据; CI 子系统的工作电源为经过防雷稳压的交流 220 V,与接口架的接口电源为直流 24 V	
7	与 ZC 的接口	CI 与 ZC 之间通过基于 FSFB2 协议的安全通信交换数据。CI 向 ZC 发送进路办理、信号机状态、紧急停车按钮/恢复按钮的状态、道岔位置、列车运行方向等信息;ZC 向 CI 发送列车位置信息、列车停稳信息、计轴工作状态、零速信息等信息	
8	与车载 CC 之间的接口	CI 与 CC 之间通过基于 FSFB2 的安全型通信交换数据。CI 向 CC 发送屏蔽门"关闭且锁紧""互锁解除"信息,CC 向 CI 发送屏蔽门开/关的信息	
9	与 ATS 之间的接口	CI 与 ATS 通过 TCP/IP 协议实现信息交换。CI 向 ATS 发送站场显示信息,ATS 向 CI 发送中心 ATS 的操作命令和列车识别号	
10	CI 与 LEU 的接口	CI 与 LEU 的接口通过中国标准安全型继电器电路来实现,LEU 通过采集继电器接点来获取位于进路位置上的道岔状态信息和信号机状态信息	
11	与车辆段的接口	排列出、入车辆段的进路,满足正线与车辆段的相互敌对照查条件。正线联锁系统和车辆段联锁系统之间的接口采用安全型继电器接口。正线和车辆段之间传递的条件主要为敌对照查、信号机状态、区段状态等安全信息	
12	与地铁 2 号线联络线的接口	在中医药大学、省人民医院站联锁系统预留好与 2 号线的接口条件	
13	与维护支持系统 MSS 之间的接口	CI 的 SDM 模块与维护支持系统 MSS 之间采用 RS-422 接口连接;CI 的 SDM 模块负责完成本设备集中站所辖车站的联锁诊断和故障记录等,并把相应的信息内容通过维护子网送至维修中心	

1. CI 与轨旁 ZC 的连接

ZLC 通过信号子网接入基于 FSFB2 协议的 ATC 骨干网,通过骨干网的安全通信与其他相关子系统交换信息。如图 1-17 所示。

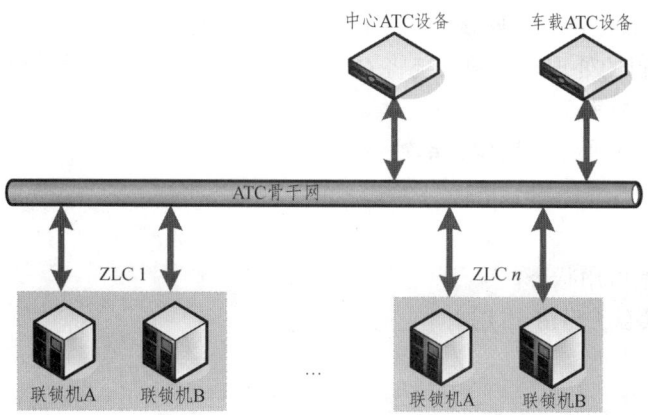

图 1-17 ATC 骨干网

注：图 1-17 中的中心 ATC 设备和车载 ATC 设备分别表示 ZC 和车载 CC。
CI 子系统与 ZC 的连接采用安全型数字接口。

ZC 向 CI 发送信息包括：
- ATP 区段状态；
- 列车停稳信息；
- 计轴使用或计轴不使用；
- 列车跨压信号机；
- 零速信息；
- 信号取消。

CI 向 ZC 发送信息主要包括：
- 道岔在定位；
- 道岔在反位；
- 运行方向；
- 计轴检测到的区段状态；
- 信号机状态；
- 防护进路建立状态 ；
- 紧急停车；
- 屏蔽门状态；
- 自动折返 ATB。

2. CI 与邻站 CI 的连接

CI 与相邻 CI 之间的信息交换采用安全型数字接口。主要交换如下信息：
- 相关列车位置信息；
- 相邻信号机状态；
- 方向条件；
- 敌对条件。

3. ATS 与 CI 之间的数据交换

ATS 分机通过 100 M 以太网接口与 CI 连接，执行表示信息和操作命令的传递以及联锁操作部分非安全逻辑的处理。联锁系统将 CI 显示信息传送至 ATS 子系统。

CI 向 ATS 发送的表示信息包括：
- 道岔表示（包括定位/反位，单锁）；
- 信号显示；
- 进路状态；
- 计轴可用/不可用状态；
- 联锁区段状态（出清/占用）；
- 运行方向；
- 折返进路设置；

- 自动通过进路设置；
- 防护进路状态；
- 站控/遥控状态；
- 其他显示信息。

车站 ATS 将中心 ATS 的相关操作命令发送给 CI。

典型工作任务 2　北京交大微联 EI32-JD 型正线计算机联锁子系统

【工作任务】

（1）理解设备集中站和非集中站的含义。
（2）掌握 EI32-JD 型计算机联锁子系统结构。
（3）熟悉 EI32-JD 型计算机联锁子系统联锁功能。
（4）了解 EI32-JD 型计算机联锁子系统硬件结构原理。
（5）熟悉 EI32-JD 型计算机联锁子系统接口关系。

【知识准备】

一、概　述

EI32-JD 型计算机联锁系统是北京交大微联科技有限公司采用 JD 型计算机联锁软件，搭载日本信号株式会社 EI-32 型计算机联锁主机硬件，经二次开发研制而成的符合故障-安全原则的高可靠性、高安全性的计算机联锁系统。

1. 设备集中站

在设备集中站，联锁操作表示机与 ATS 车站工作站合设，构成现地控制工作站。

联锁子系统由现地控制工作站、联锁机、驱采机以及驱采电路和接口配线、联锁电务维护工作站（以下简称维护工作站）等构成。

2. 非设备集中站

非设备集中站将信号机、紧急停车按钮、轨道占用/空闲检测设备、IBP 盘等设备通过电缆引入设备集中站，其状态信息经设置在设备集中站的驱采机送入联锁机，经过联锁运算对其进行驱动控制。

3. 系统组成

联锁子系统组成结构如图 1-18 所示。

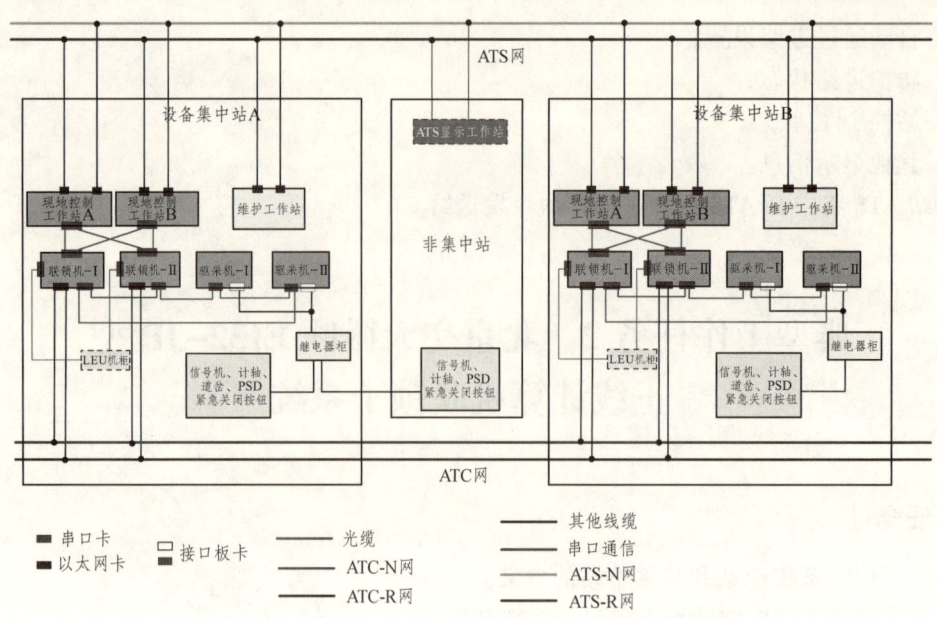

图 1-18　EI32-JD 型计算机联锁子系统结构示意图

1）分层结构及硬件构成

联锁子系统结构分为人机对话层、联锁运算层、执行层三层。联锁机与现地控制工作站通过串口连接；联锁机、驱采机通过冗余的联锁网互联，联锁网采用 100 Mbps 光通信网；现地控制工作站通过以太网将联锁子系统相关信息传送至维护工作站。

以任一设备集中站为例进行说明，联锁子系统分层结构如图 1-19 所示。

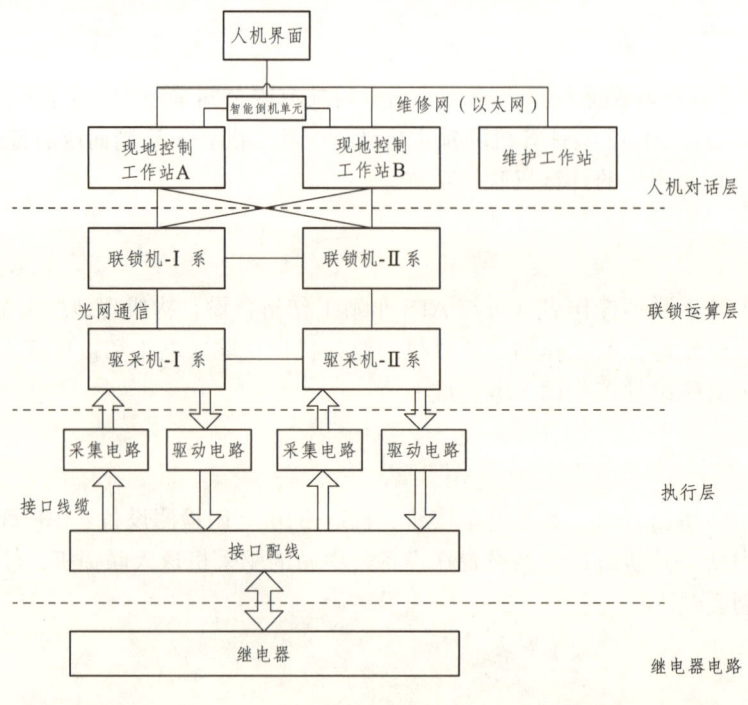

图 1-19　EI32-JD 型计算机联锁子系统的分层结构及硬件构成图

2）系统硬件配置

设备集中站联锁子系统硬件配置如表1-6所示。

表1-6 联锁子系统硬件配置一览表

序号	设备名称	规格型号	单位	数量	产地	制造企业
1	二乘二取二联锁机	EI32-JD	套	1	中国	交大微联
2	二乘二取二驱采机	EI32-JD	套	1	中国	交大微联
3	现地控制工作站	EI32-JD	套	1	中国	交大微联
4	维护工作站	EI32-JD	套	1	中国	交大微联
5	LEU接口装置	—	套	1	中国	交大微联

表1-6中各硬件配置的结构、作用如下：

（1）二乘二取二联锁机。

联锁主机系统主要设备为联锁机，采用日本信号株式会社（以下简称日本信号）EI32型二取二冗余型联锁专用计算机，两套共4个CPU构成二乘二取二系统。

联锁机接收来自现地控制工作站传来的操作命令、接收驱采机传来的轨旁信号设备状态信息、接收ATP子系统传来的列车位置信息，进行联锁运算，并向驱采机传输轨旁信号设备的动作命令、向ATP子系统传送进路信息、同时向现地控制工作站传输表示信息。

（2）二乘二取二驱采机。

驱采系统的主要设备为驱采机和驱采板。驱采机采用日本信号EI32型计算机联锁子系统系列产品，同为二取二冗余结构，其作用为采集轨旁信号设备的状态，驱动轨旁信号设备动作。

（3）现地控制工作站。

现地控制工作站和联锁机构成上下位控制的分层结构。现地控制工作站采用PC系列工业控制计算机。现地控制工作站为双机热备。设备的倒接无需人工干预，不对正常行车造成干扰。

现地控制工作站的主要作用是为车站值班员提供操作显示界面，现地控制工作站从联锁机取得站场当前状态，将车站值班员的操作信息传输给联锁机，将当前联锁状态信息传输给维护工作站。

现地控制工作站主机设置在信号设备房联锁综合机柜内，显示屏及鼠标设置在综控室综合控制台处，现地控制工作站和鼠标操作台通过视频数据线、鼠标线和音响线连接。综控室显示器显示效果受视频数据线长度、现场布线方式、现场电磁环境等多方面因素影响。一般情况下，现地控制工作站主机至综控室显示器的视频数据线以不超过70 m为宜。当显示器显示效果受到影响时，通过加装视频放大器，将信号放大处理后传送给显示器，从而满足使用要求。

（4）维护工作站。

维护工作站人机界面友好，操作简单易学，功能丰富实用。维护工作站与计算机联锁系统配套使用，实时监视计算机联锁系统的运行情况、故障原因和车站信号设备状态的变化情况,记录车站值班人员的各种操作,同时还能记录车站联锁设备运行情况及各种报警信息,并且可以随时回放车站历史信息等。设备运行数据储存在维护工作站中,可存储1年。当维护工作站故障时,无法记录联锁子系统的维护信息,无法向 MSS 子系统发送联锁子系统的维护信息。

(5) LEU 接口装置。

该接口装置用于实现联锁与 LEU 设备间的通信,在点式模式下,联锁子系统通过该接口装置向 LEU 设备发送列车进路信号开放状态信息、安全门状态信息、道岔表示及锁闭状态信息等。

二、系统功能

1. 表示内容

显示器屏幕上以彩色光带和图形符号模拟表示整个站场线路、区段状态、信号机以及道岔等设备的位置及实时状态,并且给出各种操作表示;显示方式根据用户的需求进行变更。

显示器上显示控制模式、设备工作状态、临时限速、车次号、紧急停车按钮状态、PSD 状态等;以文字方式显示操作错误提示、联锁状况提示等信息;显示设备工作状态(如联锁机、现地控制工作站)、网络通信状态(如与 ATP、ATS 子系统的网络通信状态等)等信息;显示现地控制工作站正常工作的脉动信息;显示提示和报警信息。

2. 进路办理

列车进路的控制采用进路方式(即所有沿线路方向相邻的两架同方向信号机之间的进路)。进路办理方式采用鼠标点击所选进路始端、终端信号机双操作的原则,单一操作不形成有效操作命令。

3. 信号重开

信号重开通过点击"信号重开"按钮+始端信号机的方式实现。

4. 道岔单操、单锁/解锁功能

在联锁操作界面,点击相应功能按钮和道岔,可完成对道岔单操、单锁、解锁操作。对道岔完成单锁操作后,道岔不能被进路选动和单独操动。

5. 站控/遥控切换

在现地控制工作站操作界面上可进行站控和遥控的切换,正常情况下中央 ATS 工作站控制全线进路,需要时经中央授权后转为车站级控制,从而实现中央和车站控制权的正常转换。在紧急情况下,车站值班员可在现地控制工作站上强行取得控制权,进行车站控制。

6. 扣车、跳停

现地控制工作站接收来自 ATS 的扣车、跳停设置或取消命令,在现地控制工作站人机界面上有相应的显示;联锁采集 IBP 盘的扣车继电器信息,在人机界面上有相应的显示。

7. 临时限速

当因线路维修保养或其他原因需要对某段线路实施临时限速时，可以接收来自 ATS 站机的临时限速设置或取消命令并执行和改变相应的显示；车站值班员可利用现地控制工作站进行线路区段的临时限速的设置。临时限速按照等级设置，如 15 km/h、30 km/h、60 km/h、80 km/h 等。临时限速设置后，在 CBTC 模式下，列车能够按照限速要求自动驾驶；在点式 ATP 模式下，联锁设备使防护进入临时限速区域的信号机显示禁止信号（红灯），待人工开放该信号机后，司机按该信号机显示及规定限速行车。

8. 封锁及解封

在现地控制工作站上对该站控制范围内的轨道区段、道岔实行封锁操作。例如：当对某区段进行区段封锁后，则禁止排列通过该区段的进路，从而对信号机也构成封锁，在监视器上有相应显示。

当需要对已封锁的区段解封时，人工确认无安全隐患后，执行解封操作。

9. 带铅封按钮的防护

对由人工确保安全的操作命令设置铅封按钮，必须在输入口令后才能使按下的铅封按钮有效。现地控制工作站和维护工作站同时记录每种带铅封按钮的操作。

10. 语音提示

联锁子系统具有通过语音在控制台上播放提示信息的能力。当有多条信息需要同时播放时，这些信息轮流播放。如"道岔报警"信息产生后立即开始播放，直至操作"关闭语音提示"后才停止播放。

11. 进路控制功能

列车进路的控制包括自动控制和人工控制，列车进路的正常控制模式为系统自动控制，人工控制的进路优先级高于自动控制的进路。

列车进路的自动控制模式包括中央自动控制模式和车站自动控制模式，其中车站自动控制模式又分为车站 ATS 自动控制模式和车站联锁自动进路模式。

列车进路的人工控制模式包括中心调度员人工控制模式和车站值班员人工控制模式。

12. 基本联锁功能

EI32-JD 型计算机联锁子系统确保列车运行进路的安全。联锁设备在规定的联锁条件和规定的时序下对进路、信号和道岔实行控制，确保进路上轨道区段、道岔、信号机之间的安全联锁及系统的自诊断、故障报警。对于涉及安全的操作采取安全保证措施，对于错误操作具备有效的防护能力。

13. 进路建立

按操作的先后顺序，确定列车进路的始端和终端，依据联锁表可以建立一条进路。

联锁子系统与 ATS 子系统通信正常时，联锁子系统可根据 ATS 子系统的命令完成相应进路的建立，实现对列车进路的自动控制；ATS 子系统故障或与联锁子系统通信中断时，联锁设备可根据操作员的指令将进路设置成自动进路和人工进路，从而完成相应进路的建立。

进路建立时敌对进路相互照查，不能同时开通。

进路建立时，除对正常的列车进路进行防护以外，根据需要可锁闭进路的保护区段并予以防护；办理后备时，进路建立检查保护区段状态。

列车进路的保护区段根据列车进路方向进行选择设置。当保护区段中由于含有道岔而开向不同方向时，可设置"选向按钮"，通过设置该按钮的状态，来实现设置不同的方向目的。

14. 引导进路

当进站信号机（或兼道岔防护信号机）或计轴轨道区段等发生故障不能正常办理接车进路时，为确保安全，采用引导方式接车。

引导接车有两种方式：按照进路锁闭的引导进路锁闭方式和将本站联锁区域内道岔全部锁闭的引导总锁闭方式。

引导进路建立后，在人工确认后采用总人解方式解锁。

15. 自动折返进路

当 ATP 功能丧失时，联锁设备支持降级控制模式下折返站列车进路的自动设置。当折返站的折返信号机被设置为自动折返模式时，联锁设备在保护区段解锁后，自动排列列车的折返进路（含折入和折出进路），并开放相应信号机。

当折返信号机被设置为自动折返属性时，联锁系统能根据列车位置自动设置折返线的折出和折入进路，并开放相应的信号机。

16. 自动通过进路

对于正向运行，经常有连续通过列车的车站设置自动通过功能，它能使该通过进路内的有关列车、信号机随列车运行自动变换相应显示，此时应保证进路中的道岔处于锁闭状态。

17. 进路锁闭

进路锁闭分为预先锁闭和接近锁闭。预先锁闭在进路选通，有关联锁条件具备时构成；接近锁闭在信号开放，进路的接近区段占用时构成。

列车接近时进路保持在接近锁闭状态。办理取消进路时，当列车未位于接近区段时，进路立即取消；当列车位于联锁预定的接近区段时，进路保持在接近锁闭状态。

进路锁闭时检查道岔位置正确，并锁闭进路中的道岔，敌对信号不得开放。

18. 进路解锁和取消

1）进路正常解锁

进路的解锁必须在信号关闭后进行，进路解锁的方式规定为：

（1）锁闭的进路能随列车车列的正常运行而自动解锁。

（2）进路按分段解锁方式设计。解锁时，有条件的区段均需满足三点检查，延时3 s自动解锁。

（3）已锁闭的进路不会因丢失列车信息错误解锁。

2）取消进路

进路在预先锁闭状态时，在检查信号机关闭和进路空闲后能取消进路，此时取消进路不延时。

3）人工延时解锁

当列车位于接近区段时，需办理人工延时解锁进路，此进路内方空闲且始端信号关闭延时一定时间后进路方可解锁。

引导进路建立后，在人工确认列车停稳后办理引导进路的解锁。

4）区段故障人工解锁

列车通过进路后，由于轨道故障致使部分或全部轨道区段未正常解锁时，为解除上述轨道区段的进路锁闭，通过安全相关操作，操作员使用区段故障人工解锁功能，使轨道区段恢复正常。

19. 列车运行方向控制

全线采用进路管理的方式，在具备双方向运行的线路上，通过设置不同方向的进路，经联锁软件的安全检查，实现改变运行方向的控制及转换。

20. 信号机监控

当列车运行在CBTC模式时，其运行前方相应地面信号机的显示为灭灯状态；后备模式下信号机的显示为亮灯状态。

正常办理进路或办理了重复开放手续，防护该进路的信号机必须检查其进路空闲、有关道岔位置正确、进路已锁闭、未施行人工解锁、敌对进路未建立以及照查联锁条件正确。

在点式或联锁级后备模式下，信号机的开放检查红灯LED的完好性。信号机开放后不间断地检查LED的良好状态，对信号机LED的显示状态具有监督功能。

在点式或联锁级后备模式下，信号机的开放检查屏蔽门、紧急停车按钮、扣车按钮等状态信息。当上述信息丢失时，相关进路无法建立或已建立的进路防护信号机立即关闭。

信号机关闭后，未经再次办理，不得重复开放。但当正线办理了自动进路后，该进路保持锁闭，信号机随列车运行自动变换相应显示。

信号机不出现乱显示即不符合规定的信号显示，在组合灯光开放和关闭时，必须同时开放或关闭。组合灯光的显示间隔一个灯位。

21. 道岔监控

联锁道岔可以人工单独操纵，也可随进路的排列而自动选动，单独操纵优先于进路选动。联锁系统控制道岔的模式有两种：进路控制、单操控制。

正线的每组道岔采用单独控制方式,转辙机的控制表示电路符合我国原铁道部颁发的《转辙机控制的技术条件》要求。

当以进路控制方式操纵道岔时,进路上的道岔采用顺序启动方式以错开动作电流的启动峰。

联锁道岔受进路锁闭、区段锁闭、人工单独锁闭、引导总锁闭、过走防护锁闭的影响,一经锁闭则道岔不能启动。

联锁道岔启动后当因故被阻或转辙机的电机电路发生故障时,自动切断道岔启动电路;若在规定时间(如 15 s)内道岔不能转换到规定位置时,给出道岔报警提示。道岔转换完毕后自动切断道岔动作电源。

联锁子系统可根据信号系统运营模式(后备模式运营、CBTC 模式运营)的需要,对进路保护区段中的道岔进行锁闭防护。

22. 区段状态检测

当联锁子系统与 ATP 子系统(ZC)通信正常时,联锁子系统根据 ATP 子系统提供的逻辑区段状态信息和计轴设备提供的区段状态信息,判断区段占用状态。

当联锁子系统与 ATP 子系统(ZC)通信中断时,联锁子系统根据计轴设备提供的区段状态信息,判断区段占用状态。

23. 站台紧急停车功能

联锁设备检查车站控制室的 IBP 盘和站台上的"紧急停车"按钮的状态,一旦检测到按钮被按下,立即关闭相应的列车进路信号,并将紧急关闭信息发送给 ATP 和 ATS。当按下紧急停车按钮后,可防止列车进入站台或在站台内移动。紧急停车功能的解除是通过人工确认后按压 IBP 盘的"紧急停车恢复"按钮实现的。

24. 扣车功能

若发车进路已经建立,在办理扣车作业时,相应的出站(或出站兼防护)信号机立即关闭。终止扣车作业后,检查有关联锁条件满足时,相应的出站(或出站兼防护)信号机自动开放。

25. 屏蔽门监督

当 ATP 列车到达站台停稳后,车载 ATP 向 CI 子系统发送安全门控制操作命令。CI 子系统在收到操作命令后,动作相关继电器,通过该继电器接点将安全门控制命令传送给安全门控制系统。

CI 子系统不间断地采集屏蔽门状态信息,若检测到屏蔽门未处于关闭且锁闭状态,立即关闭相应的信号,并将该信息发送给地面和车载 ATP。

26. 防淹门监督

CI 子系统不间断地采集"防淹门完全开启且锁闭"信号和"防淹门关闭请求"信号。当检测不到"防淹门完全开启且锁闭"信号时,不能再向相应线路防淹门防护区段内设置进路;若已设置进路,则立即关闭相应信号机。

当需要关闭防淹门时，系统在收到防淹门系统发出的"防淹门关闭请求"信号后，系统将判断防淹门附近线路区段和列车信号设备的状态，以决定是否向防淹门系统发出"允许关闭防淹门"信号。

对于防淹门防护信号机的再次开放，需要人工办理重开信号操作，当检查相关联锁条件满足后，方可再次开放信号。

27. 计轴复位（轨道区段故障恢复）

设置计轴轨道区段复位功能的目的是使轨道区段故障恢复。为避免误将在线列车所在计轴轨道区段复位，进行此操作前必须人工确认复位区段无车占用，方可进行复位操作，安全由运营人员保证。

计轴区段复位操作的实现通过以下任一方式实现。

（1）设置"计轴复位按钮盘"。

计轴复位按钮盘设置总复位按钮及每个轨道区段的复位按钮，当需要复位某轨道区段时，通过安全确认后，按下总复位及相应轨道区段按钮进行复位操作。

（2）CI 子系统设置"计轴复位操作"功能。

现地控制工作站操作界面，设置计轴区段复位操作按钮。当计轴区段故障并经过人工确认后，通过点击"计轴复位"按钮进行计轴故障区段复位操作。

28. 设备的检测报警

联锁设备实现信号机、转辙机、列车检测设备等基础信号设备的状态检测及故障报警功能，并能将相关信息传送到集中监测子系统，并在维护工作站上显示和报警。联锁设备能监视和记录自身的工作状态和轨旁设备的状态，主要内容包括：进路状态、轨道的占用/空闲、信号机显示、道岔位置、信号机状态监测及故障报警、转辙机动作状态等。

三、系统原理

1. 概　述

系统级冗余结构是指当计算机联锁单套设备发生故障时，能使计算机联锁继续运行下去的设计方法。

EI32-JD 型计算机联锁子系统采用二乘二取二冗余结构。所谓二乘二取二是指实现联锁功能的联锁机由 4 台计算机 A、B、C、D 组成，其中 A 和 B 相结合，C 和 D 相结合，构成了 2 套硬件相同的结构。每套结构中的 2 台计算机分别执行双套联锁软件并对联锁运算的结果相互进行比较以完成故障检测任务。

EI32-JD 型计算机联锁输入/输出接口、驱动单元电路、电源均采用双套结构。

在保证安全的基础上，为提高系统的可靠性，现地控制工作站、通信网络也采用双套结构，现地控制工作站实现了双机热备。

2. 二取二 CPU 电路

二取二 CPU 电路如图 1-20 所示。

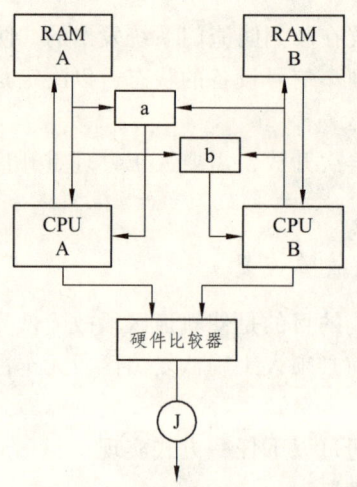

图 1-20 二取二 CPU 电路硬件比较故障检测框图

如图 1-20 所示，2 台计算机内总线上流通的代码（数据码、地址码和控制码）经由比较器按位（bit）比较，一致时继续执行联锁程序，否则强制立即停止执行。在执行联锁程序的过程中，各种信息的代码不间断的在计算机内部的总线上流通。这种总线间 bit 级的比较对机内故障的检测是比较充分的，因此，其安全性是很高的。

如图 1-21 所示是 EI32-JD 型计算联锁子系统的二乘二取二计算机联锁核心部件——二取二安全型 CPU 板。在该印制板上集成了完全相同的两套计算机系统，包括时钟、RAM、ROM 和必要的接口电路，同时还集成了实现双机校核的总线比较电路。CPU-A 和 CPU-B 硬件完全相同，所装软件（包括系统软件和应用软件）完全相同。正常情况下，A、B 两套 CPU 电路的工作应当完全相同，此时，由该板驱动一个继电器，称作正常继电器，证明该印制板双套电路工作正常并且同步，可以运用。只有正常继电器前接点闭合，才能给该板输出部供电，形成真实的输出，从而在硬件上保证了设备的安全。

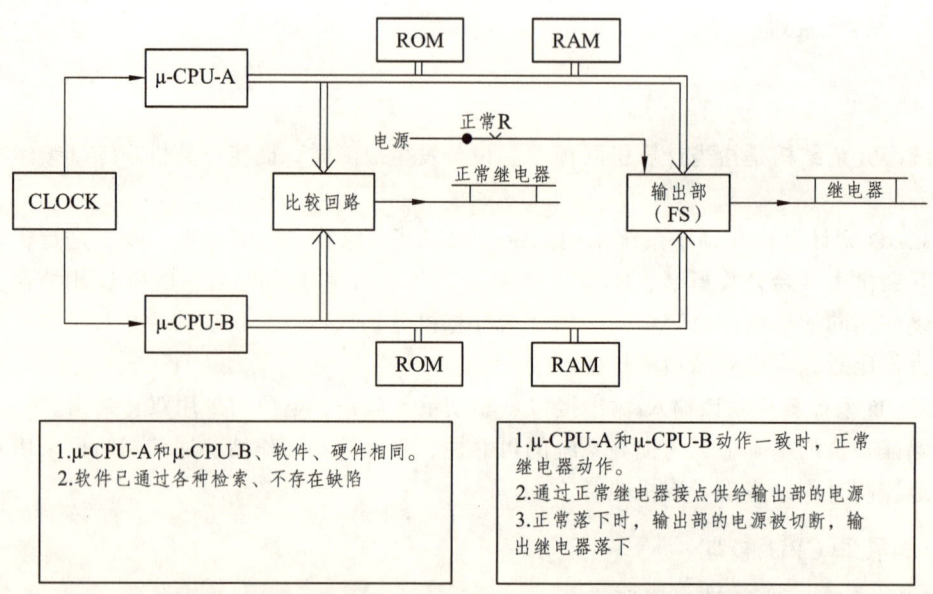

图 1-21 总线同步校核实现的二取二安全型 CPU 板

3. 双系热备的联锁机结构

双系热备的联锁机结构,如图1-22所示。

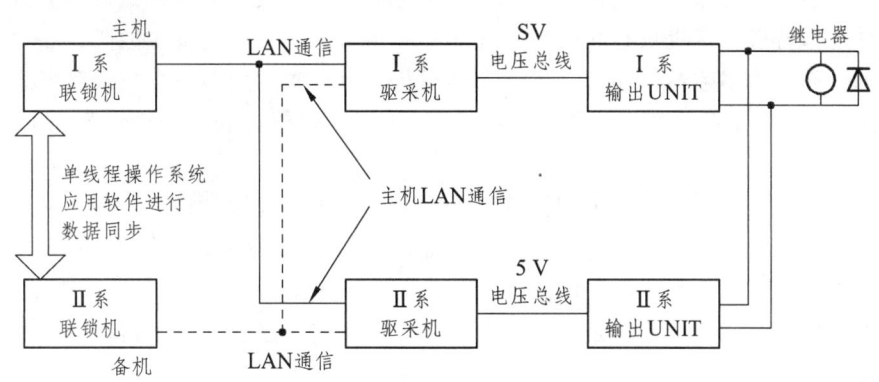

图1-22 双系切换式的构成模式

EI32-JD型计算机联锁子系统支持双系热备型冗余结构。如图1-22所示,每一系的任一处理部的单系——联锁机Ⅰ系、Ⅱ系、驱采机Ⅰ系、Ⅱ系均为前述双机校核的CPU系统,因而它总体上是一个4机系统。

双系热备方式中,驱采机的Ⅰ系和Ⅱ系均仅接收同一联锁计算机发来的输出信息,如联锁机Ⅰ系的输出或联锁机Ⅱ系的输出,而对联锁机另一系的输出不予采纳;换言之,联锁机的双系中存在主用系和备用系的区别。只有主系对外的输出才被驱采机采纳,备系的输出虽然也被送到安全通信网上,但不被驱采机取用,而仅用于联锁机双系之间的校验。当联锁机的主系发生故障时,才自动地倒向备系。从这个意义上说,联锁机双系之间采用的是双系热备的方式。在双系热备方式中,联锁两系之间采用实时操作系统实现应用软件的任务级数据同步。

双系的驱采机同时工作,同时产生输出;并且均以并联的方式连接到被驱动的继电器上。因此,对于驱采机而言,双系以二重系并联方式运行。

4. 系统双系切换电路

系统双系切换电路是支持双系切换的硬件电路(VSYS电路板)。该板上安装有数个小型的安全型继电器,完成对各系的主CPU板及其软件运转正确性的判断,最终驱动一组倒机继电器,其状态决定了主系和备系。

采用两系时,两系的切换时间为300~500 ms。实际上,EI32-JD型系统的双系切换,本质上是驱采机对联锁机通过LAN传来的主用信息的校核,从而驱采机的输出缓冲区从"根据原主机设置内容"切换到"根据当前主机设置内容"。

联锁机、驱采机的每一系均提供一个倒机切换板(VSYS板),安装有复位开关,允许通过对本机系统复位实现人工倒机。

VSYS板上有指示灯,便于维护人员监督设备运行,辅助判断故障。

5. 冗余原理与切换逻辑

系统的联锁机采用二乘二取二冗余结构,二取二系统构成互校的安全性系统。两套安全性系统共 4 机构成互备的双套冗余系统，称为Ⅰ系、Ⅱ系。平时两系同时接收现地控制工作站发来的按钮控制信息和驱采机采集到的设备状态，并据此进行联锁运算。平时只有Ⅰ系、Ⅱ系中的某一系联锁机作为主控机，只有主控机可向驱采机发出实际控制命令，并且对外输出。另一系用作备机，备机只有联机后，才能实现热备。若主控系发生故障，备系在主控机脱机后，可自动升为主控系，即自动导向备系运行。只有当主用系发生故障且备系完好时才能自动切换到备系，由备系接续工作。备系导向主控时，可保证现场联锁作业完全不受影响，无需维修人员介入。

本系统基本倒机逻辑遵从无主的原理，即两套联锁子系统地位相等，无主从之分。第一次开机时，先启动的一系优先进入工作状态，成为主控系（如Ⅰ系），后启动的一系自动成为备系。当工作中主控系发生故障、备系完好时则自动由备系接替工作，此时Ⅱ系成为主控机。只要Ⅱ系不发生故障，无论Ⅰ系是否修复、是否投入运转、是否重新联机，Ⅱ系都将一直工作下去，充当主控系的角色，而并不急于倒回Ⅰ系。只有当Ⅱ系也发生了故障不宜继续作为主控系工作时，才再次倒回Ⅰ系。这样做可避免Ⅰ系修复后，在两台机器都正常工作时发生无谓的倒机，增加不可靠度，以实现无需系统发生倒机时即令其不倒机的原则。

在计算机联锁子系统运行的过程中，两联锁系之间实时交换关键联锁信息和现场信号设备状态信息，以保证两联锁系之间的同步。在两联锁系均联机的情况下，由备系校核主控系发来的主控系关键联锁信息和现场信号设备状态信息。这些信息包括信号机、道岔、区段的状态信息，锁闭信息，按钮操作信息等。一旦发现两系信息不一致，则意味着两系失去同步，此时备系会脱离热备状态，直至重新恢复同步。当备系确认与主控系失去同步后停机。

6. 上电及倒机过程

为保证安全，计算机联锁子系统施工完毕（或联锁双系重启）后，先启动的一联锁系上电后优先进入主控。为保证安全，此时令全场道岔处于锁闭状态，所有区段处于封锁状态，要求值班员采用区段解封及区段故障解锁的方法逐个解除封锁及锁闭区段。为避免值班员操作过于烦琐，本系统也简化了上电解锁手续，界面设置"全站解封"及"上电解锁"按钮，在上电后 8 min 内，值班员只需按压"全站解封"按钮（需输入口令），即可解除全站封锁，再按压"上电解锁"按钮（需输入口令），即可解锁所有锁闭道岔。这种操作方式，既保证了上电后全场所有道岔均处于锁闭状态以利安全，又避免了值班员操作过于烦琐，使值班员在紧急状态下可迅速恢复系统的正常功能。若上电后超过 8 min，未进行"全站解封"及"上电解锁"操作，"全站解封"按钮将隐藏，需使用区段逐个解锁方式，解锁全站锁闭区段。

刚上电的联锁系统根据轨道占用/空闲检测设备提供的区段占用/出清条件设置列车位置，直到联锁系和 ATP/ATO 计算机建立稳定、可靠的安全通信，才能从 ATP/ATO 计算机接收到有效的列车位置信息，进入 CBTC 控制下的联锁运行模式。

第二套联锁系上电自检通过后，则可自动地在数十秒左右时间内从主控系取得站场联锁数据，自动地跟踪主控系，第二系根据主系联锁传送来的联锁运算数据，进行同步比较判决，判断与主控系取得同步后，则第二系也投入运行，实现热备。这一过程同样不需要人工干预，也不必提出全场无作业的要求。在备系与主控系取得同步的过程中，不影响主控系的任何功能和性能，如果值班员不察看屏幕上的提示，则可能完全察觉不到此过程。

第二套联锁系从主控系取得站场当前全部的联锁数据后，必须经过试联锁过程，校核所取得数据的正确性。只有判定两系的数据完全一致并与 ATP/ATO 计算机、现地控制工作站取得通信联系之后，才认为两系的确取得了同步，可以开始联机工作。只有这样，第二套联锁系才可联机，成为备系。也就是说，只有在这之后，若主控系发生停机，备系才能够真正地接替工作，实现倒机。

在主、备系同时运行的过程中，两系通过各自的自检和互检，实时监测本系的完好性，一旦发生故障，则将发生倒机，发生故障的一系自动重新启动。如果故障系为备系，则备系重启后由主控系单机工作；如果故障发生在主控系，则由备系充任主系接替工作，实现倒机。

7. 输入-输出电路

EI32-JD 型计算机联锁 I/O 的安全性保障要点如下：

- 驱采机采用总线同步二取二的故障安全计算机；
- 采用 FS-OS 故障安全实时操作系统；
- 采用照查脉冲式的采集方式；
- 采用驱采机 2 系同时输入、输出工作方式，即驱采机双系并用。

安全性输入-输出电路的核心采用的是闭环的工作原理，即要求各硬件模块以及依赖各硬件模块的控制命令和状态采集传递均实现闭环，通过软件使整个闭环系统运转起来。

系统安全性输入-输出电路的设计遵循动态工作原理，即所采用的安全性信息采集和安全性控制命令输出电路均采用动态的输入-输出电路。电路中的任何一个器件发生故障，均可导致信息脉冲的中断，从而使设备导向安全。本系统的动态电路均为内部电路，外部继电器使用安全型无极继电器。

输入、输出电路具有回读检测能力。当电路发生故障时，驱采机具有自诊断功能并提供故障报告，应用软件予以判断，决定是否切除本系。

输出电路实现双线隔离输出，即输出的每一路都是双线，没有共用的地线或电源线，各输出相互完全隔离，有效防止组合柜继电器混线所造成的继电器非法误动，大大提高了系统输出的安全性。

两系的每一路输出电路都并联后，再驱动组合柜继电器，其中一路输出电路故障，不影响另外一路输出，大大提高了输出电路的可靠性。

为了提高系统的可维护性，缩短系统的故障维修时间，联锁机本身设计有专用的硬件诊断部件和程序，提供尽量全面的软硬件自检测、互检测。检测出的故障信息实时送往维护工作站显示、记录。

8. 采集电路原理

安全性采集电路原理框图如图 1-23 所示。该电路从组合架引入接点闭合时的直流电压，由软件产生内部动态信号，形成对外部采集的开闭，形成采集的动态信号。该动态信号被采集到后分别送往 A、B 两条总线，分别被 CPU 板的两个 CPU 读取，进入联锁运算。该电路应用的是典型的动态采集原理。

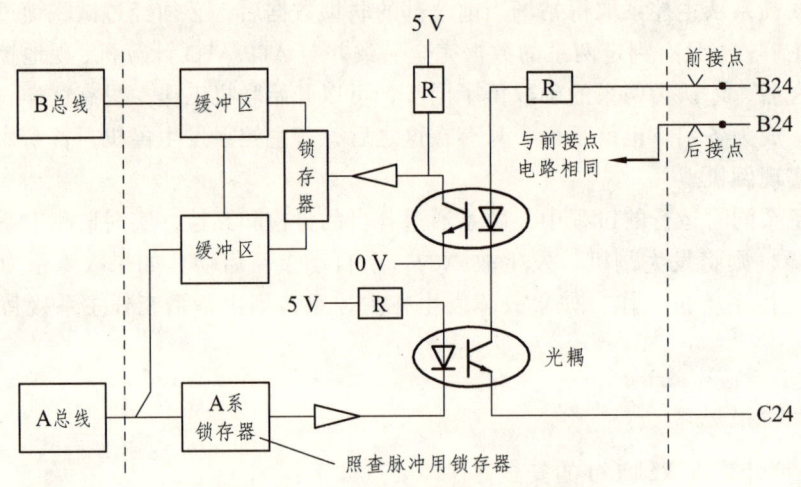

图 1-23 安全性采集电路原理框图

9. 驱动电路原理

安全性输出电路原理框图如图 1-24 所示,主要有以下几点:

(1)该板同时挂在双 CPU 板的两条总线上;只有在两条总线上对其进行的 I/O 操作完全一致时,才能对外产生真实的输出。

(2)继电器输出的基本原理仍为动态原理;在电路内部设一个频率发生器,通过动态转换将频率信号转变为 24 V 直流电平,转换电路即驱动电路是符号故障-安全原则的。

(3)频率发生器受 CPU 板正常继电器的控制,如果正常继电器接点断开,则频率发生器不工作,使故障导向安全。

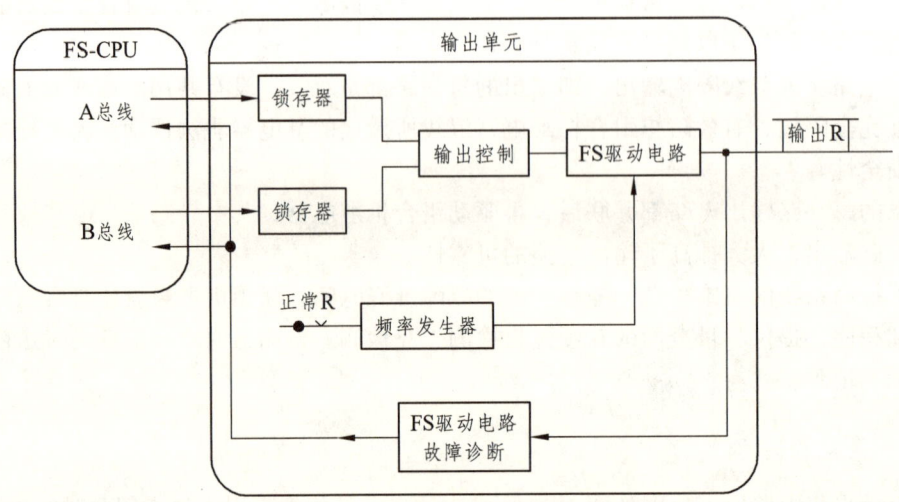

图 1-24 安全性输出电路原理框图

(4)输出电路每路提供两条引出线(+24 V、24 V 地)用以驱动继电器。输出电路和它所驱动的继电器相互并联,Ⅰ系输出的一对线和Ⅱ系输出的一对线在物理上并联。电路设计使得如果出现外界短路故障,不会烧毁输出电路。

10. 降级及混跑运营模式下的工作原理

联锁系统本身设置有三种运营模式——CBTC、后备、混合运营，不同的运营模式对应不同的联锁检查条件。当 ATP 可以对相应的区域进行控制，即可在 CBTC 模式下运营时，联锁则根据 ATP 的指令在此区域内实现信号机灭灯，联锁关系按 CBTC 模式检查；当 ATP 对某一区域无法进行控制，则不能在 CBTC 模式下运营，在该区域内系统需降级运营时，联锁根据 ATP 的降级信息在此区域内实现信号机点灯，联锁关系按后备模式检查。

联锁系统实行全进路管理，以进路为单位进行控制，允许一个系统中部分进路为后备模式，部分进路为 CBTC 模式，这就是 CBTC 和后备混合运营模式。

当某列车与地面失去连续通信时，该列车能在点式 ATP、限制或非限制人工驾驶模式下运行，司机根据调度命令和地面信号显示驾驶列车，联锁设备保证列车运行进路的安全，点式 ATP 控制模式下提供点式 ATP 防护功能。

四、系统接口

EI32-JD 型计算机联锁子系统提供与 ATP 子系统、ATS 子系统、信号集中监测子系统等其他信号系统的接口，通过以太网进行系统间数据的交换。计算机联锁子系统与相邻有关系统间的通信通道均为冗余配置。信息交互，均采用物理或逻辑上独立的联锁通道。

与轨旁设备的接口控制电路符合故障-安全原则，并采取双断和独立回路的方式。接口电路连接保证了不因线路发生短路、馈电失效或外部电路接地，而影响系统的安全性。

系统间接口及计算机与外部电路接口均采取安全有效的隔离措施，避免了外界因素对系统设备的影响。

1. 设备集中站之间接口

设备集中站间联锁设备采用以太网方式接口，传递联锁站间信息。

站间联锁通信采用封闭的冗余网，双网并用。此网与 ATS 网相独立，在每个联锁机中插入以太网通信板，一块以太网通信板提供两个完全独立的以太网接口。在规定时间内若接收不到邻站联锁的正确数据则判断网断，并做故障-安全处理。

2. 与电源屏接口

1）报警监督

联锁子系统可通过采集监督继电器状态，如采集Ⅰ路电源继电器（1DYJ）、Ⅱ路电源继电器（2DYJ），在人机界面设置相应表示灯来实现供电状态监督；采集电源屏报警继电器（DYBJ），设置相应报警提示语音，来实现电源屏设备的监督。

2）联锁系统供电容量需求

EI32-JD 型计算机联锁子系统全部设备均由设于信号设备室的信号电源屏供电，电源屏需提供两路独立的带 UPS 输出的 AC220 V 电源，每路电源 2 kV·A 总容量为 4 kV·A。

3. 与 ATP 子系统接口

联锁子系统与 ATP/ATO 子系统具有成熟的接口，与 ATP 子系统匹配性好、应用成熟、完全满足招标文件要求。

1）与轨旁 ATP 子系统的接口

CI 子系统与轨旁 ATP 子系统（ZC）的通信是基于安全通信协议且通过以太网实现的，接口符合故障-安全原则。硬件连接方式如图 1-25 所示。

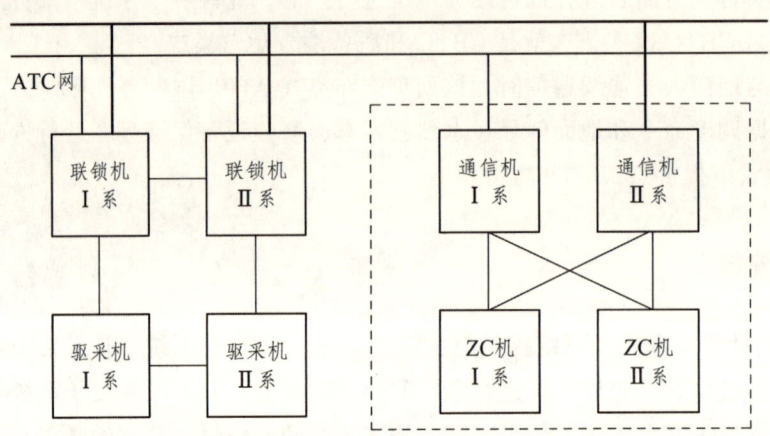

图 1-25　CI 子系统与轨旁 ATP 子系统接口硬件连接示意图

联锁向 ATP 提供信号机状态、列车进路设置情况、道岔状态、计轴区段状态及运行方向、保护区段的建立、站台区紧急关闭、屏蔽门状态、防淹门状态等信息。

ATP 向联锁发送 ATP 区段占用信息、列车停稳信息、信号机点灯灭灯命令等信息。

2）与车载 ATP 子系统的接口

车载 ATP 子系统（VOBC）与 CI 子系统采用车-地无线通信，经由 ATC 安全双网实现通信。在列车靠站后，每周期进行数据交互，联锁向 VOBC 传递 PSD 状态信息，VOBC 向联锁传递 PSD 开关命令，其连接示意如图 1-26 所示。

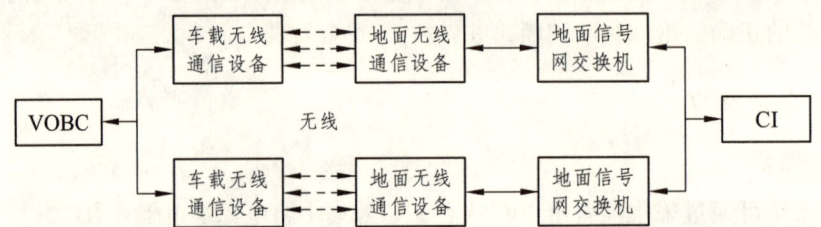

图 1-26　联锁子系统与车载 ATP 子系统接口硬件连接示意图

3）与 LEU 的接口

联锁系统设置 LEU 接口装置，通过串口通信方式与 LEU 设备连接。在点式模式下，联锁子系统通过 LEU 装置实现与 LEU 的通信，即将进路信号开放等信息经 LEU、应答器传至车载设备，实现点式 ATP 下的列车运行防护。硬件连接如图 1-27 所示。

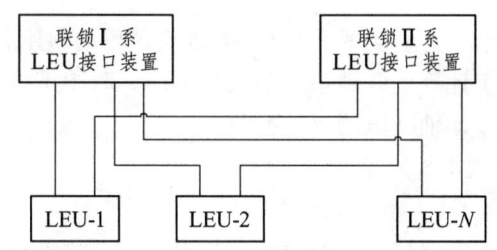

图 1-27 联锁子系统与 LEU 子系统接口硬件连接方案

联锁子系统与 LEU 按照"联锁-LEU 接口协议",相互交互信息。

4. 与 ATS 子系统接口

ATS 子系统与联锁子系统的通信,通过连接到 ATS 网实现。硬件连接方式如图 1-28 所示。

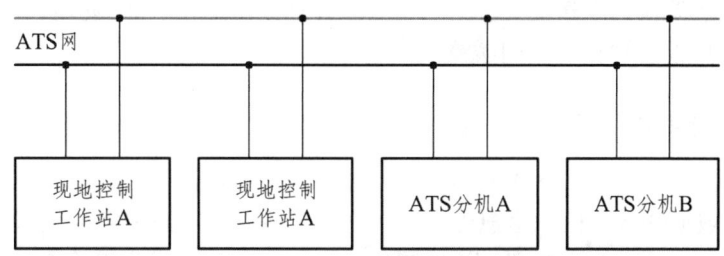

图 1-28 CI 子系统与 ATS 子系统接口硬件连接方案图

联锁接收 ATS 发送的进路控制命令,向 ATS 发送站场状态信息(道岔、信号机、区段、PSD、ESB 等)。

5. 与信号集中监测系统接口

CI 子系统的维护工作站通过以太网与信号集中监测系统的监测工作站进行连接。维护工作站向监测工作站发送相关设备的状态信息,主要内容包括进路状态、道岔位置信息、信号机状态、区段占用/空闲状态,以及联锁通过继电器采集到的灯丝报警、熔丝报警、电源屏报警、计轴故障报警等报警信息。

6. 与车辆段联锁接口

1) 接口方式

车辆段联锁与正线联锁采用以太网接口方式。

2) 信息交换

车辆段向正线联锁发送照查信息、车辆段相关区段状态、进段信号机状态。正线联锁向车辆段联锁发送照查信息、正线相关区段状态信息、出段信号机状态。

当需要取消接车进路时,必须先取消发车进路;进路解锁延时 30 s。

7. 与计轴设备接口

与计轴设备接口采用继电器方式,接口符合故障-安全原则。

联锁系统通过采集计轴设备驱动的 GJ 状态来确定区段的占用和空闲。

若计轴复位按钮设置于计算机联锁系统的人机界面，联锁系统需为每个计轴区段设置相应的复位继电器，用于故障计轴区段的复位操作。

8. 与屏蔽门接口

与屏蔽门的接口采用继电器接口。继电电路的设计符合故障-安全的原则。

联锁系统向屏蔽门发送"打开、关闭屏蔽门"控制信息；联锁系统接收屏蔽门系统发送的"门关闭且锁紧""门故障/解除"状态信息。

9. 与防淹门接口

与防淹门的接口采用继电器接口。继电电路的设计符合故障-安全的原则。

CI 子系统接收防淹门发送的"防淹门完全开启且锁闭"信号和"防淹门关闭请求"信息。CI 子系统向防淹门发送"允许关闭防淹门"信号。

10. 与紧急停车按钮接口

与紧急停车按钮的接口采用继电器接口。继电电路的设计符合故障-安全的原则。

当按下站台或 IBP 盘上的"紧急停车"按钮，相应站台紧急关闭继电器落下。在联锁子系统采集到该继电器落下后，办理相关进路信号无法开放，已开放相关信号应关闭。恢复紧急停车按钮后，人工办理重开信号操作，当检查相关联锁条件满足后，方可再次开放信号。

11. 与信号机、道岔转辙机接口

联锁系统采用安全型继电器实现与信号机、道岔转辙机的结合。

控制信号机采用适用于轨道交通列车信号机点灯电路。联锁采集信号机显示状态及灯丝报警信息。

控制道岔采用适用于轨道交通交流、直流道岔控制电路，对于曲尖轨的两点牵引转辙机将实现同步动作。联锁采集转辙机位置信息。

12. 与综合监控系统接口

在车站，联锁子系统与综合监控系统分界点位于 IBP 盘的外线端子排。

信号系统在 IBP 盘上分上下行分别设置扣车/终止扣车、紧急停车/取消紧停、灯泡实验、切断报警按钮。信号系统在 IBP 盘上分上下行分别设置扣车表示灯（2 个）、紧停表示。

典型工作任务 3　浙大网新 Microlok Ⅱ 型正线计算机联锁子系统

【工作任务】

（1）理解 Microlok Ⅱ 型计算机联锁子系统集中站的概念。

（2）掌握 MicrolokⅡ型计算机联锁的联锁功能。
（3）理解 MicrolokⅡ型计算机联锁输入/输出控制原理。
（4）熟悉 MicrolokⅡ型计算机接口关系。

【知识准备】

MicrolokⅡ型计算机联锁系统为 US&S 公司所研制，采用双机热备方式；它是基于安全微处理器的计算机系统和接口/通信系统。

一、集中站

地铁正线采用分布式联锁控制方式，全线可分为多个联锁区域。每个联锁区包括有岔站和无岔站，由位于设备集中站的联锁控制器 MicrolokⅡ控制。例如：成都地铁一号线有 7 个正线联锁设备集中站，即升仙湖站、省体育馆站、孵化园站、文殊院站、天府广场站、火车南站站、世纪城站。根据系统要求，联锁控制器设于设备集中站信号设备室内。

对于相邻车站（对于联锁站而言），信号机、计轴、站台安全门等都将由联锁站控制。联锁站与非联锁站之间利用电缆和继电器进行接口。每一个集中站联锁系统由一个标准配置的 Microlok 构成。根据轨旁设备，每个联锁系统 Microlok 配置的区别仅为输入/输出（I/O）PCB 板数量上的不同。

二、联锁功能

联锁控制器 MicrolokⅡ专用于执行轨旁联锁逻辑的安全性功能。它通过安全型接口电路与轨旁设备接口，采集并控制其状态。

与 MicrolokⅡ接口的轨旁设备包括本站及其联锁区内其他车站的信号机、计轴主机、综合后备盘、紧急停车按钮、自动折返按钮、站台安全门及防淹门等。

以站台安全门为例，联锁控制器输出安全门打开和关闭命令以控制安全门的开启。当列车停在预先指定的位置时，CC 请求联锁控制器打开站台安全门。站停时分结束前，CC 通过 ZC 请求联锁控制器关闭站台安全门。列车在收到站台安全门已关闭的信号前，不能驶离站台。

与列车运行模式无关，联锁控制器提供同样的基本功能。系统在 CBTC、点式 ATP 和联锁三种控制模式下联锁的技术条件（包括进路建立、锁闭、解锁检查的基本条件）相同。

1. 道岔逻辑功能

道岔逻辑功能的目的是为转辙机的操作提供一个安全方法。根据列车请求的进路，此逻辑可允许岔尖被推到定位或反位。道岔锁闭指的是当为接近列车设置好进路（接近锁闭），或被取消后对接近列车来说没有足够的时间停车（延时锁闭），或有列车处于锁闭道岔的轨道上（检测锁闭）时，锁闭进路上所有道岔，以防止道岔动作。

在轨旁操作模式下，道岔的操作可以由 ATS 或 LCW 启动，此命令也可以由 MLK 产生。

在允许动作之前，道岔必须处于解锁状态。当道岔通过 ATS 或 LCW 被请求转至定位时，一个道岔请求将被发送至 Microlok；然后，Microlok 将计算联锁的状态，只要道岔处于解锁状态（即无轨道占用、无进路锁闭建立、无道岔封锁），就命令道岔转至定位，一旦道岔转至定位，就会发送一个表示给 ATS 和 LCW。道岔的反位操作也以相同的方式来实现。

道岔请求和位置的一致性会被不断的检查，并显示任何不一致的情况。在任何情况，如有道岔请求和表示不一致，即权限撤销且系统返回到一个更具限制性的状态（在这种状态下，在该联锁区内所有的列车被限制移动，并且通知所有接近的列车停车）。道岔锁闭被用在联锁轨道检测（检测锁闭 Detector Locking）和进路设置（进路锁闭 Route Locking）中。

道岔逻辑电路中的简要步骤如下。

（1）从 ATS 或 LCW 接受请求。这个请求可以是一个道岔请求（NPB 或 RPB），也可以是一个进路请求（RQ）。若选择开关在 ATS 位置且与 ATS 没有通信或选择开关在 LCW 位置且与 LCW 没有通信，则可以产生内部请求（ARQ）。

（2）Microlok（MLK）将产生一个内部复示器（NLP 或 RLP）。内部复示器将所有可能的非安全请求（道岔请求和进路请求）组合起来形成道岔动作的共同请求。

（3）MLK 基于复示器的状态将产生相应的内部安全道岔请求（NWZ 或 RWZ）。通常这个内部的道岔请求包括一条自闭电路来保持道岔请求直到相反的道岔请求产生；同样，内部道岔请求也用来解锁相应的复示器。

（4）MLK 内部道岔请求用来驱动物理 MLK 并行输出继电器（NWZR 或 RWZR）。这些继电器用来使实际的道岔尖轨转到希望的位置。

（5）一旦道岔转辙机将尖轨转到希望的位置，MLK 将收到一个物理的道岔位置的并行输入（NWP 或 RWP）。MLK 不断地监视道岔位置。

（6）MLK 运用道岔位置（NWP 或 RWP）和内部道岔请求（NWZ 或 RWZ）在内部产生道岔选排一致（NWC 或 RWC）。道岔选排一致是一个重要逻辑道岔功能，应用于整个 Microlok（MLK）应用程序的所有必需安全逻辑语句中。

2. 信号逻辑功能

信号逻辑功能和方向逻辑功能的目的是为列车在系统中的运行提供安全的方法。这些功能允许列车在条件允许情况下前行并通过道岔、为列车的站间运行提供方法；允许列车在条件允许情况下改变方向。

信号逻辑功能包括存在于 Microlok 应用软件中的最广泛和最全面的逻辑电路。这些信号逻辑功能包括信号请求、进路检查、接近锁闭、信号控制、快速通过、引导进路以及自动（默认）进路。这些功能和基本的执行联锁规则与以下的说明相关。

1）信号请求

进路请求（RQ）由 ATS 或 LCW 产生并发给 MLK。MLK 利用此进路请求或内部产生的自动进路请求（ARQ 失去与 ATS 或与 LCW 通信情况下的默认进路）为内部产生一个安全信号请求（GZ）。一旦产生，这个安全信号请求的移除将只能通过列车进入相应的联锁或通过逐步接收 ATS 或 LCW 产生的取消请求（CANZ）来完成。

进路检查（RC）功能逻辑电路检查相应内部的给 Microlok 的安全信号请求，检查道岔相符，检查确定反向进路锁闭没有被建立（与请求的进路方向相反的方向没有锁闭），确保相反的保护区段没有建立，并检查确保在相应的进路出口没有出口限制。

2）接近锁闭电路

基本的接近电路（A）简单得包括所有接近于相应的入口点的联锁边界的轨道电路。接近锁闭（AS）电路功能会在进路检查开始后有效，并在发生任何一种下述的情况之前保持有效。

（1）接近区段完全出清，轨道电路空闲且进路被取消。

（2）在一个有效的接近锁闭定时到期之后。此定时是由于在列车占用任何一个相应接近轨道电路情况下对进路的取消而产生的。

（3）在联锁内的列车越过联锁区内的前两个轨道电路边界的占用，且第一接近轨道电路是空闲的。

（4）接近锁闭定时开始于有任何接近轨道电路被占用时的进路取消，此定时会使接近自闭（AS）保持落下，在定时完成后接近自闭（AS）吸起。接近锁闭计时器设定时间的计算依据是指：当列车允许信息移除后，运行的列车在最大允许的土建速度下，在安全制动距离内停车需要的时间总数（用最坏情况下的制动率）。接近锁闭时间的计算是根据最坏情况和最长安全制动距离计算的，这就是为什么采用 CBTC 列车；若 CC 确保列车可以在信号机前停车，则一旦接收到确定命令接近锁闭时间可以被取消并且 AS 吸起。

3）引导请求

当且仅当以下条件成立时可使用引导：进路已经被请求和锁闭，安全信号请求被建立，但为在信号继电器 AHR 和 BHR 落下的进路或保护区段中有一个或多个轨道电路被错误占用；另外，列车必须在进站信号机前的接近轨道上，并且不应是红灯灭灯显示，当出清信号时，ATS 或 LCW 应该要求引导显示；然后联锁 Microlok（IMLK）将产生一个信号引导表示位给 ATS 和 LCW。轨旁信号机显示稳定的红、黄，说明引导进路已建立。引导进路只能在先前的方向上重新建立，这是因为在轨道电路被固定之前，落下的轨道电路会保持进路锁闭落下。

引导请求被执行后，它的移除可以通过列车出清接近轨道，或是从 ATS 或 LCW 发送信号取消请求。

系统仅允许列车以 RM 或 NRM 模式通过引导信号机。信号机显示引导时（红+黄），其所属动态信标不发送信息。

对于引导进路，如果计轴区段故障恢复，引导信号不会自动显示为绿灯或黄灯。当取消引导进路并重新办理正常进路后，信号机才能点亮绿或黄显示。

如果引导进路中第一个区段正常，则列车占用该区段后即关闭引导信号；如果引导进路中第一个区段是故障区段，则在列车占用该区段且出清接近区段后关闭引导信号机。

对于具有防护区段的进路，其引导进路也具有相同的防护区段。列车通过引导进路，防护区段可正常解锁，但是进路中故障区段及其之后的区段不能被解锁。

若进路及其防护区段的范围内有道岔失去表示，则该进路不能设置为引导进路。

4）快速通过进路

正线正方向上所有信号机（除尽头信号机外）具有自动通过信号的功能。

自动通过信号控制允许进路以自动进路方式运行。特殊进路的自动通过命令应该来自 ATS 或 LCW。当自动通过功能有效时，在每辆列车成功通过进路的基础上，进路会重新建立并开放信号。这样在正常列车运营的情况下，此功能会减轻操作员需要一次又一次的重复重新建立同一条进路的负担。进路的自动通过用在列车正常运行的默认方向进路上。

自动通过功能由 ATS 或 LCW 执行，并由 Microlok 接收。当且仅当进路已请求且安全信号请求已建立时，可以使用自动通过功能。另外，所有的相关道岔位置必须相符。一旦自动通过请求被执行，以下两种情况会移除自动通过：

（1）从 ATS 或 LCW 接收到自动通过取消请求。

（2）从 ATS 或 LCW 接收到相应的进路取消。

5）自动进路

如果在 ATS 控制下，ATS 故障；或在 LCW 控制下，LCW 故障，自动（默认）进路请求（ARQ）将自动产生。自动进路请求只会在相应的接近区段被占用且无反向进路时产生。产生此请求后，与所有的来自 ATS 或 LCW 的正常进路请求一样，进路在所有安全检查完成后才能被建立。

3. 方向控制逻辑功能

进路锁闭是方向功能或电路使用的基本原则。

进路锁闭电路功能是相应的接近自闭（AS）落下的直接结果。一旦进路锁闭有效后，有两种方法可使进路锁闭解锁：一种方法是列车依次通过进路锁闭区域；另一种方法是用进路的取消和接近锁闭继电器（AS）吸起。

顺序如下：

- 接近自闭落下（AS↓）。
- 联锁进路锁闭落下。

方向请求在进路从 ATS 或 LCW 发起时开始。在执行所有逻辑检查后，方向请求就会在 Microlok 内部产生，如果需要则发送给相应的相邻联锁控制电路。相邻联锁控制电路将确定相应的方向，并阻止敌对方向请求。

方向锁闭会阻止任何在两个联锁之间敌对进路的建立。

1）保护区段锁闭电路

对于带保护区段的进路，一旦进路锁闭（进路中最后一个锁闭继电器落下）并且保护区段内的所有道岔位置均正确，保护区段请求继电器（OLZ）吸起，道岔及方向锁闭。当列车进入进路中最后一个区段时，经过预先设计的一段确保列车在信号机前停稳的延时后，保护区段将会解锁。当由于列车通过或接收到 ATS 或 LCW 的进路取消时，进路中最后一个进路锁闭继电器解锁后，保护区段也将解锁。

当保护区段请求继电器吸起后，在检查过保护区段占用以及反方向进路存在后，保护区段继电器（OLP）将会吸起并允许信号开放。

2）信号控制电路

信号控制电路是在给出有效的列车允许信号之前被执行的最后一个信号功能。信号控制电路由进路检查、接近自闭、进路锁闭、延伸进路锁闭、出口限制、轨道电路、道岔相符以及各种报警等功能组成。

"H"网络线功能用以下条件核查：

（1）相应的进路检查被确立（"吸起"）。

（2）相应的接近自闭（AS）落下，且反向的 AS 不落下。

（3）无禁止进路建立的出口限制。

（4）当相应的进路锁闭和延伸进路锁闭有效时，反向的进路锁闭是无效的；也就是说，所有方向都被正确地设置。

（5）进路和保护区段中的道岔都已锁闭，且表示在相符的位置。

（6）联锁和保护区段内相应的轨道电路是空闲的。

一旦信号控制功能"H"被建立，在正常列车运行情况下，"H"功能会保持直到列车压入信号机内放的第一个联锁轨道电路。

信号逻辑电路中简要步骤如下：

（1）从 ATS 或 LCW 接受到进路请求（RQ）或生成自动进路请求（ARQ）。

（2）Microlok（MLK）产生相应的内部安全信号请求（GZ）。

（3）MLK 运用信号请求来生成相关的进路检查（RC），确保没有建立敌对进路且道岔在相应的位置。

（4）MLK 信号请求和进路检查使相应的接近锁闭（AS）掉下以防止敌对进路的建立。AS 一个主要的功能是用来建立和锁闭方向。

（5）最终，Home（H）网络的建立使用了适当的进路检查和接近锁闭。正如先前所说，Home 网络在信号开放之前起决定性作用。

进路建立后，进路能够被列车通过进路或来自 ATS 或 LCW 的进路取消命令取消。如果是进路取消命令，就会有两种不同的情况，一是没有列车接近信号机，这种情况下进路可以立即被取消；另一种是有列车接近信号机，这种情况下进路必须在预定的延时结束后被取消，这个时间允许列车在联锁信号机前停下，或列车无法停车进入联锁区所有锁闭生效。

4. 道岔封锁逻辑功能

道岔封锁功能是为道岔提供自动锁闭，并不允许再有任何的道岔请求或动作。这些道岔封锁可以从 ATS 或 LCW 启动，并发送至 Microlok。当执行了道岔封锁后，道岔将保持锁闭在当前位置，直到道岔封锁被移除。道岔封锁的启动是一个二级操作，即 Microlok 从 ATS 或 LCW 接收后立即产生请求；MICROLOK 会回发一个表示。道岔封锁的重置被认为是一个一级操作，即在真正移除一个存在的道岔封锁之前，Microlok 必须先接收一个复位请求（***RSZ）；接收此复位请求后，Microlok 将回发一个请求表示（***RSZK）；最后，ATS 或 LCW 将发送复位使能（***RSEN）给 Microlok，只要最初的复位请求被移除，Microlok 将移除相应的道岔封锁。

5. 道岔紧急解锁逻辑功能

紧急道岔解锁功能是用来解锁由道岔区段轨道电路的错误占用而锁闭的道岔。紧急道岔解锁由 ATS 或 LCW 产生,并发送给 Microlok。紧急道岔解锁是一个一级操作,即在真正移除一个存在的道岔锁闭之前,Microlok 必须先接收一个复位请求(***RSZ);接收此复位请求后,Microlok 将回发一个请求表示(***RSZK);最后,ATS 或 LCW 将发送复位使能(***RSEN)给 Microlok,只要最初的复位请求被移除,Microlok 将移除相应的道岔锁闭。只有指定的工作人员才允许操作紧急道岔解锁。此功能提供一个定时器,执行每次紧急道岔解锁,道岔位置只容许转换一次。

6. 出口限制逻辑功能

出口限制可以从 ATS 或 LCW 启动,并发送至 Microlok。出口限制的目的是防止列车进入一段特殊轨道上的两个联锁之间的特殊区段。在适当位置有出口限制,退出到相关出口的进路将不能被建立。出口限制的启动是一个二级操作,即 Microlok 从 ATS/LCW 接收后立即产生此请求;联锁 Microlok 将回发一个指示给 ATS 或 LCW。出口限制的复位被认为是一个一级操作,即在真正移除一个存在的出口限制之前,Microlok 必须先接收一个复位请求(***RSZ);接收此复位请求后,Microlok 将回发一个请求表示(***RSZK);最后,ATS 或 LCW 将发送复位使能(***RSEN)给 Microlok,只要最初的复位请求被移除,Microlok 将移除相应的出口限制。

7. 紧急停车逻辑功能

紧急停车逻辑功能,可以在 IBP 上通过按压紧急停车按钮来启动。此命令通过并行接口送给 Microlok。紧急停车的目的是使某些预先设定的范围或区域内的所有列车停止。当执行此功能时,紧急停车将关闭所有发车信号机和进入站台的最后一架接近信号机。紧急停车的复位只能通过按压紧急停车复位按钮来完成。Microlok 会发送一个指示给 ZC、ATS 和 LCW。

如果发车进路已建立,按下紧急停车按钮,发车信号机点红灯并且进路继续锁闭;如果按下紧急停车按钮后再排列进路,在其他条件具备的情况下,进路将被锁闭,但信号不开放。

8. 站台扣车逻辑功能

站台扣车逻辑功能,可以通过按压 IBP 上的站台扣车按钮来启动。此命令的传输通过并行接口送给 Microlok。站台扣车的目的是使停在站台上的列车延迟发车。当执行该功能时,站台扣车将取消站台的发车信号。站台扣车的复位只能通过按压站台扣车复位按钮来完成。Microlok 会发送一个指示给 ZC、ATS 和 LCW。

9. 屏蔽门逻辑功能

PSD 信息被用在 MLK 信号逻辑中。为了获得信号机允许显示,所有屏蔽门应该被关闭或从屏蔽门面板旁路。如果发车进路已建立,在 PSD 关闭且锁紧信号或 PSD 旁路信号丢失的情况下,进路始端信号机将处于关闭状态;如果联锁未接收到 PSD 关闭且锁紧信号或 PSD 旁路信号,排列进路时,在其他条件具备的情况下,进路将被锁闭,但信号不开放。

10. 本地工作站

本地工作站有三种基本类型，分别是 ATS 车站工作站、维护支持工作站（MSW）和本地控制工作站（LCW）。

联锁本地人工控制由被联锁监控的一个按键开关启用。按键开关的位置被发送到 ATS 用于显示和关闭的状态指示。当按键开关在中央或 ATS 位置时，ATS 系统控制联锁，联锁将忽略所有 LCW 的控制请求。当按键开关位于本地时，LCW 控制联锁，任何由 ATS 发出的控制请求都被忽略。无论按键开关在何位置，当前状态信息都会被同时发送到 ATS 和 LCW。联锁之间的通信不受该按键开关的影响。

本地人工控制仅限于本 SER 联锁控制区域。邻近的联锁将继续以先前配置的模式运行。

有两种情况需要使用联锁的本地控制。

（1）第一种情况是在测试阶段支持联锁的自我检测。对于这种情况，按键开关将会放置在本地控制位置，联锁由 LCW 人工控制。当联锁由本地人工控制时，LCW 将提供计轴区段占用和进路在联锁区域的轨道显示，并提供人工请求进路功能。

（2）第二种情况是用于 CBTC 系统降级模式时对联锁的控制。例如：在 ATS 不可用的情况下，联锁就需要检测这个情况，并且自动运行在轨旁自动模式下。当降级运行时，Microlok 将自动排列正线直接通过进路，并自动在终点站提供先进先出的进路安排。如果需要使用联锁本地人工控制替代轨旁自动模式，将按键开关放置在本地控制位置，联锁由 LCW 人工控制。当联锁由本地人工控制时，LCW 将提供计轴区段轨道占用和进路在本联锁区域的显示，并提供人工请求进路功能。

三、系统原理

以上功能通过列车位置数据来实现，该数据来自相应的区域控制器。在以列车为中心的 CBTC 系统中，每辆列车的位置都被传送给区域控制器。区域控制器追踪所有在其控制区域内列车的位置，即区域控制器与联锁控制器 Microlok 共同完成接近、进路、方向和转辙机锁闭功能。可以允许 CBTC 列车和非 CBTC 列车安全地在同一系统中运行。该功能通过使用计轴设备的信息和轨旁信号机来实现。通常情况下，CBTC 系统从区域控制器接收列车位置信息；然而，对于非 CBTC 列车，CBTC 系统不能通过区域控制器提供这些列车的位置信息，这时，就必须要采用计轴设备的信息来确定非 CBTC 列车在系统内的运行位置。

联锁控制器是一个安全逻辑处理器，除处理联锁逻辑之外，还提供故障-安全二进制输入/输出管理。成都地铁 1 号线信号系统采用 MicrolokⅡ轨旁控制系统作为联锁控制系统。

MicrolokⅡ系统由单 68322 安全微处理器板控制，采用基于一个具有软件多样性和自诊断功能的特殊安全结构。与联锁设备的接口是由指定的 I/O 板（继电器、信号机等）处理的。

每个 MicrolokⅡ系统包括一个主单元和一个备用单元，一个用于正常运行，另一个备用。如果在线的系统出现故障，备用系统将自动转为在线系统。双线圈的输出继电器由来自两个不同机笼的输出信号驱动。

MicrolokⅡ安全处理器是一个专为铁路安全应用而设计的基于微处理器的逻辑控制器，

其基本功能是根据一个标准的执行程序和一个专为安全功能而设计的应用程序，处理输入并生成相应输出，达到控制安全联锁的功能。

1. 输出控制

每一输出设备都由处理器控制，并受一个为处理器提供反馈信息的电路所监控，从而确保所有输出都是处理器实际所要求的；并且为检验反馈回路的完整性，输出将以一定周期循环执行。如果某一输出已启动，处理器将关闭该输出一瞬间，然后通过接收监控器的响应来验证该请求的正确性。当某一输出被关闭，处理器将启动该输出一瞬间，然后通过接收监控器的响应来验证该请求的正确性。一旦验证失败，将导致系统关闭并复位。

条件电源安全电路的作用为当且仅当内部诊断程序正确执行且产生安全时钟信号后向输出装置提供电源。诊断检测或系统校验失败将导致时钟信号终止，继而导致输出端供电终止。

2. 输入控制

输入接口电路的控制原则与输出电路的控制原则相似。任何输入端去电之后将导致更为受限的情况（例如：轨道占用、红点或灭灯等）。特定电路板上每一输入接口均通过闭路安全输入监控器的作用强制进入强受限状态。然后，输入端被读取并验证是否真正允许强制进入强受限状态，以此确保不发生输入接口电路故障从而导致弱受限状态的输入。

3. 处理器运行控制

安全保障是通过多层的诊断软件连续的监控处理器以及非安全硬件的"健康"。在一个故障被监测出来后，电源就从输出状态转移，处理器就会被置于自循环状态。

所有 Microlok 设备通过以太骨干网互相通信。每一套 Microlok 设备都有自己唯一的 IP 地址，通信协议允许安全数据在 Microlok 设备之间进行交换。

4. 系统性能

每一个 MicrolokⅡ系统包含一个正常工作单元和一个备用单元，一个工作另一个备用。如果在线系统故障，备用系统将自动变成在线系统。在线和备用单元之间的故障切换也能人工通过控制器上的硬件复位设备完成。一个特别单元的复位也能通过应用程序内的软件复位实现。

MicrolokⅡ编程和诊断工具包括编译器、模拟器、非易失应用存储编程软件和模拟口。用户可以用编译器、模拟器和编程软件修改系统应用软件，并在离线时进行确认。

模拟口程序用于监测和模拟任何一个串口。这些程序可用于带有相应串口的笔记本电脑上使用。MicrolokⅡ诊断程序可完成每个输入/输出比特的测试。

经独立安全性评估机构的评定，根据 CENELEC（欧洲电工标准化委员会）标准 EN 50128 和 EN 50129 的规定，MicrolokⅡ平台的综合安全性等级为 4 级，该平台的危险故障率不高于 10^{-11}/小时。

MicrolokⅡ系统软件包括执行软件和应用软件。

5. 执行软件

执行软件，包括适用于所有 MicrolokⅡ系统的永久的安全计算结果和 I/O 处理软件。该软件包括所设计的确认安全输入和输出状态的例行程序；保证所有的安全输出是完全可控的并在系统出现故障的情况下，切断安全输出的电源，保证输入和输出以及串行通信的安全。

标准的 MicrolokⅡ软件还执行在用户程序中定义的输入、内部和输出逻辑的工作，以及不同操作层的诊断例行程序。该软件按照标准修改控制协议进行管理，在工厂阶段，进行测试，并装到安全的 CPU 板上。

6. 应用软件

应用软件，即为用户开发的专门应用程序，该程序是在一台计算机上用布尔代数书写和编译的，以应用工程师易于理解的方式生成系统逻辑。完成的程序被切换成一种特定格式并能烧入 MicrolokⅡ系统所使用的 FLASH PROM 芯片中。

对于每个用户，MicrolokⅡ应用软件在工厂里配置，遵循现场选用的校准。校准的数据单独存在一个 EEPROM 上。

四、接口关系

- 联锁控制器与 ATS 子系统的接口。
- 联锁控制器与区域控制器的接口。
- 联锁控制器与转辙机的接口。
- 联锁控制器与信号机的接口。
- 联锁控制器与计轴的接口。
- 联锁控制器与综合后备盘的接口。
- 联锁控制器与紧急停车按钮的接口。
- 联锁控制器与自动折返按钮的接口。
- 联锁控制器与车辆段的接口。
- 联锁控制器与站台屏蔽门的接口。
- 联锁控制器与防淹门的接口。
- 联锁控制器与联络线的接口。

项目小结

1. 卡斯柯 ILOCK 型正线计算机联锁子系统

（1）ILOCK 型正线计算机联锁子系统是卡斯柯信号有限公司引进 ALSTOM 公司 SMARTLOCK 系统核心技术，进行了国产化开发的二乘二取二计算机联锁系统。它采用分布式联锁控制方式，每个设备集中站都装备有二乘二取二的多重冗余的联锁计算机和现地控制工作站（与车站 ATS 操作员工作站共用），用于控制轨旁信号设备及实现联锁逻辑。

（2）ILOCK 型正线计算机联锁子系统具有完善的联锁功能：列车防护、列车运营管理、管理轨旁设备、维护功能、故障诊断、信号设备监督和报警功能、提供列车运营命令、管理 ESB、站遥切换等。

（3）联锁机采用欧洲标准机箱，具有灵活性及可扩展性，印制电路板的数量取决于车站的规模。联锁子系统的输入/输出对外连接采用的是接触部分镀金的进口接插件，确保各部件（即每个插针）动态连接的安全性和可靠性。

2. 北京交大微联科技有限公司的 EI32-JD 型计算机联锁子系统

（1）EI32-JD 型计算机联锁系统是北京交大微联科技有限公司采用 JD 型计算机联锁软件，搭载日本信号株式会社 EI-32 型计算机联锁主机硬件，二次开发研制而成的符合故障-安全原则的高可靠性、高安全性的计算机联锁系统。

（2）联锁子系统结构分为人机对话层、联锁运算层、执行层三层结构。联锁机与现地控制工作站通过串口连接；联锁机、驱采机通过冗余的联锁网互联，联锁网采用 100 Mbps 光通信网；现地控制工作站通过以太网将联锁子系统相关信息传送至维护工作站。

（3）EI32-JD 型计算机联锁子系统提供与 ATP 子系统、ATS 子系统、信号集中监测子系统等其他信号系统接口，通过以太网进行系统间数据的交换。计算机联锁子系统与相邻有关系统间通信通道均冗余配置。信息交互均采用物理或逻辑上独立的联锁通道。

3. 浙大网新的 MicrolokⅡ型计算机子系统

（1）MicrolokⅡ型计算机联锁子系统专用于执行轨旁联锁逻辑的安全性功能。它通过安全型接口电路与轨旁设备接口，采集并控制其状态。

（2）与 MicrolokⅡ接口的轨旁设备包括本站及其联锁区内其他车站的信号机、计轴主机、综合后备盘、紧急停车按钮、自动折返按钮、站台安全门及防淹门等。

复习思考题

1. 画出 ILOCK 型正线计算机联锁子系统设备集中站设备布置图，并说明各部分功能。
2. ILOCK 型正线计算机联锁子系统列车防护涉及哪些功能检查？
3. ILOCK 型正线计算机联锁子系统如何管理轨旁设备？
4. ILOCK 型正线计算机联锁子系统是如何实现列车运营管理的？
5. 画图分析联锁机的硬件原理。
6. 画图说明 EI32-JD 型计算机联锁子系统的组成结构，并分析各部分功能。
7. 详细说明 EI32-JD 型计算机联锁子系统的联锁功能。
8. 分析 EI32-JD 型计算机联锁子系统二取二安全型 CPU 板的工作原理。
9. 简述 EI32-JD 型计算机联锁子系统的接口关系。
10. 分析 EI32-JD 型计算机联锁子系统安全性驱动电路的工作原理。
11. 系统说明 MicrolokⅡ型计算机联锁子系统的联锁功能。
12. 系统分析 MicrolokⅡ型计算机子系统输入、输出的控制原理。

项目 2　城市轨道交通车辆段计算机联锁子系统及微机监测子系统

【项目描述】

以 TYJL-Ⅱ型计算机联锁和 TJWX-2000 型微机监测子系统为载体,学习地铁车辆段计算机联锁和微机监测知识和技能。掌握信号维修机和监测站机的操作方法,并利用表示灯、显示信息等有关数据分析处理车辆段计算机联锁子系统的一般故障,培养对计算机联锁子系统的维护能力。

【教学目标】

(1)清楚 TYJL-Ⅱ计算机联锁子系统的硬件组成及各部分功能。
(2)理解 TYJL-Ⅱ计算机联锁子系统的硬件构成原理。
(3)熟悉 TYJL-Ⅱ计算机联锁子系统维修机的操作方法,并根据有关数据分析常见故障。
(4)清楚 TJWX-2000 型监测子系统的硬件构成。
(5)熟悉 TJWX-2000 型监测子系统站机的操作方法,并根据监测数据分析判断系统运行状态及一般故障。

典型工作任务 1　铁道科学研究院 TYJL-Ⅱ型车辆段计算机联锁子系统

【工作任务】

(1)掌握 TYJL-Ⅱ型计算机联锁子系统的硬件组成。
(2)掌握 TYJL-Ⅱ型计算机联锁子系统各部分的功能。
(3)理解 TYJL-Ⅱ型计算机联锁子系统的构成原理。
(4)熟悉维修机的操作方法。
(5)了解联锁软件的特点和结构。
(6)熟悉联锁子系统的接口关系。

【知识准备】

一、TYJL-Ⅱ型计算机联锁子系统的组成及各部分功能

TYJL-Ⅱ型计算机联锁子系统为分布式多微机系统,它主要由以下四部分组成:联锁机、安全智能 I/O 模块、监视控制机(上位机)和维修机。系统中所有的微机设备均为主、备双套,联锁机具有热备、自动切换功能且均可由人工切换。各备用的微机同样与主机同步工作,备用系统还可作为试验维修用。计算机联锁子系统框图如图 2-1 所示。

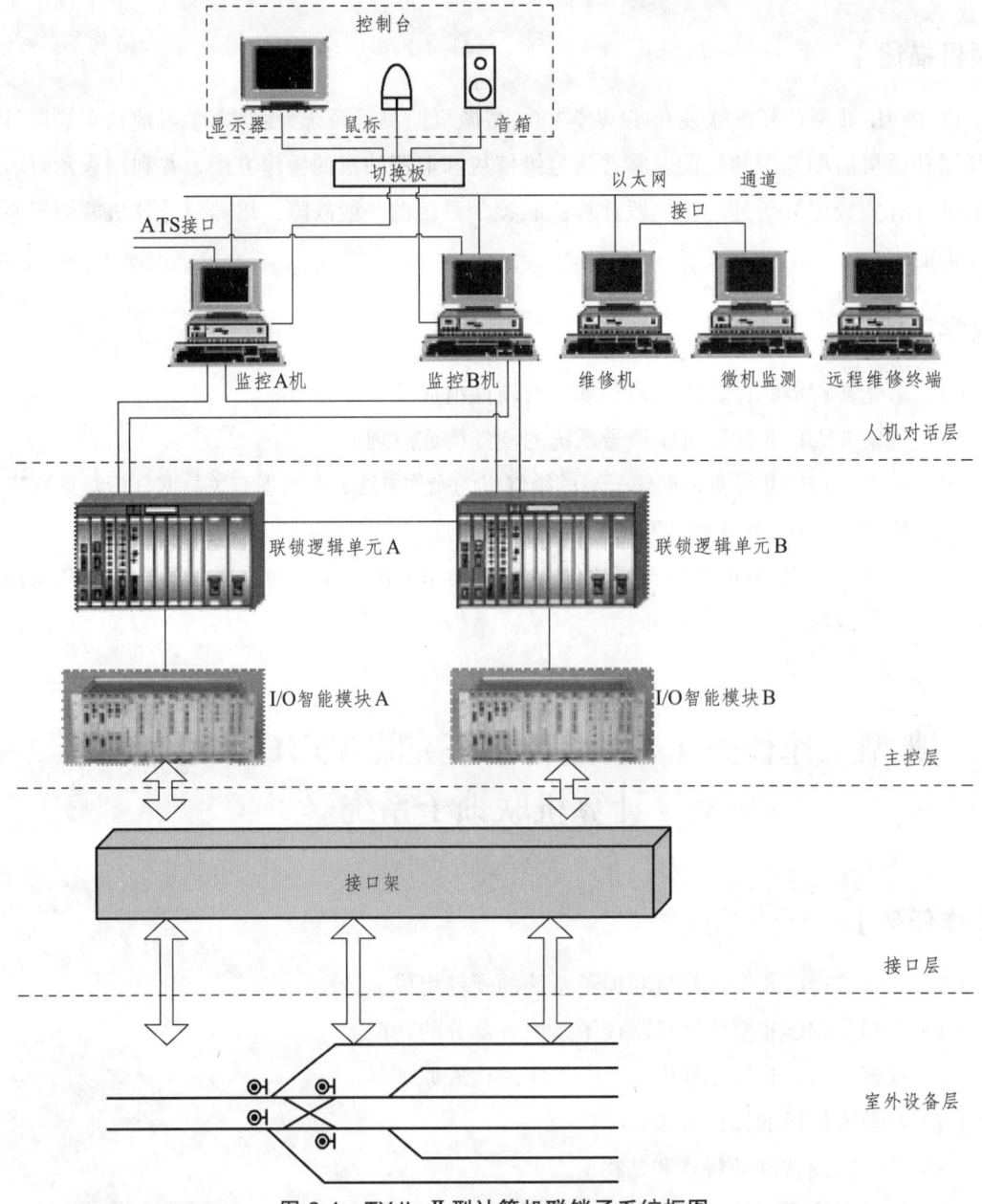

图 2-1 TYJL-Ⅱ型计算机联锁子系统框图

1. 监视控制机

1）监视控制机的主要功能

（1）作为计算机联锁子系统的人机接口，接收信号值班员的命令为其提供图像显示。

（2）与联锁机的通信功能。

（3）构成局域网，作为与其他信号子系统（ATS 子系统）的接口（车辆段 ATS 工作站）。

2）监视控制机的最低配置

（1）主机板：PII CPU，主频 266 MHz，内存容量 32 M。

（2）语音板。

（3）通信卡。

2. 联锁机

联锁机结构如图 2-2 所示。

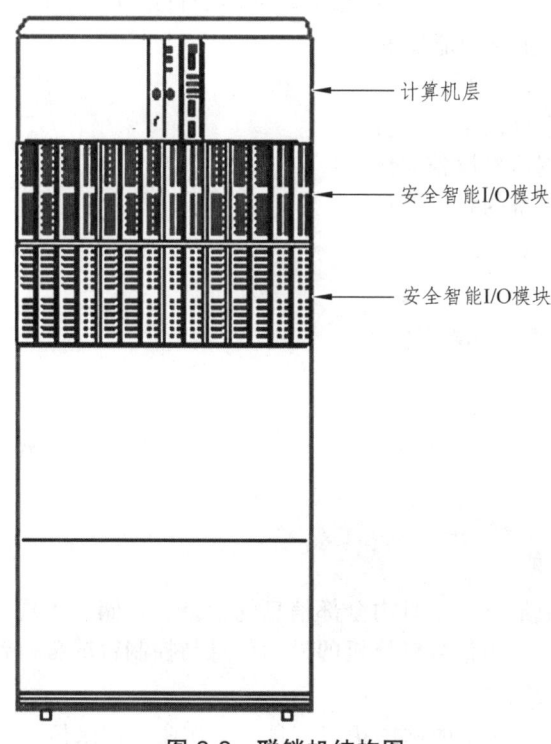

图 2-2　联锁机结构图

联锁机由两套高工业控制计算机系统组成，采用双机热备的方式工作，主要负责联锁逻辑运算。联锁机与两台上位机之间的通信，以及主备联锁机之间的通信，采用的通信介质都是 ARCNET 通信网。上层联锁机与下层的安全智能 I/O 模块进行通信联系，采用的通信介质是 CAN 网，通信方式是应答方式。为了保证通信数据传递的安全性，除了采用正反码重传机制外，数据链路层和应用层都采用了一级 CRC 校验算法。

联锁机的主要功能和组成如下：

（1）由 APCI5093-CPU 板实现联锁逻辑运算，并且通过 CPU 板上集成的 ARCNET 通信卡实现两套联锁机之间的信息交换。

（2）由 APCI5656 通信板集成的 CAN 总线实现向安全智能 I/O 模块发送控制命令和接收安全智能 I/O 模块采集到的相关继电器的状态信息。同时通过 APCI5656 通信板上集成的 ARCNET 网卡接收两台上位机的操作命令，并且通过主机向两台上位机传递整个系统的状态信息和联锁运算数据。

3. 安全智能模块

安全智能 I/O 模块（TK-FSI/O）主要负责联锁命令的执行和联锁运算所需信息的采集。TK-FSI/O 智能 I/O 模块包含 32 路采集模块和 16 路驱动模块，其工作周期为 250 ms。TK-FSI/O 智能 I/O 模块具有完善的自诊断功能，系统周期性检测采集/驱动回路正确与否，任意一路采集/驱动回路故障均可及时检出。安全智能 I/O 模块 TK-FSI/O 采用双 CPU 结构工作，通过双 CPU 间比较校验，保证命令的正确执行。CPU 负责通过 CAN 总线和联锁机通信、双 CPU 之间的通信、采集/驱动命令的执行以及采集/驱动回路的自诊断等工作。

安全智能 I/O 模块的主要功能如下：

（1）接收联锁机发送的控制命令。

（2）将各种状态信息反馈给联锁机。

（3）驱动继电器控制信号设备动作。

（4）采集现场信号设备的状态信息。

4. 信号维修机

1）信号维修机的主要构成部分

（1）主机板。

（2）通信卡。

（3）远程诊断接口。

（4）液晶屏幕显示器。

2）信号维修机的功能

信号维修机负责完成最近一个月内全部信息的记录、存储、再现、打印等功能。它为故障及事故的分析提供依据，当信号维修机的显示信息与控制台屏幕一致时，表示通信正常。

信号维修机的具体功能如下：

（1）接收 A、B 上位机送出的站场状态信息、操作命令记录信息、系统故障记录信息。

（2）每天按文件大小自动存储上述信息，形成以日期为文件名的数据文件。

（3）以图形方式再现全部显示信息，具有日期选择、速度选择，以及正常、步进、步退、快进、快退等重放功能。

（4）可随时查询系统命令输出、表示、操作及报警信息。

（5）可随时全部或分类打印选定时间段内或选定页面内的各种信息。

（6）实时显示联锁系统的各个设备及通信子网的工作状态。

（7）给维修中心提供信息。

（8）故障诊断帮助。

信号维修机与两台上位机通过集线器组成一个以太网络，其网络结构如图2-3所示。

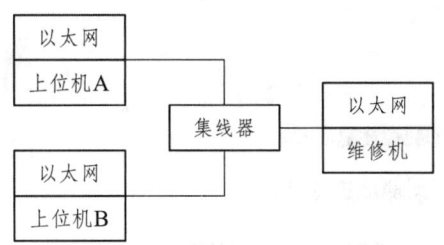

图2-3 信号维修机的网络结构

信号维修机由工控机构成，其基本配置包括计算机主板、网络板、硬盘、键盘和CRT等。信号维修机的以太网卡通过集线器与A、B上位机的以太网卡组成以太网，信号维修机可同时与A、B上位机进行通信，收集A、B上位机的数据。通过A、B上位机的工作或备用标记，信号维修机能区分工作或备用机数据。

二、信号维修机的操作

1. 按钮功能详述

系统启动后屏幕出现站场图像，其显示与控制台基本一致，右上方有工具按钮，如图2-4所示。

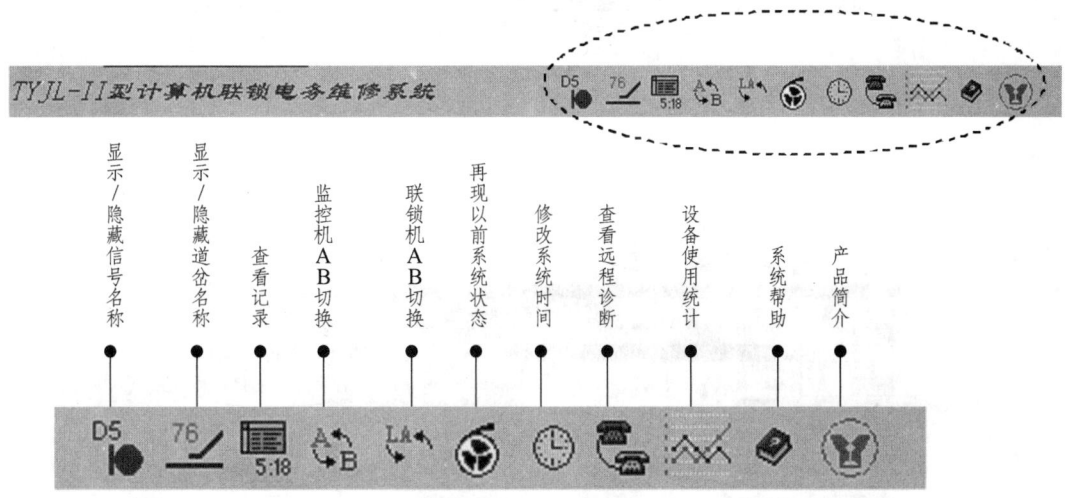

图2-4 工具按钮

交替按下如图2-5所示按钮可显示或隐藏屏幕上所有信号机的名称。

图2-5 显示/隐藏信号名称

交替按下如图 2-6 所示按钮可显示或隐藏屏幕上所有道岔的名称。

按下如图 2-7 所示按钮显示记录窗口，如图 2-8 所示。

图 2-6　显示/隐藏道岔名称　　　　　图 2-7　查看记录

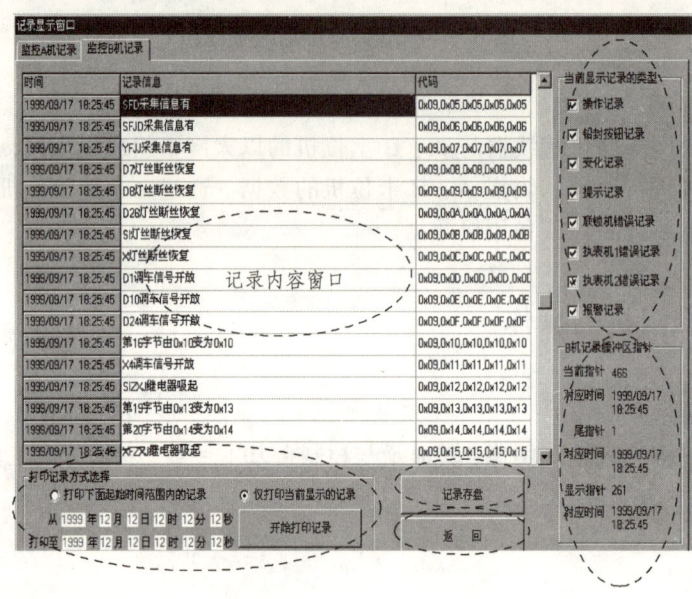

（a）

（b）

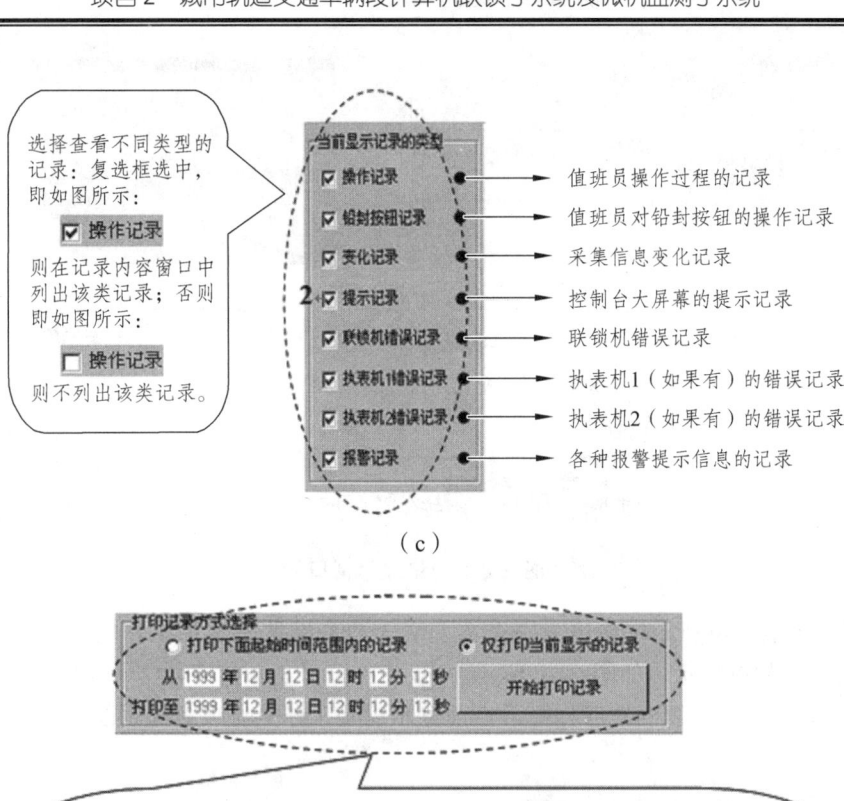

(c)

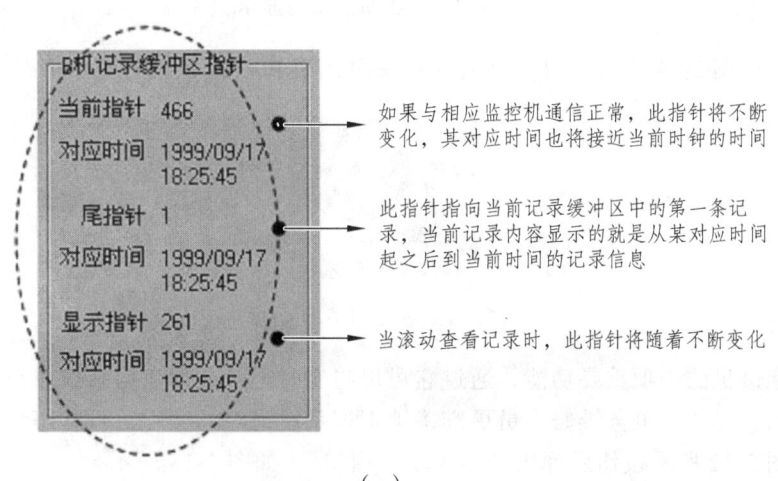

(d)

(e)

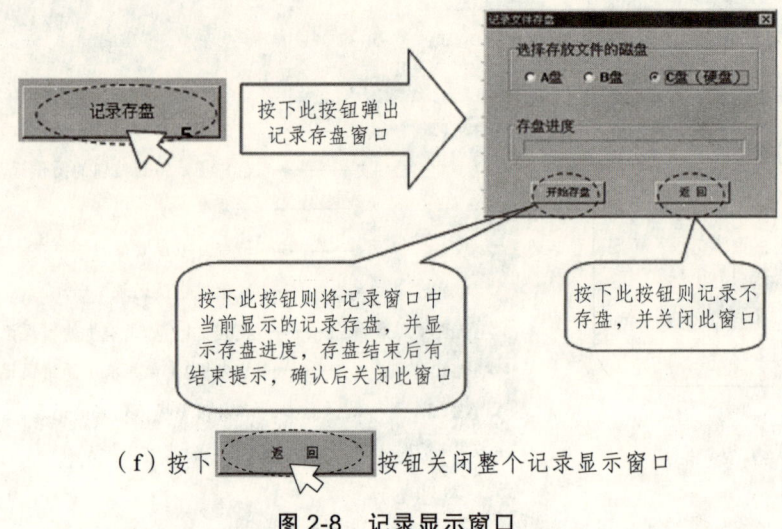

（f）按下 按钮关闭整个记录显示窗口。

图 2-8　记录显示窗口

交替按下如图 2-9 所示按钮可分别查看上位 A 机和上位 B 机的工作情况，并在主窗口下端的状态条上有相应显示，如图 2-10 所示。

如图 2-10 所示，虚线中的部分提示当前显示的是工作系统或备用系统。

图 2-9　上位机 A/B 切换

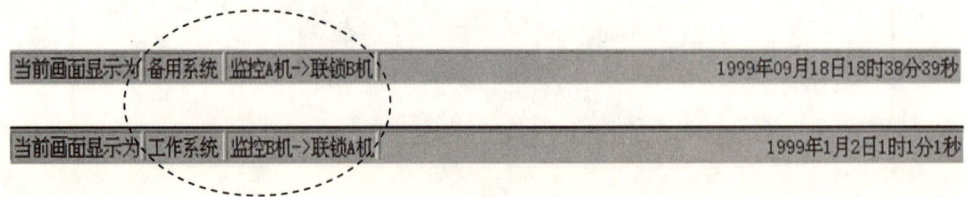

图 2-10　A/B 切换状态显示

交替按下如图 2-11 所示按钮可分别查看联锁 A 机和联锁 B 机的工作情况。

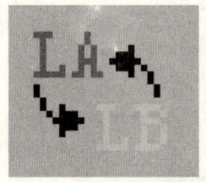

图 2-11　联锁机 A/B 切换

再现是维修机的一项重要功能，通过它可以将实时记录或存盘记录按照当时系统的运行状况再现出来，以便于电务维修人员更准确地把握系统当时的实际运行状态。

按下如图 2-12 所示按钮后弹出"再现功能窗口"，如图 2-13 所示。

图 2-12　再现以前系统状态

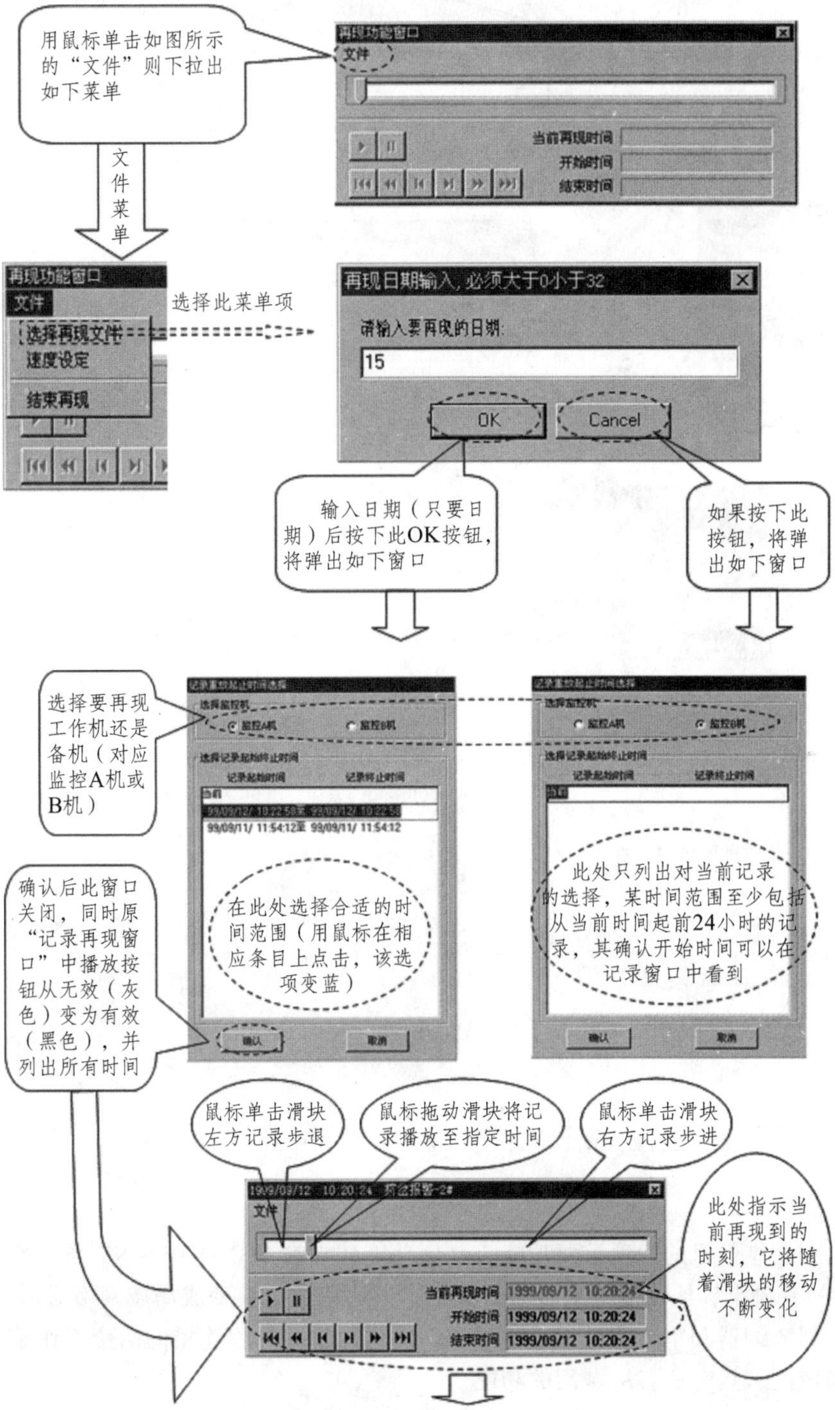

再现功能按钮说明：

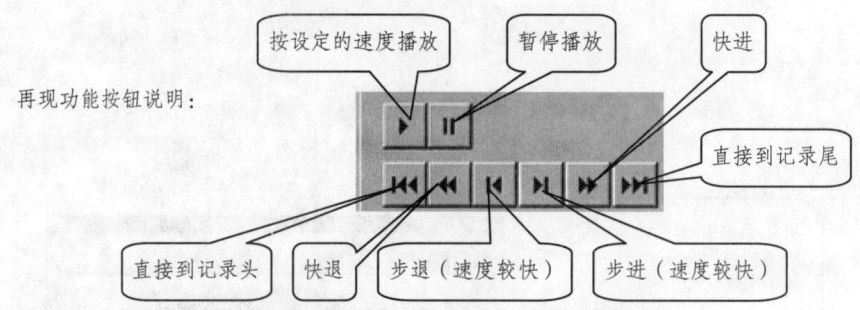

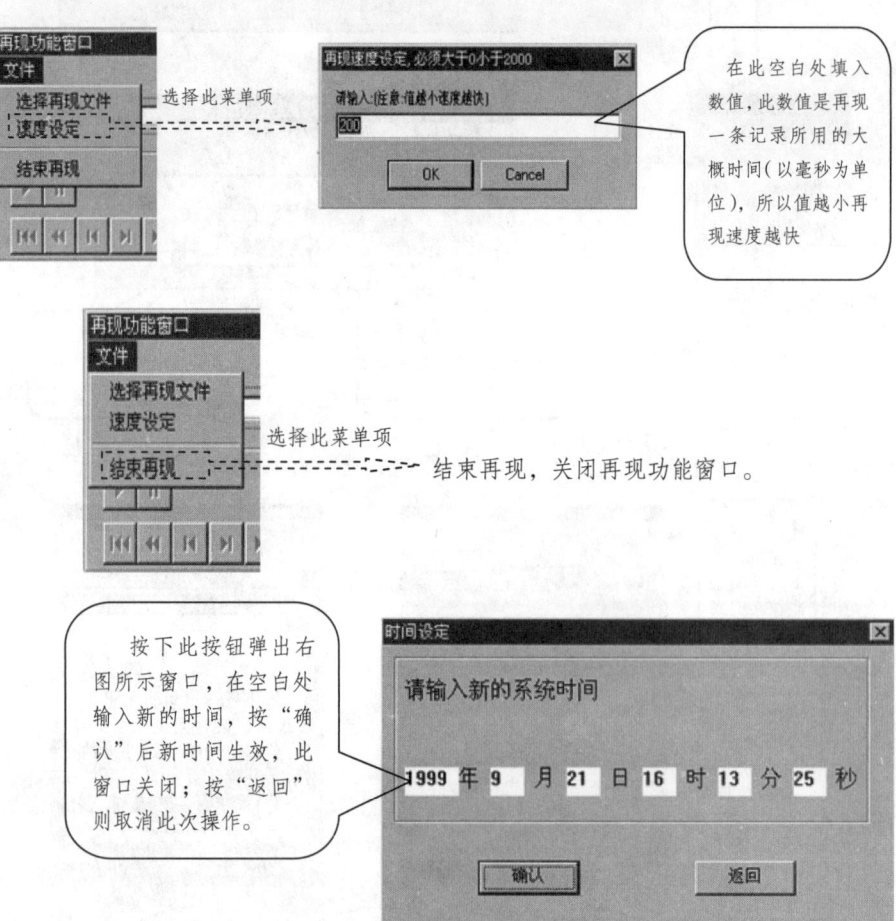

图 2-13 再现功能窗口

远程诊断是维修机的一项重要功能。这项功能建立在 WINDOWS NT 系统的远程访问服务（RAS）的基础上，从而使原来简单的双机串口远程通信演变成局域网络通信。在 RAS 的支持下，调制解调器和串口成为系统的虚拟网络适配器，远程连接的两个工作站将建立起一个对等型局域网，具有所有局域网的功能。

现场的维修机将作为拨号连接的应答方，时刻侦听来自远程工作站的连接请求，一旦有请求，则由调制解调器进行应答，在 RAS 验证登录权限（包括用户名和密码等）后，连接建立。在规定的权限内，双方可以共享包括打印机在内的一切软硬件资源。

建立连接后，现场维修机向远程客户实时传送站场状况、所有实时记录；通过映射网络驱动器，远程用户可以得到现场维修机上可以共享的所有文件。这一切都是由现场维修机相应的服务程序来完成的，不需现场人员进行任何操作。

现场的维修机可以通过如图 2-14 所示按钮查看远程客户的连接情况。按下此按钮弹出如如图 2-15 所示窗口。

图 2-14　查看远程诊断按钮

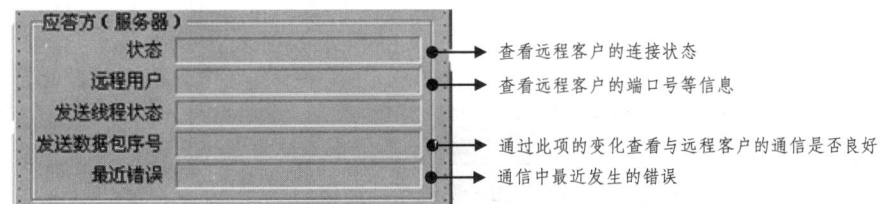

图 2-15　远程客户连接

设备使用统计按钮如图 2-16 所示。点击后弹出如图 2-17 所示窗口，选择月份后可以统计信号、道岔和区段的情况。

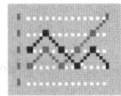

图 2-16　设备使用统计按钮

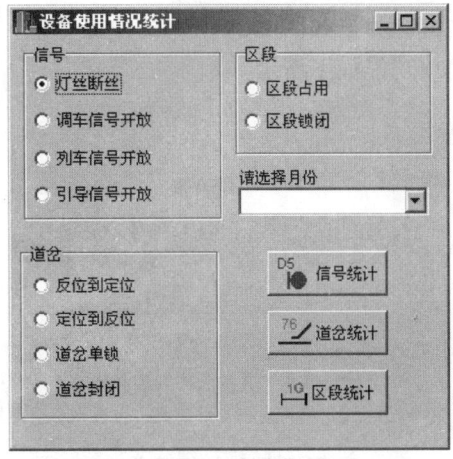

图 2-17　设备使用情况统计窗口

系统帮助按钮如图 2-18 所示。点击后出现帮助窗口，可以进行相关技术方面的信息查询，如图 2-19 所示。

图 2-18　系统帮助

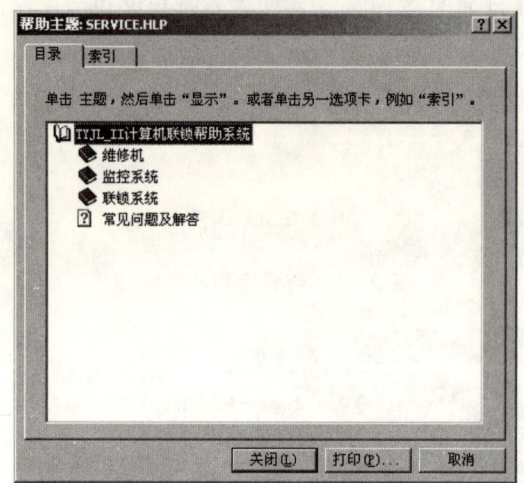

图 2-19　系统帮助窗口

按下如图 2-20 所示按钮弹出欢迎信息及产品简介。

图 2-20　产品简介

2. 快捷菜单说明

在主窗口上按下鼠标右键会弹出如图 2-21 所示的快捷菜单，其前七项功能与上面所述按钮的功能一一对应。最后两项功能如下所示。

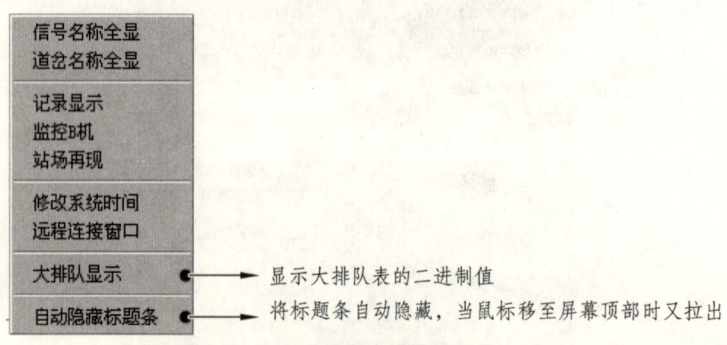

图 2-21　快捷菜单

维修机及微机监测接口功能说明：电务维修机通过 CAN 卡与微机监测系统连接，接收微机监测系统上的全部数据，并可显示出道岔、轨道、信号等各种设备数据的列表和曲线，并进行存盘和打印。

三、应急操作盘

计算机联锁设备一般设有 A、B 两套系统，两套系统互为备用。两套设备正常时，无需使用应急台，只有两套设备都不能使用时，为了不影响行车，保证地铁运营畅通，才启用应急台扳动道岔，替代人摇道岔，但应急台没有联锁条件，它的安全要由人来保证。

一般应急台还设有引导总锁闭按钮（非自复式）和引导信号按钮（自复式），这是因为车辆段设有进段信号机。考虑到 A、B 两套计算机联锁设备由于某种原因，不能开放列车信号时，用引导总锁闭按钮锁住咽喉道岔；再按下引导信号按钮，开放引导信号办理引导接车。引导信号使用完毕，应及时把引导总锁闭按钮拉出。

四、联锁子系统原理

1. 信息采集电路

采集模块的输入部分采用 CPU 与硬件电路配合，形成"异或"逻辑，既保证了采集功能，又提高了故障的检出率和检出速度。采集部分的原理框图如图 2-22 所示。

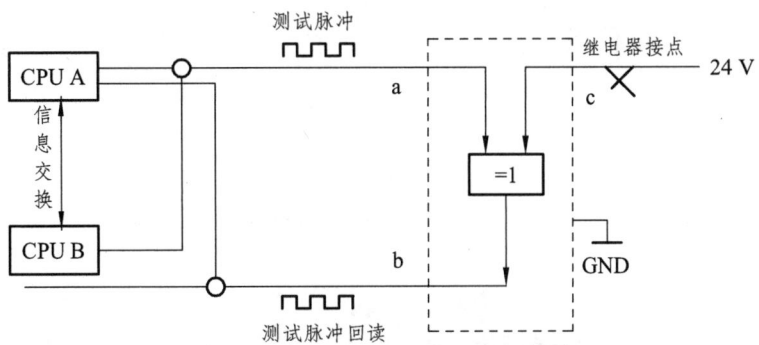

图 2-22　采集部分的原理框图

图 2-22 中 a 点为测试用的驱动脉冲，b 点为测试脉冲的回读，c 点为外部设备继电器的接点状态。它们三者经过逻辑和隔离部分的转换后满足"异或"逻辑关系。

在电路正常工作的情况下，外部继电器的接点状态（c 点的值）是由 a、b 两点经过"异或"逻辑计算得到的；并且只要在 a 点输入测试脉冲，b 点都会有相应的回读脉冲，这也达到了循环自检的目的。如果逻辑电路部分发生故障，则 b 点回读信号为稳定的电平，由于 CPU 部分在每个周期都要进行自检，所以故障能被及时检测出来，使模块能及时报警。

2. 输出驱动电路

驱动模块的输出部分采用双 CPU 比较直流输出的闭环结构，其原理框图如图 2-23 所示。

从图 2-23 中可以看出，在驱动模块接收到驱动命令后，首先由 CPU A 和 CPU B 进行处理和比较，经比较一致后共同发出控制信息，驱动外部继电器 J；同时每个 CPU 的驱动信息都有回读信息，从而构成了闭环检测；另外在运行周期中，对没有输出的电路分路进行自检，可防止这些分路的故障被隐蔽。通过这种方法可以保证模块的任何输出分路，不管它的使用频度如何，一旦发生故障，均能被及时检测出来，并得到相应处理。

在驱动模块中增加了一级故障-安全的双输入动态鉴相驱动电源。控制电源经此安全鉴相电源转换后再经双重系控制电路直接驱动偏极继电器，异常时可在 50 ms 内切断板上输出电源，停止输出，使模块工作导向安全侧。

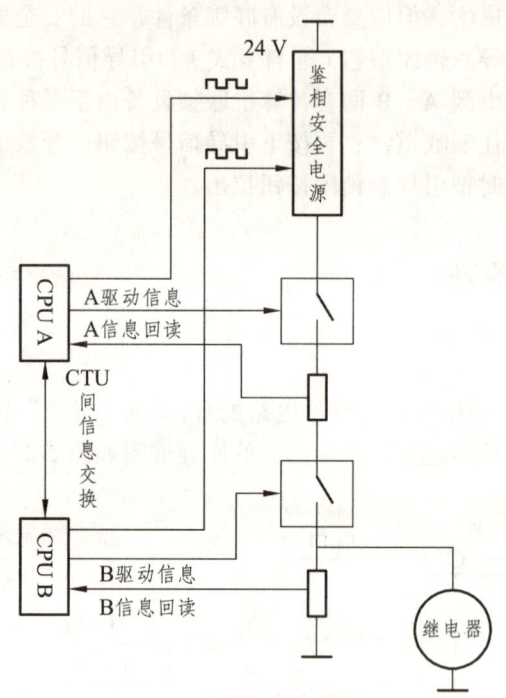

图 2-23　驱动部分原理框图

3. 安全信息通道的构成

联锁机和联锁机之间采用 ARCNET 进行通信，机间通信采用呼叫-应答通信方式，对此通道要求安全可靠，除采用同步通信中的 CRC 校验外，对传输的信息码采用特殊的编码和重复发送等冗余技术，以确保信道的安全可靠。此外联锁机和智能 I/O 模块采用高可靠性的 CAN 总线实现通信，通信中对传输的信息采用正反码校验和 CRC 校验保证通道的安全性。

4. 双机热备系统的构成

为了提高联锁系统的可用性，采用了主、备（热备）两套系统，即计算机级二模协同系统，利用原有的工业控制总线结构的计算机资源，实现一个容错系统。

二模协同系统在纠错方法上采用切换技术，即从系统中撤除出现故障的模块。二模系统中双套单机同时执行相同的任务，各有自检测功能，并要求有比较器（可由软件和硬件组成），在工作机出现故障时发动切换。为实现上述功能，必须解决的技术问题是：

① 双机通信；
② 双机同步；
③ 单机自检测；
④ 双机切换。

这时需要有硬件设备，并配合软件进行实施。

本联锁系统主、备两机之间增设了信息交换通道。通道使用 CPU 单板上的 ARCNET 通信接口，由备机作为通信主站，定时呼叫主机（子站），双机采用半双工通信方式。

双机是通过采用两机间的"定点"通信"信号"来实现双机同步的。这种同步办法较指令级同步实现起来容易，硬件和软件开销都较少。双机通信周期和系统联锁程序循环周期相同，每隔一定的时间间隔（即联锁程序扫描一个周期）双机相互握手通信一次，从而确定双机的工作状态。

由于系统采用的是整机切换的方式，除微机部分发生故障，需进行备机切换外，对采集、驱动模块的故障，如导致突发性关闭信号的故障也需进行切换。因此，要求备机与主机的进路状态和控制驱动命令完全一致，如主机的某信息采集或驱动模块发生故障而中止驱动命令的输出时，备机能立即发动切换，接替控制命令的输出，而不影响现场设备状态，这时的双机工作状态我们称为热备同步状态。从上面的叙述可知，计算机联锁系统的备机有三种工作状态，即脱机状态、联机状态和同步状态，只有在同步状态时备机才真正作为热备机。这三者之间的关系如图 2-24 所示。

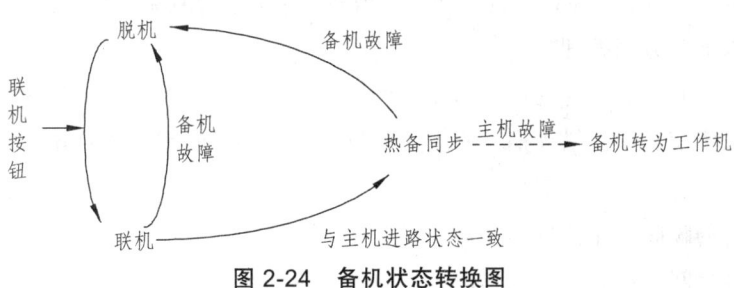

图 2-24　备机状态转换图

若备机出现故障，则自行脱机。处在脱机状态的机器，在电务人员修复故障并运行后，备机转入联机状态，恢复主备机的通信，直到同步工作，也就是备机转入热备状态。

5. 单机自检测技术

为提高系统的可靠性和可用性，在采用双机容错结构的情况下，首先需对单机系统进行检测，主要有以下几个手段。

（1）软件冗余采用两套联锁软件将输出结果进行比较，若输出命令不一致，则表示出现错误，应禁止输出。

（2）采用闭环工作原理，对命令输出和回读信息进行比较，能及时发现故障点。

（3）采用信息冗余技术，即编码技术，用编码方法进行检测和纠错，把信息和状态变量编成一定的合格码，运算时采用此类代码并对其进行校验，当校验有误时做安全处理。本系统用一个字节作为有关行车安全的信息码。

6. 双机切换技术

本联锁系统在满足故障-安全要求的条件下允许单机运行，其备用系统是为提高整个系统的可靠性和可用性而设置的。在这个前提下，双机切换的条件如下。

主机定时向备机发送信息，主要内容为信号控制命令、道岔控制命令等，备机将此信息与备机的控制命令进行比较，若一致，则双机保持在热备同步状态；若不一致且备机命令多于主机，表明主机由于某种故障而停止输出控制命令，这时由备机发动切换，备机升为主机工作，继续向现场设备发送控制命令，原主机转入脱机状态。若主机命令多于备机命令，则备机自动脱机，等待查明原因。

（1）双机间的通信是由备机（主站）向主机（子站）进行呼叫和接收应答的，若通信中断（这有两种情况，一是主机死机，不应答；二是通信本身中断，备机接收不到主机的信息），此时热备机认为主机出现故障，则备机发动切换升为主机工作。

（2）主机通过自检测程序，发现严重故障，即通知备机进行切换倒机。

由于系统采用的是双机大循环同步方式，而不是单纯的指令级同步，双机在程序的运行时间上存在差异。因此，双机在采集同一组继电器接点的信息时也可能会有差异，特别是在采集信息快速变化，如轨道电路分路不良而引起继电器的接点跳动时，采集的结果不一致导致双机同一周期的联锁程序的逻辑处理结果不一致。因此，在进行双机比较时，可能会产生驱动命令不一致的情况，而导致双机自动切换或备机脱机。为避免这种双机失步现象的产生，在软件上作了以下几方面处理。

（1）对双机控制命令信息的比较作滞后处理，允许有 1~2 个循环周期的时间差异。

（2）加快采集信息的扫描周期，使主、备机在采集信息时间上的差异尽可能缩小，保证双机均能采集到信息，而不致漏采。

（3）对采集的瞬间变化信息，在某些联锁程序中增加"去颤"处理。

（4）主备机之间交换必要的采集信息，保证双机同步工作。

7. 计算机联锁子系统故障-安全的保证

系统的软、硬件设计均遵循闭环工作原理，如图 2-25 所示。

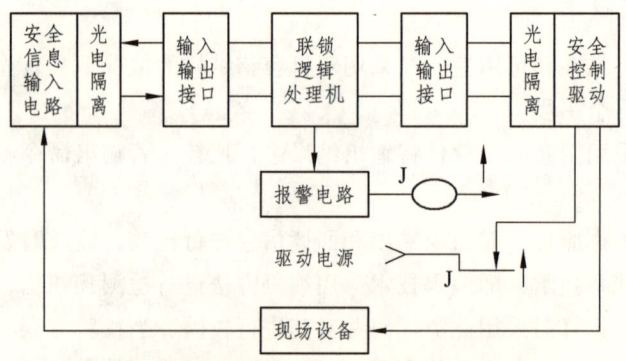

图 2-25　计算机联锁子系统闭环工作原理框图

1）系统容量

联锁机采集容量：640（或256）个二进制对象；控制容量：256（或192）个二进制对象。

2）传输特征、通信通道

联锁机系统和上位机之间的安全通道为ARCNET通信协议，通信速率为2.5 Mbps。联锁控制层和安全智能I/O模块之间的安全通道为CAN总线，通信速率为1 Mbps。通信中除采用CRC校验外，对传输的信息码还采用特殊的编码和重复发送等冗余技术，以确保信道的安全可靠。

联锁机之间能否安全可靠地传输交换的表示、驱动信息，直接关系到系统的安全性、可靠性。TYJL-Ⅱ型计算机联锁系统已通过了原铁道部鉴定，各计算机间通信的安全通道是系统的重要组成部分，经过十多年的现场运用实践证明，安全通道具有很高的可靠性和故障-安全性，从未发生过因安全通信通道误码造成事故的情况。

监控机与维修机通信通道采用以太网的方式。

8. 联锁子系统性能

联锁子系统的联锁计算机为双机热备系统，保证在一个联锁机发生故障时，系统可以正常运行。

采用多重软、硬件安全措施，确保系统故障导向安全。联锁程序采用冗余编码方式，以减少出现危险错误的可能性。

在使用双重冗余网络工作的条件下，对同步通信中的信息码进行CRC校验，并采用特殊的编码和重复发送等冗余技术，确保信道的安全可靠。

数据采集采用故障-安全动态电路，满足输入接口故障导向安全的要求。

安全输出采用双输入动态驱动单元+偏极继电器的方式，以保证计算机联锁子系统的安全。

信号维修人员使用信号维修机可以更好地维护计算机联锁子系统，使用应急操作盘提供必要的应急操作。

五、联锁子系统软件

计算机联锁子系统软件按系统硬件的结构划分为三个软件包，即人机对话处理软件包、联锁逻辑处理软件包、执行表示软件包。各种软件包之间由专用通信软件实现信息交换。

人机对话处理软件包不涉及行车安全，主要包括按钮命令处理和进路初选软件，图像显示软件和记录、储存、打印软件。

为提高联锁软件的可靠性和故障-安全性，系统采用双套联锁软件，在控制命令输出级进行比较，命令一致，即向外发出驱动命令。A、B双套软件从数据结构到程序流程均不相同，从而保证了在机器码一级的数据完全不同。

执行表示软件包负责对系统输出进行回采校核，以确保系统功能始终处于可控状态。

1. 联锁软件概述

联锁程序采用冗余编码方式，以减少出现危险错误的可能性。联锁数据模块采用站场图形数据结构的连接形式，程序采用分层管理的形式。

（1）总体调度：负责通信管理、联锁运算、命令传递、部分校验查错以及其他辅助程序的协调管理。

（2）联锁处理：以进路为进程进行联锁运算。

（3）输入、输出通道：相对于联锁处理而言，一切与输入采集有关的程序和数据均视为输入通道；一切与输出控制有关的程序和数据均视为输出通道。

2. 双站场形网络的数据结构

数据的站场形网络结构首先是指描述站场固有特性的固化数据结构与站场的几何形态一一对应，即现场的每一个信号、道岔、区段和超限绝缘在程序固化数据区中均有其对应的固化数据模块；相邻的模块通过数据指针相互链接，其链接关系对应于6502定型组合的网络结构，例如：单置信号机有始、终端两个模块，交叉双渡线道岔模块的换位等都与电气集中相同。网络中的模块主要有道岔、信号、区段和超限绝缘四类。

六、联锁子系统接口

1. 与正线联锁子系统的接口

联锁关系拟按照大铁路场间联锁进行处理，设置照查继电器、轨道检查继电器。正线车站与车辆段之间的出、入段按列车方式办理，车辆段与正线车站间的接口电路考虑出入段时的联锁敌对照查条件以及对方防护信号机的状态显示。

2. 与试车线联锁子系统的接口

联锁关系拟按照大铁路非进路调车方式进行处理，设置非进路锁闭继电器。试车线的联锁受车辆段计算机联锁设备统一控制，当需要对列车进行动态试验时，计算机联锁设备按非进路调车方式下放对试车线的控制权；试车完毕后，经试车线控制室交权，信号楼控制室重新收回对试车线的控制权，关闭有关信号机，道岔延时 30 s 解锁。

3. 与 ATS 接口

通过计算机 RS-422 串行接口，车辆段联锁控制系统与 ATS 连接。联锁控制系统将车辆段线路和进路状态发送给 ATS。

4. 与洗车线洗车设备的结合

在车列进入洗车机前，首先需要办理至洗车机的调车进路，只有向洗车机设备室发出请求，在得到同意后才能开放进入洗车机的调车信号（带列车终端），在车列全部越过该信号机时关闭信号。

典型工作任务 2　铁道科学研究院 TJWX-2000 型微机监测子系统

【工作任务】

（1）了解 TJWX-2000 型监测子系统的技术指标。
（2）掌握 TJWX-2000 型监测子系统的硬件构成。
（3）理解 TJWX-2000 型监测子系统的站机功能。
（4）熟悉 TJWX-2000 型监测子系统的站机操作方法。

【知识准备】

TJWX-2000 型微机监测系统主要由采集机、工业控制站机（PentiumⅣ 2.4 G、CPU/512 M、内存/80 G、硬盘/1024×768×64 K、显卡/CAN 卡/100 Mbps 网卡）、高分辨率液晶显示器、打印机、隔离转换单元以及相应的路由器网络数据通信设备等组成，它主要实现对电源屏输入/输出电压、电缆绝缘漏流、轨道电路受电端电压、转辙机动作电流曲线等数据的采集和预处理。

微机监测采集系统在硬件方面采用分机结构和现场总线技术。分机结构使系统能按不同站场规模配置分机数量，根据功能要求配置各种类型的分机，同时分机可集中也可分散安装；使用现场 CAN 总线不仅使分机连接简单，而且由于采用多项纠错措施、误码率低、通信可靠，同时由于采用非破坏性总线仲裁技术和短帧结构，实时性好，通信效率高。

TJWX-2000 型微机监测系统主要实现对信号基础设备（如轨道电路、道岔转辙机）等状态的监测，监测内容主要包括对模拟量和开关量的在线监测。

监测系统通过人机操作界面，根据对信号设备监测的结果，实现车站作业状态及信号设备状态的实时显示和各种数据查询功能；并向网络传送数据，接收并执行来自网络的控制命令，及时向维修人员提供相应的报警信息；实现人机对话、修改基准参数、进路追踪以及预留原始数据输出出口功能。

人机界面是操作人员和监测系统设备的人机交互窗口，根据对信号设备监测的结果，人机界面实现车辆段作业状态及设备运用状态的实时显示和各种数据的查询功能。系统运用图形界面、菜单形式、窗口交互，将操作任务以直观的图像形式显示出来；使用人员可用鼠标"指向并点击"，获取某项选择或全部监测数据及曲线。

一、通　则

（1）用户应定期对信号微机监测系统的网络、空调地、电源、微机、显示器、打印机、不间断电源、调制解调器、集线器等设备进行维护和检修；做好采集机内的各种电子电路板以及采集机外的各种开关量采集器、光电探头、电流采集模块、光电耦合器等器材的维护和检修；做好设备状态信息的准确性校核，定期对微机进行杀毒检测。

（2）每天查看监测机内的报警故障信息。当信号设备发生故障后，应将故障前 30 min 至故障恢复后的设备状态信息进行存盘。

（3）每月应进行三次对信号设备的微机监测，一旦发现电气特性超标应及时组织处理。

（4）做好信号微机监测系统的巡视检查和保持良好的运行环境；检查各采样点至采集机间连接良好、电压正常，汇报管内电气特性异常及处理情况（故障报警时随时汇报）。

二、监测设备功能及技术指标

1）综合采集机

监测类型：
- 各种电源屏、微机联锁专用电源屏；
- 各种信号电缆、轨道电缆、道岔电缆等全程电缆芯线；
- 列车信号主灯丝；
- 熔丝报警器。

监测内容：
- 对电网输入状态、电源屏输出电压实时监测；
- 外电网瞬间断电、断电、断相、错序进行记录并报警；
- 电源电缆对地绝缘；
- 电源电缆对地漏流；
- 电缆芯线全程对地绝缘；
- 列车信号机主灯丝断丝报警；
- 熔丝断丝报警。

监测方式：
- 周期巡测；
- 人工启动自动测量。

监测点：
- 电源屏输入、输出端；
- 分线盘处或绝缘测试盘处电缆端子；
- 列车信号机箱盒内 DS1 和 DS2 之间；
- 熔丝报警器输入端子。

监测容量：
- 电源 32 路/采集机；
- 绝缘 512 路/采集机；
- 信号机 40 架（架群）/采集机；
- 熔丝 48 路/采集机。

采集周期：
不大于 1 s。

监测精度：
- 电源电压：±2%；

- 绝缘、漏流：±10%。

2）道岔采集机

监测类型：
- 交流电动转辙机。

监测内容：
- 1DQJ、DBJ、FBJ；
- 转辙机动作回线电流。

监测容量：
- 32 路/采集机。

监测点：
- 动作回线；
- 1DQJ、DBJ、FBJ。

监测量程：
- 动作电流：0~10 A；
- 动作时间：0~20 s。

监测方式：
- 采用周期巡测；
- 采用循环监视，有动即测。

监测精度：
- ±3%

采样周期：
- 不大于 40 ms。

三、监测设备构成

1. 综合采集机的构成

- 总线板：是该采集机的母板，其他各板均插在总线板上进行通信。
- CPU 板：是该采集机的核心，主要负责调度各种数据的采集、报警的判别，同时负责和站机进行通信。
- 模入板：负责各种电源电压的采集；漏流、灯丝测试数据的采集。
- 开入板：负责灯丝报警开关量和熔丝报警器开关量的采集。
- 开出板：负责测试绝缘和漏流时的选路工作，即负责树型结构中各继电器的工作。

2. 轨道采集机的构成

- 总线板：是该采集机的母板，其他各板均插在总线板上进行通信。
- CPU 板：是该采集机的核心，主要负责调度轨道电压数据的采集，同时负责和站机进行通信。

- 轨道采集板：负责轨道电压的采集，每块板容量为 16 路，板的数量根据站场不同而不同，一个采集机容量为 6 块板。
- 开入板：负责轨道继电器状态的采集，每块板容量为 32 路，板的数量根据站场不同而不同。

3. 道岔采集机的构成

- 总线板：是该采集机的母板，其他各板均插在总线板上进行通信。
- CPU 板：是该采集机的核心，主要负责道岔电流模拟量、1DQJ、DBJ、FBJ 等开关量的采集，同时负责和站机进行通信。
- 电流选通板：采集道岔的启动电流，每块板容量为 32 路。
- 正开入板：负责 1DQJ、2DQJ、DBJ、FBJ、SJ 等开关量的采集，每块板容量为 32 路，板的数量根据站场不同而不同。

四、监测站机功能

监测站机是车辆段微机监测子系统信息的处理和调度中心，主要功能如下：

（1）与各采集机进行通信获得采集信息；

（2）数据的处理与显示；

（3）表格的生成、存储与再现；

- 电源屏电压的实时测试报表；
- 电源屏电压的日报表；
- 轨道电路电压的实时测试报表；
- 轨道电路电压的日报表；
- 电缆绝缘测试报表；
- 电源对地测试报表；
- 转辙机动作次数报表；
- 图表生成的原始数据表；
- 破封按钮使用次数及时刻；
- 列、调车按钮使用次数及时刻；
- 列、调车信号开放次数及时刻；
- 各种报警记录，图形的生成、存储与再现；
- 电压屏输入、输出电压变化的日（一个月）、月、年曲线（两年）；
- 轨道电路接收端电压变化的日（一个月）、月、年曲线（两年）；
- 转辙机动作电流曲线（100 条曲线）；
- 站场运用状态图的实时显示与历史再现（保存一个月）。

（4）故障的判别与报警，修改基准参数；

（5）人机交互；

（6）接收并执行时钟校对命令；

（7）与计算机联锁接口；

（8）与灯丝报警定位装置接口，提供灯丝断丝灯位的准确信息。

监测站机构成：

- 工控机（包括显示器、键盘、鼠标、软驱）；
- CAN PC 卡；
- 网卡、路由器、调制解调器；
- 打印机；
- 语音报警音箱等外围设备等。

五、监测设备的操作

打开站机电源开关，计算机进行自启动，直接运行微机监测程序，或按压红色的复位（RESET）按钮同样可以复位（硬复位）计算机，程序运行之后自动显示该站的站场情况，站场的布置几乎和控制台一致。主画面如图 2-26 所示。

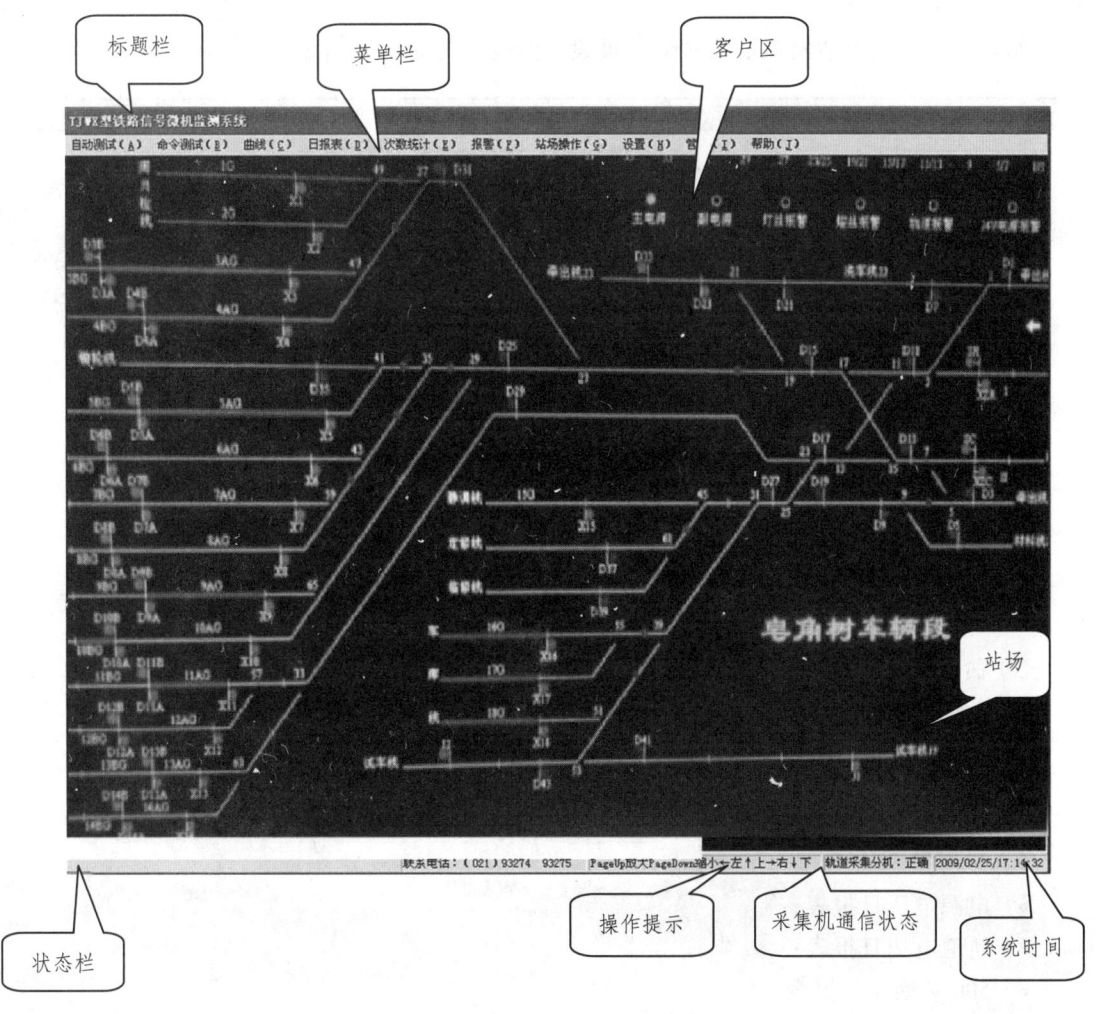

图 2-26　微机监测系统主界面

（1）标题栏（TitleBar）显示系统标题内容。

（2）菜单栏（MenuBar）为用户提供了所有的操作，可用鼠标和键盘进行操作。

（3）客户区显示当前控制台站场的进路情况，其中最上面显示道岔的定、反位情况（定位绿灯、反位黄灯）；中间显示了区间的占用、出清和区间信号机的点灯情况；其他为控制台的各种表示灯。

（4）状态条（StatusBar）为用户提供了当前操作的一些简单提示和当前状态。

（5）网络通信状态栏（NetCommStatus）显示了该站网络通信的情况，"√"——通信正常，"×"——通信中断。

（6）提示栏（TipBar）提示了一些常用操作，包括站场的放大、缩小以及移动方向等操作提示。

（7）采集机通信状态栏（GatherCommStatus）显示了站机和各采集机的通信情况，循环往复显示，当有采集机通信错误时该字用红色显示，同时存盘记录。

（8）时间显示栏（ClockBar）用来显示计算机当前的系统时间，该时间是通过段机统一校时的，各站显示统一的时间。

站机系统主要包括模拟量实时值、报表、曲线等功能，如图2-27所示。

| 自动测试(A) | 命令测试(I) | 曲线(Q) | 日报表(C) | 次数统计(M) | 报警(W) | 站场操作(Z) | 设置(Z) | 系统管理 | 帮助(H) |

图 2-27 菜单栏

1. 站机系统菜单简介

1）自动测试

- 电源屏电压实时值；
- 轨道电压实时值。

2）命令测试

- 500 V 绝缘测试；
- 500 V 绝缘报表；
- 1 K 漏流测试；
- 1 K 漏流报表。

3）曲　线

- 道岔电流曲线；
- 电源电压的日曲线、月曲线、年趋势；
- 轨道电压的日曲线、月曲线、年趋势；

4）日报表

- 电源电压日报表；
- 轨道电压日报表；
- 500 V 绝缘日报表；
- 1 K 漏流日报表；

- 轨道残压日报表。

5）次数统计
- 按钮破封次数；
- 股道占用次数；
- 区段占用次数；
- 列车信号次数；
- 调车信号次数；
- 列车按钮次数；
- 调车按钮次数；
- 道岔动作次数；
- 设备故障次数。

6）报　警
- 挤岔报警；
- 列车信号主灯丝断丝报警；
- 熔丝断丝报警；
- 三相电源错序报警；
- 三相电源断相报警；
- 外电网瞬间断电报警；
- 按钮破封记录；
- 外电网波动报警。

7）站场操作
- 站场再现；
- 开关量状态记录；
- 操作记录；
- 大排队信息；
- 站场放大；
- 站场缩小；
- 站场左移；
- 站场右移；
- 站场上移；
- 站场下移。

8）设　置
- 上下限修改；
- 校对系统时钟；
- 采集机通信状态；
- 显示/隐藏报警窗；

- 显示/隐藏名称；
- 显示/隐藏通信记录；
- 系数修正；
- 系统设置；
- 复位 CAN 卡；
- 设置提示背景颜色。

9）**系统管理**
- 系统工作日志；
- CAN 网络状态管理；
- WAN 网络状态管理；
- 报表浏览记录。

10）**帮　助**
- 使用说明；
- 版本说明。

2. 站机系统操作详细介绍

1）**自动测试电源电压实时值**

用鼠标单击"菜单栏"中的"自动测试"，在下拉菜单中选择"电源电压"，将出现如图 2-28 所示对话框。对话框分为三部分：上面为属性区，中间为表格区，下面为按钮区。

属性区包括显示测试时间、显示超限路数等复选框。"显示测试时间"复选框可以有选择的显示或不显示模拟量测试时刻，此功能对想知道当前测试表格内数据的测试时刻非常有用，当 CAN 网通信中断时，通过此功能可以判别出此时的数据是何时的结果，通过时间的变化与否，可以判别出 CAN 网通信的情况，特别是在显示绝缘或漏流报表时尤为重要，可以显示每一路测试时刻，若选中，显示结果如图 2-29 所示。

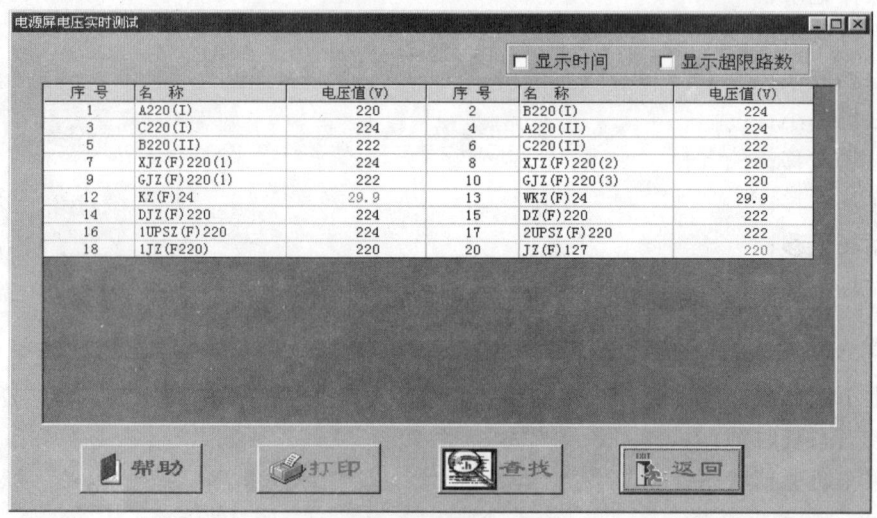

图 2-28　电源电压实时值

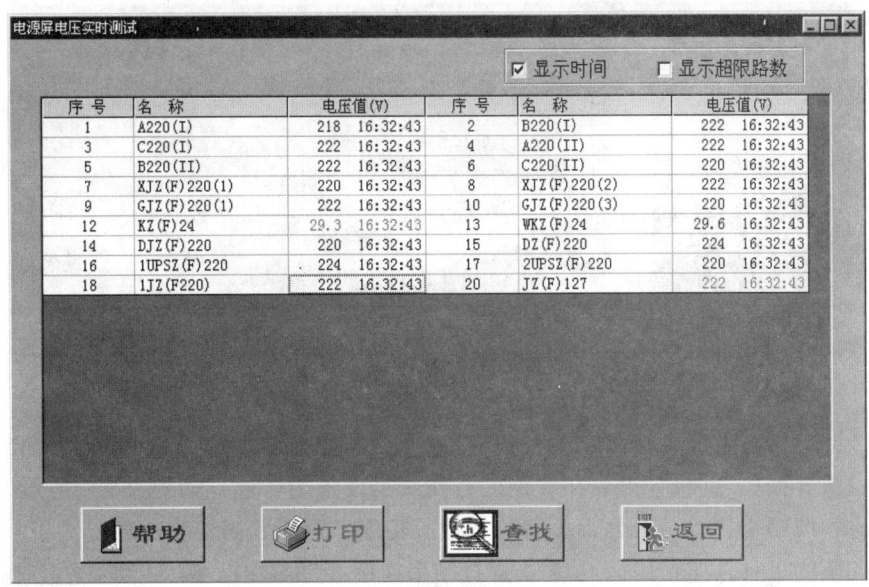

图 2-29 显示测试时刻的数据报表

"显示超限路数"复选框可以有选择的显示或不显示模拟量超限情况,对于模拟量路数超过一屏显示的情况,则显得尤为重要,选中它,可以全面掌握超限情况,如图 2-30 所示。

表格区的第一行为表头,其他为数据区。数据区包括的内容为序号、设备名称、测试值。黑色表示数据正常;当数据超过预定界限时,用红色显示表示报警。双击数据区,系统提供实时曲线显示功能,采用模仿示波器的方式动态显示数值和曲线,可以很清楚地实时显示数据的变化趋势,如图 2-31 所示。当数据超过显示最大行数时,表格提供滚动功能。

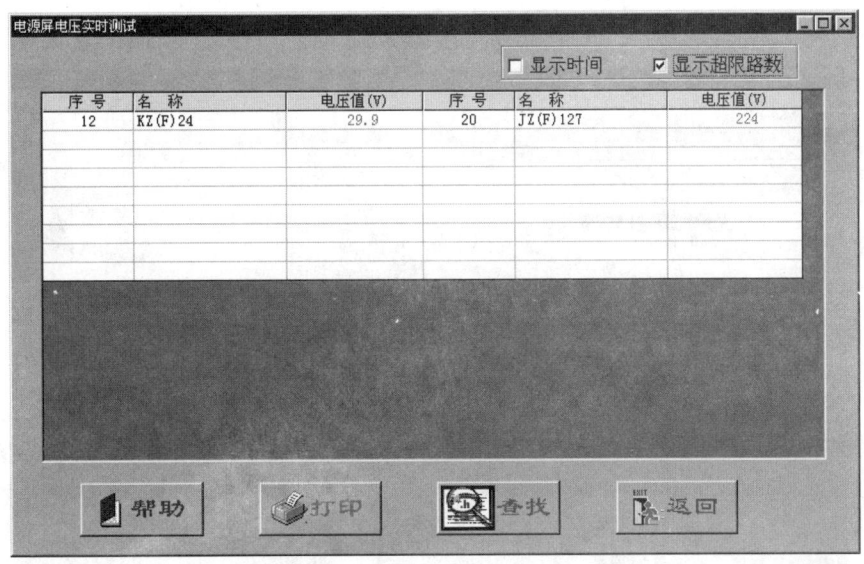

图 2-30 显示超限路数的数据报表

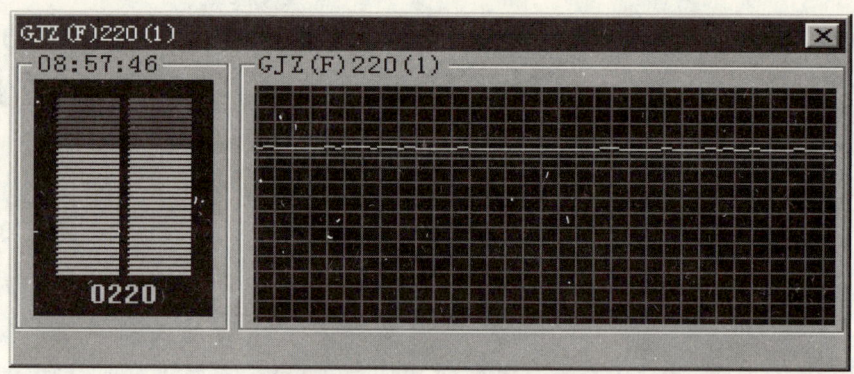

图 2-31　动态显示数据及曲线

按钮区，包括"帮助""打印""查找""返回"等按钮。"帮助"提供在线帮助；"打印"用于打印表格数据；"查找"提供在表格区查找所需设备的名称，如图 2-32 所示，同时还提供精确查找和模糊查找以及区分大小写的查找等功能，对于数据较多的情况为查找某一路数据提供了方便的工具，如查找 xjz(f)，查找结果如图 2-33 所示，按 F3 键继续查找，直至查找到表格最后一行。

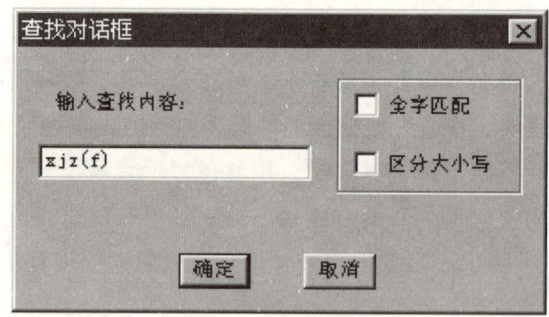

图 2-32　查找对话框

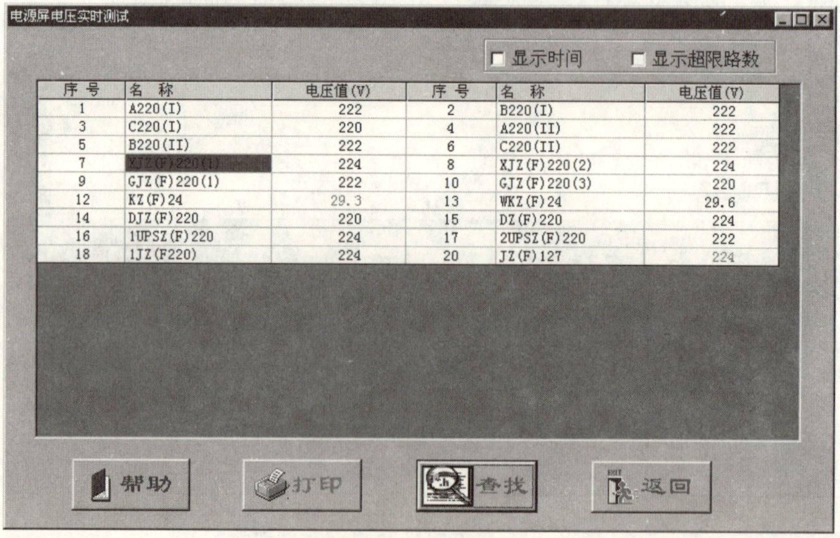

图 2-33　查找的结果

2）轨道电压实时值

操作方式和对话框功能与电源屏电压实时值报表基本相同，不同之处是表格区显示的内容不同，同时当轨道分路时用蓝色显示；鼠标双击序号栏可以手工保存轨道残压测试。

3）500 V 绝缘测试

用鼠标单击"菜单栏"中的"命令测试"，在下拉菜单中选择"500 V 绝缘测试"。将出现如图 2-34 所示对话框。

在绝缘测试对话框中可以选择全部或单路测试，"全测"时测试全部电缆芯线，"单测"时只测试选择的一路电缆绝缘，按"确认"按钮后弹出如图 2-35 所示对话框。测试结果显示在对话框内。

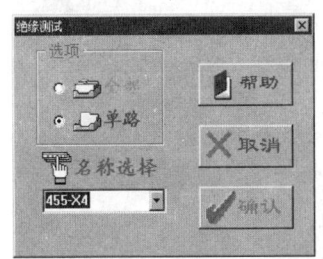

图 2-34　500 V 绝缘测试选择对话框

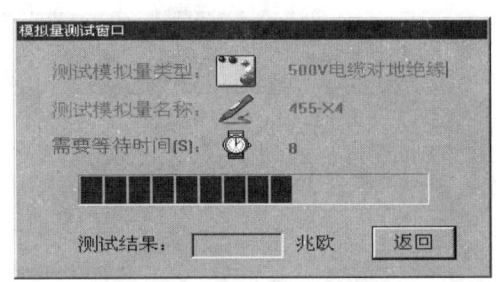

图 2-35　电缆绝缘测试对话框

（1）500 V 绝缘报表。

用鼠标单击"菜单栏"中的"命令测试"，在下拉菜单中选择"500 V 绝缘报表"。将出现和电源屏相同的对话框，只是显示的内容不同。该对话框提供同时测试几路或同时测试一些连续路数，操作方法：按住 Shift 键同时用鼠标单击所要测试的开始路数的名称，该名称栏变为蓝色，再在要测试的结束路数的名称单击，选中所选范围内的路数，放开 Shift 键，提示是否测试这几路，按"确定"按钮则开始测试连续的几路，否则不进行任何操作；按住 Ctrl 键，用鼠标单击所要测试的路数，放开 Ctrl 键即可；也可以两种方法结合起来使用，如图 2-36 所示。

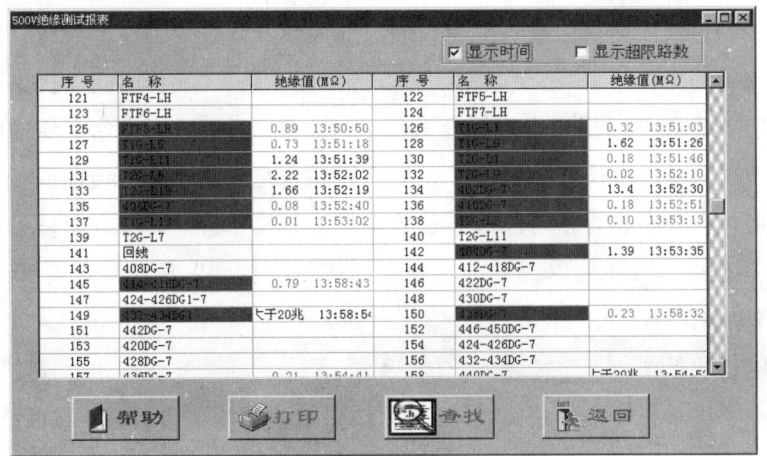

图 2-36　绝缘测试报表对话框

(2) 1 K漏流测试。

操作方式和对话框功能与"500 V绝缘测试"基本相同,不同之处是测试内容不同。

(3) 1 K漏流报表。

操作方式和对话框功能与"500 V绝缘报表"基本相同,不同之处是测试内容不同。

4)曲　线

(1) 道岔电流曲线。

用鼠标单击"菜单栏"中的"曲线",在下拉菜单中选择"道岔电流曲线",出现如图 2-37 所示的对话框。

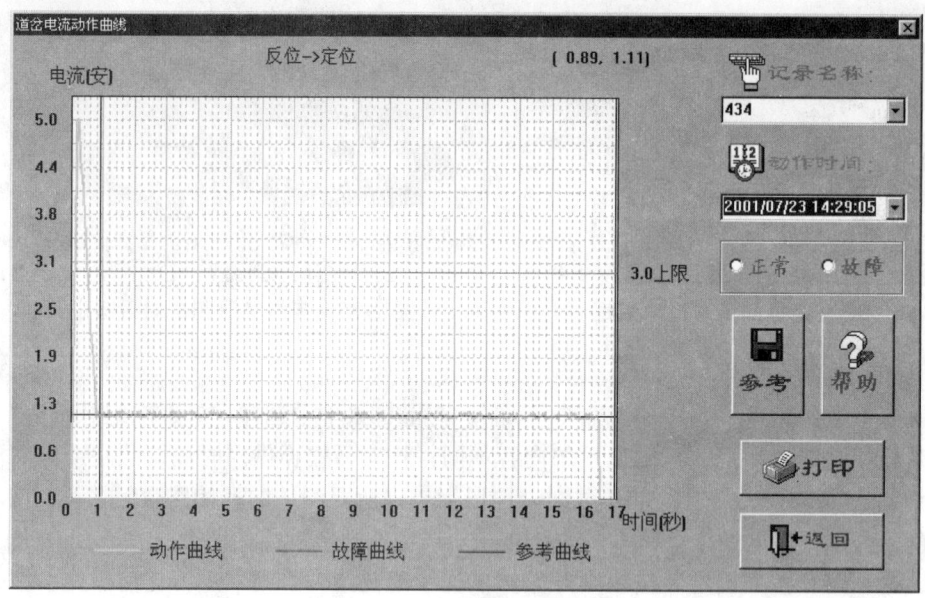

图 2-37　道岔电流曲线

每一条曲线用不同颜色进行标识,当鼠标移入曲线显示窗时,下边会有不同颜色曲线所代表的意义,如绿色代表动作曲线、红色代表故障曲线、蓝色代表参考曲线,同时右上角会显示鼠标所在位置的坐标值。"记录名称"可以选择任一路,"动作时间"提供可供用户查看曲线的时间;"参考"按钮为用户提供保存道岔参考曲线,只有选择道岔电流曲线时该按钮才可操作,其他曲线均不使用;"正常"和"故障"按钮也是专为道岔电流曲线设计的,通过按压这两个按钮可以选择是查看正常曲线还是故障电流曲线,道岔动作方向显示该条曲线动作的方向;按压"帮助"按钮可以提供在线帮助;按压"打印"按钮即可打印该曲线;按压"返回"按钮结束操作。

(2) 轨道电压的日曲线。

用鼠标单击"菜单栏"中的"曲线",在下拉菜单中选择"轨道电压日曲线",出现如图 2-38 所示的对话框。

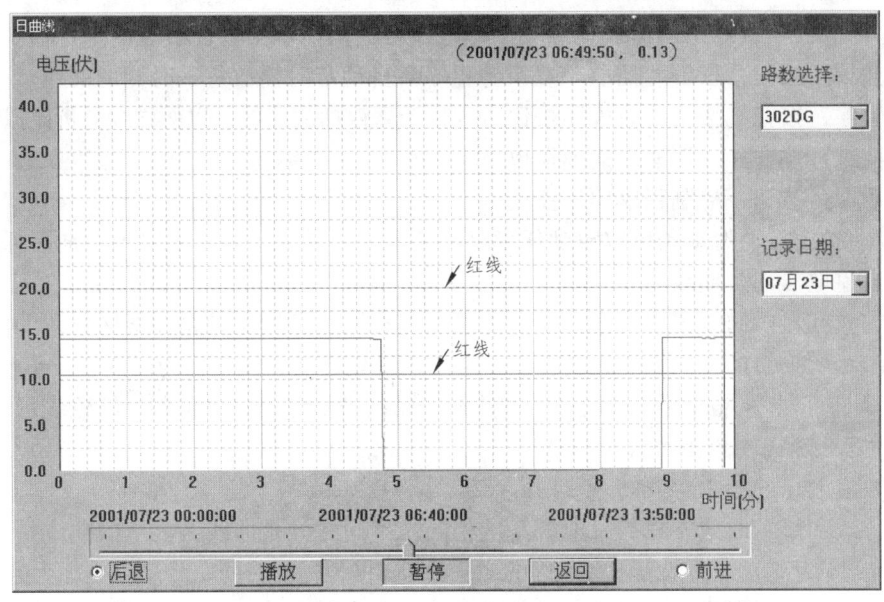

图 2-38 日曲线对话框

日曲线是通过将模拟量数值以曲线的形式进行回放得到的。通过日曲线可以分析模拟量变化的历史情况,当发生故障时,能够帮助电务人员分析故障原因,迅速找到故障点。目前,该程序能够对数据进行自动存盘,不需要人工干预,时间长度为一个月,一天一个文件,自动循环保存。

当模拟量日曲线和开关量再现配合使用时,分析故障原因效果更佳。先用开关量再现分析发生故障时站场情况,如突然红轨,原因有很多种,当要判别是室内故障还是室外故障时,就要用到模拟量日曲线,分析该轨道该时刻电压值,从而缩小故障范围。

该对话框提供了一种详细分析模拟量日曲线的手段,分为三部分:信息提示部分、曲线显示部分、操作控制部分。信息提示部分显示当前鼠标所在位置的时间及数值;中间的曲线显示部分为每一屏显示十分钟的曲线,可以随着拉动滚动条或播放进行变换;操作控制部分中的"路数选择"用来选择所要查看的路数,"记录日期"用来选择所要查看的记录日期,"前进""后退"用来控制查看曲线时是向前查看还是向后查看,"播放"用来控制播放操作,"暂停"用来控制暂停操作,"返回"用来取消查看日曲线操作。

- 操作方法:在路数选择栏内选择所要再现模拟量名称,在日期选择栏内选择所要再现的日期。
- 横坐标:显示时间,长度为 10 min。
- 纵坐标:显示电压,由每路电压的量程决定。
- 上下限:图 2-38 中的两条红线,随着路数不同而不同。
- 起始时间:(如 2001/07/23 00:00:00)显示了该文件所能再现的开始时刻
- 终止时间:(如 2001/07/23 13:50:00)显示了该文件所能再现的结束时刻
- 当前时刻:(如 2001/07/23 06:40:00)显示了当前画面所显示的曲线为 06:40:00 ~ 06:50:00 的曲线。

- 坐标值：当鼠标指向曲线任意一点时，在右上角显示当前曲线点的坐标值。
- "播放"按钮：按下"播放"按钮，程序会自动定时播放每一时刻的曲线。
- "暂停"按钮：按下"暂停"按钮，程序会暂停播放曲线，以便详细分析模拟量数据。
- "前进"按钮：控制程序向前播放。
- "后退"按钮：控制程序向后播放。
- 滑动条：拉动滑动条可以放到任意时刻位置，并从该位置开始向前或向后播放。

（3）轨道电压的月曲线。

操作方式和显示曲线方式与道岔电流曲线基本相同，不同之处是曲线区显示的曲线是以每天为一个点所描绘的月曲线，曲线表示一个月的变化趋势，横坐标为时间（天），纵坐标为电压（伏）；用三种不同颜色分别表示三种曲线，绿色表示分路最高曲线、红色表示调整最高曲线、蓝色表示调整最低曲线。

（4）轨道电压的年趋势。

操作方式和显示曲线方式与月曲线基本相同，不同之处是曲线区显示的曲线是以每天为一个点所描绘的年趋势，曲线表示一年内的变化趋势，横坐标为时间（天），纵坐标为电压（伏）；用三种不同颜色分别表示三种曲线，绿色表示分路最高曲线、红色表示调整最高曲线、蓝色表示调整最低曲线。

（5）电源电压的日曲线、月曲线、年趋势。

操作方式和显示曲线方式与轨道曲线基本相同，不同之处是曲线区显示的曲线内容不同；用三种不同颜色分别表示三种曲线，绿色表示平均值曲线、红色表示最大值曲线、蓝色表示最小值曲线。

5）日报表

（1）轨道电压日报表。

用鼠标单击"菜单栏"中的"日报表"，在下拉菜单中选择"轨道电压"，出现如图2-39所示对话框。

序号	名称	调整最高V	调整最低V	分路最高V
1	303DG	15.2	14.3	0.747
2	305DG	15.0	14.1	0.493
3	313-319DG	15.1	14.3	0.034
4	313-319DG1	15.3	14.4	1.16
5	321DG	15.6	14.7	0.618
6	331-337DG2	17.2	16.2	1.63
7	301/303G	14.3	13.6	0.144
8	303/321G	14.8	14.0	
9	II-IIIG	15.9	15.0	0.204
10	II16G	16.6	15.7	2.75
11	D305G	15.7	14.8	
12	304DG	15.8	14.9	0.905
13	306-312DG	15.6	14.6	1.06
14	314-316DG	15.9	15.0	0.275
15	318-338DG	15.1	14.3	1.60
16	326-336DG	16.0	14.8	0.619
17	334DG	13.4	12.7	0.300

图2-39 轨道电压日报表

对话框分为三部分，上面为属性区、中间为表格区、下面为按钮区。

属性区包括显示时间复选框。“显示时间”复选框可以有选择的显示或不显示轨道电压何时调整最高、何时调整最低、何时分路最高，此功能对想知道当前表格内数据的值所对应的时刻非常有用，对精确掌握何时出现异常情况很有帮助，若选中，显示结果如图 2-40 所示。

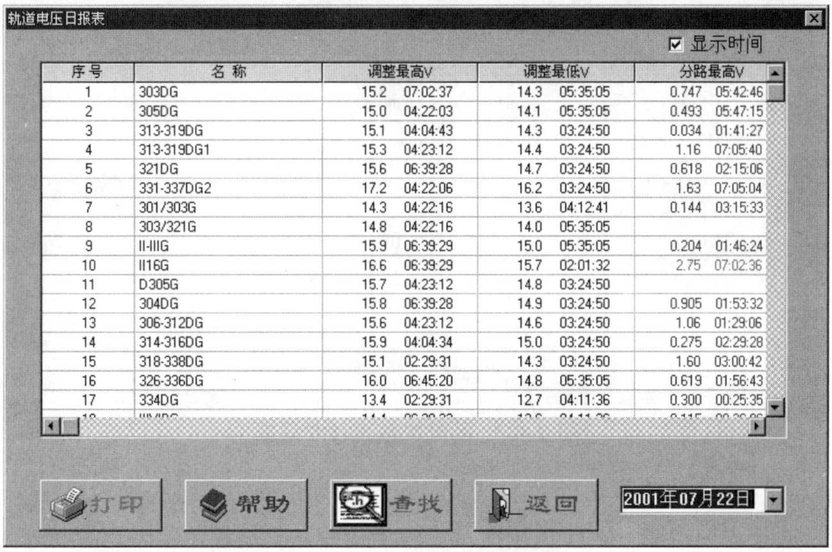

序号	名 称	调整最高V	调整最低V	分路最高V
1	303DG	15.2 07:02:37	14.3 05:35:05	0.747 05:42:46
2	305DG	15.0 04:22:03	14.1 05:35:05	0.493 05:47:15
3	313-319DG	15.1 04:04:43	14.3 03:24:50	0.034 01:41:27
4	313-319DG1	15.3 04:23:12	14.4 03:24:50	1.16 07:05:40
5	321DG	15.6 06:39:28	14.7 03:24:50	0.618 02:15:06
6	331-337DG2	17.2 04:22:06	16.2 03:24:50	1.63 07:05:04
7	301/303G	14.3 04:22:16	13.6 04:12:41	0.144 03:15:33
8	303/321G	14.8 04:22:16	14.0 05:35:05	
9	II-IIIG	15.9 06:39:29	15.0 05:35:05	0.204 01:46:24
10	II16G	16.6 06:39:29	15.7 02:01:32	2.75 07:02:36
11	D305G	15.7 04:23:12	14.8 03:24:50	
12	304DG	15.8 06:39:28	14.9 03:24:50	0.905 01:53:32
13	306-312DG	15.6 04:23:12	14.6 03:24:50	1.06 01:29:06
14	314-316DG	15.9 04:04:34	15.0 03:24:50	0.275 02:29:28
15	318-338DG	15.1 02:29:31	14.3 03:24:50	1.60 03:00:42
16	326-336DG	16.0 06:45:20	14.8 05:35:05	0.619 01:56:43
17	334DG	13.4 02:29:31	12.7 04:11:36	0.300 00:25:35

图 2-40　显示时刻的轨道电压日报表

表格区的第一行为表头，其他为数据区。数据区包括的内容为序号、名称、调整最高、调整最低、分路最高。黑色表示数据正常；当数据超过预定界限时，用红色显示表示报警。若当天没有出现过分路最高或调整状态，此时该表格内数据为空；当数据超过显示最大行数时，表格提供滚动功能。

按钮区，包括“打印”“帮助”“查找”“返回”等按钮以及选择时间的列表框。“帮助”提供在线帮助；“打印”用于打印表格数据；“查找”提供在表格区查找所需设备的名称；“返回”用于返回操作的主画面。

（2）电源电压日报表。

操作方式和对话框功能与轨道电压日报表基本相同，不同之处是表格区显示的内容不同，电源电压的报表显示的是最大值、最小值和平均值。

（3）500 V 绝缘日报表。

操作方式和对话框功能与轨道电压日报表基本相同，不同之处是表格区显示的内容不同，500 V 绝缘日报表显示的是当天测试绝缘的值，若当天该路没测试过，则只显示空格。

（4）1 K 漏流日报表。

操作方式和对话框功能与轨道电压日报表基本相同，不同之处是表格区显示的内容不同，1 K 漏流日报表显示的是当天测试漏流的值，若当天该路没测试过，则只显示空格。

（5）轨道残压日报表。

操作方式和对话框功能与轨道电压日报表基本相同，不同之处是表格区显示的内容不同，轨道残压日报表显示的是当天手工测试轨道残压的值，若当天该路没测试过，则只显示空格。

6）次数统计

用鼠标单击"菜单栏"中的"次数统计",在下拉菜单中选择"区段占用次数",出现如图 2-41 所示对话框。

序号	名称	七月		八月		九
		次数	累积时间	次数	累积时间	次数
14	306-312-QH	57	0.00.47.29			
15	308-QH	57	0.00.47.29			
16	310-QH	57	0.00.47.30			
17	314-316-QH	67	0.01.26.33			
18	314-QH	56	0.01.12.08			
19	316-QH	33	0.00.44.02			
20	318-338-QH	37	0.00.34.30			
21	322-QH	30	0.00.22.33			
22	338-QH	24	0.00.29.17			
23	320-QH	33	0.00.28.41			
24	326-336-QH	23	0.00.24.27			
25	326-QH	16	0.00.12.46			
26	336-QH	10	0.00.19.37			

图 2-41 区段次数统计对话框

该对话框是区段占用次数统计的对话框,也是各种统计报表的公共对话框,可以显示按钮破封次数、股道占用次数、区段占用次数、列车信号次数、调车信号次数、列车按钮次数、调车按钮次数、道岔动作次数、设备故障次数等。可以通过拉动水平滚动条查看各月的情况和合计情况。按压"打印"按钮可以打印表格数据内容;按压"帮助"按钮提供在线帮助;按压"查找"按钮可以提供查找功能;按压"返回"按钮结束操作。

7）报　警

用鼠标单击"菜单栏"中的"报警",在下拉菜单中选择"三相电源断相报警",出现如图 2-42 所示对话框。

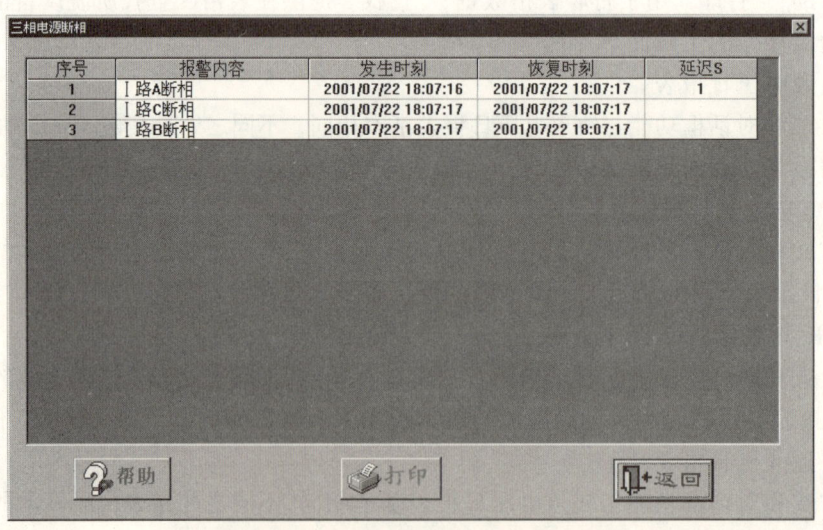

图 2-42 三相电源断相报警对话框

该对话框是三相电源断相报警的对话框，也是各种报警的公共对话框，可以显示道岔动作、表示不一致报警；挤岔报警；列车信号主灯丝断丝报警；熔丝断丝报警；三相电源错序报警；三相电源断相报警；外电网瞬间断电报警；按钮破封记录；外电网波动报警等。按压"打印"按钮可以打印表格数据内容；按压"帮助"按钮提供在线帮助；按压"返回"按钮结束操作。

当有报警发生时，立即在报警窗内显示如图 2-43 所示窗口，同时发出声音报警提示。若要查看具体情况，就要用到图 2-42 的报警记录对话框。该报警窗可以通过键盘上的 "Esc" 键进行关闭，或用鼠标右键关闭或打开报警窗，当有报警发生时，该报警窗会自动弹出。

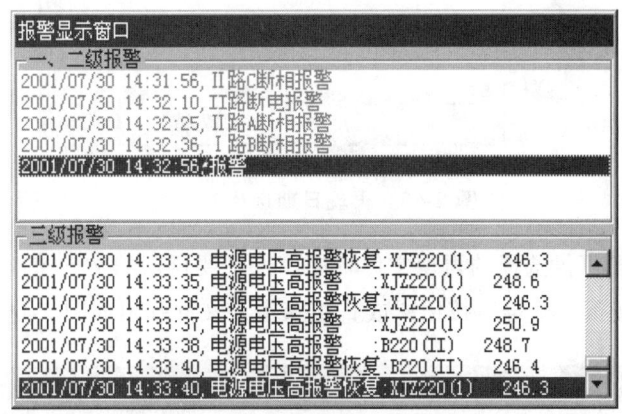

图 2-43　报警实时显示窗口

对话框分为"一、二级报警"和"三级报警"，当一、二级报警发生时报警窗会自动在屏幕中间弹出，以示报警发生；当三级报警发生时，报警窗只是弹出到屏幕最前端，而不一定在屏幕中间。

8）站场操作

（1）站场再现。

站场再现即回放控制台状态的历史记录，从而分析站场变化的历史情况；当发生故障时，能够帮助电务人员分析故障原因，迅速找到故障点。

目前，该程序能够对数据进行自动存盘，不需要人工干预，时间长度为一个月，一天一个文件，自动循环保存。

选择"站场操作"菜单后，在下拉菜单中选择"站场再现"，则弹出如图 2-44 所示的对话框，再现对话框上只有文件和退出按钮可以操作，其他按钮均不能操作，只有选择了再现日期后，才可进行操作，具体操作如下。

图 2-44　站场再现控制对话框

- 操作方法：按压"文件"按钮，弹出如图 2-45 所示对话框。

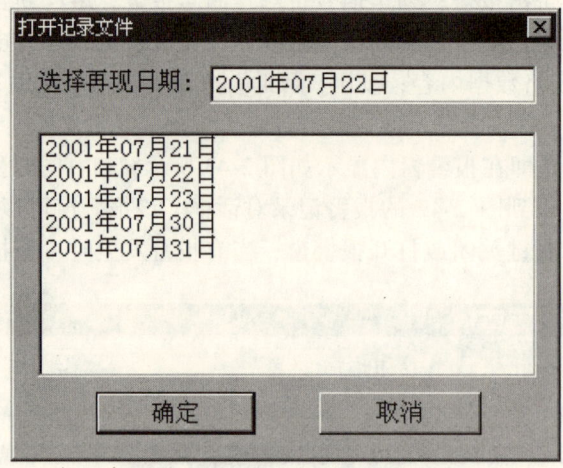

图 2-45 再现日期选择对话框

图 2-45 中显示了可供选择的再现文件日期。选中要再现的文件（此处，我们选 2001 年 07 月 22 日），然后按下"确定"按钮，或直接双击该文件弹出如图 2-46 所示对话框。

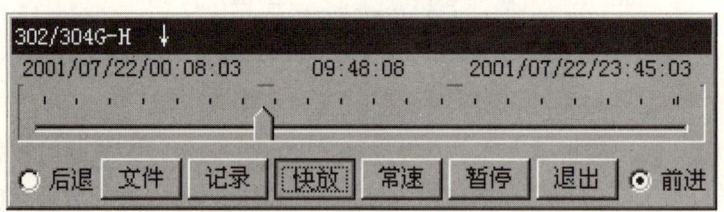

图 2-46 再现操作控制框

- 起始时间：为该文件能够再现的开始时刻（如 2001/07/22/00：08：03）。
终止时间为该文件能够再现的终止时刻：（如 2001/07/22/23：45：03）。
- 记录当前时刻：站场所示画面的时刻（如 09：48：08）。
- 滑动条：可以拉滑动条至起始时间和终止时间范围内任意时刻位置，并从该时刻开始前进或后退播放。
- 标题栏：显示当前记录的状态。
- "快放"按钮：按记录方式播放，每隔一定时间读一条记录，播放速度较快。
- "实时"按钮：按时间方式播放，该方式播放的速度与实际相同。
- "暂停"按钮：可以暂停回放动作，以便详细分析站场。
- "退出"按钮：结束站场再现，返回实时显示状态。
- "前进"按钮：按照时间先后顺序播放。
- "后退"按钮：向回播放。
- "记录"按钮：用来显示该时刻以前 400 条记录，以便详细分析站场情况，按压该按钮后，弹出如图 2-47 所示对话框。

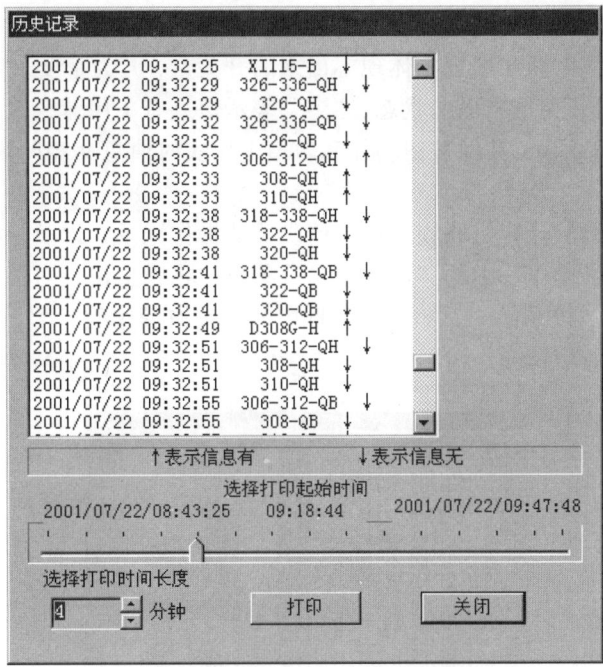

图 2-47 再现记录查看对话框

图 2-47 所示对话框内显示再现这段时间各个时刻的信息变化情况。其中,"↑"表示有信息;"↓"表示无信息,并不表示继电器状态。"↑"只表示信息为 1,"↓"只表示信息为 0,可以通过拉动滚动条查看所有信息,打印选择时间为该列表框内的起始时刻和终止时刻,可以拉动水平滚动条进行设置打印的起始时刻,还可以设置打印时间长度,按"打印"按钮进行打印,按"关闭"按钮取消查看记录操作。

(2)开关量状态记录。

用鼠标单击"菜单栏"中的"站场操作",在下拉菜单中选择"开关量状态记录",出现如图 2-48 所示对话框。

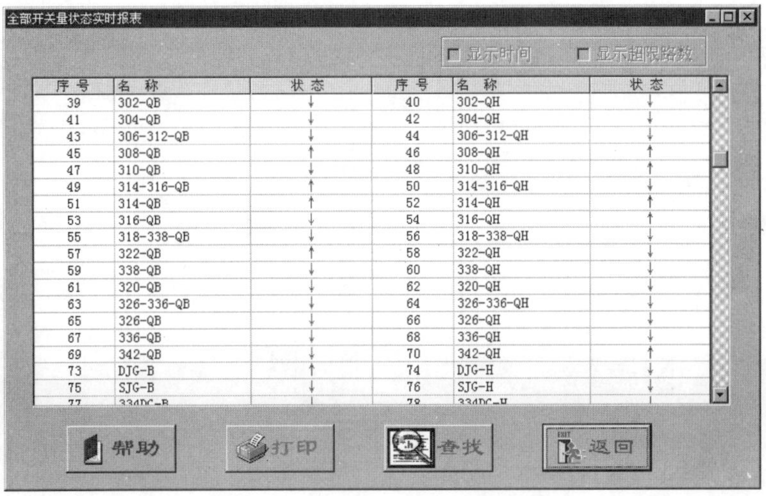

图 2-48 开关量当前状态对话框

查看当前站场状态时可以通过查看开关量状态来详细了解各开关量的当前实时状态,特别是查看一些关键性继电器在站场中体现不出来的开关量,尤为重要。"名称栏"显示开关量名称;"状态栏"显示开关量当前的状态,"↑"表示信息有(用蓝色箭头显示),"↓"表示信息无(用绿色箭头显示);其他按钮功能和轨道电压实时值意义相同。

(3)操作记录。

该菜单可用来查阅"计算机联锁车站"值班员的操作记录,以及一些报警信息。操作方法:用鼠标单击"站场操作"中的"操作记录"菜单,将弹出再现对话框,选择所要查看的日期之后,弹出如图2-49所示对话框,对话框中显示按钮操作的时刻、操作按钮的名称以及和"计算机联锁"的通信情况。

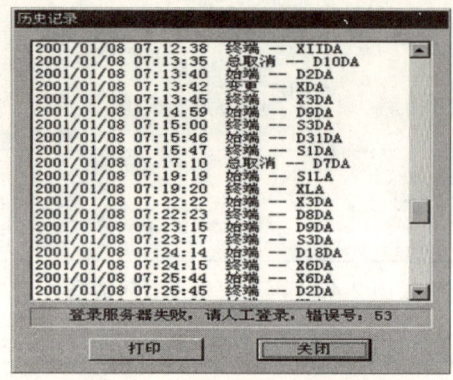

图 2-49　值班员操作记录显示

大排队信息：

该菜单可用来查阅"计算机联锁车站"发送过来的大排队记录,主要在调试站场开关量时使用。操作方法:用鼠标单击"站场操作"中的"大排队信息"菜单,将弹出如图2-50所示的对话框。

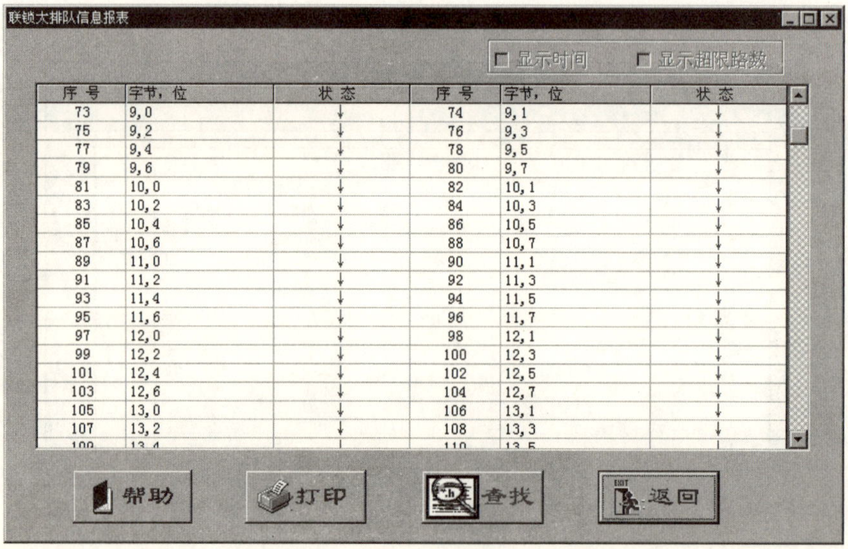

图 2-50　大排队信息显示对话框

图 2-50 中显示了大排队中信息的当前状态，以供调试时使用，即第几个字节第几位为"↑"或"↓"。

- 站场放大：选择"站场放大"菜单后，站场按照一定比例进行放大。
- 站场缩小：选择"站场缩小"菜单后，站场按照一定比例进行缩小。
- 站场左移：选择"站场左移"菜单后，站场向左移动一部分以便看到左面站场信息。
- 站场右移：选择"站场右移"菜单后，站场向右移动一部分以便看到右面站场信息。
- 站场上移：选择"站场上移"菜单后，站场向上移动一部分以便看到上面站场信息。
- 站场下移：选择"站场下移"菜单后，站场向下移动一部分以便看到下面站场信息。

设置：
- 上下限修改：选择"设置"菜单，再选择"上、下限修改"，弹出如图 2-51 所示对话框。

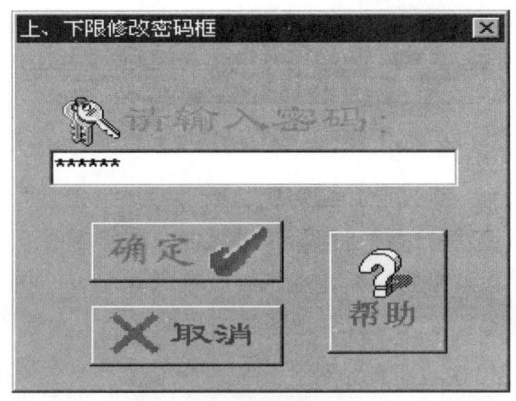

图 2-51 密码对话框

因为修改上、下限参数涉及报警的门限问题，所以设置了密码；输入正确的密码后，弹出如图 2-52 所示的对话框，可以针对每一路进行修改或进行全部统一修改。按压"确认"按钮，修改生效，按"返回"按钮，操作返回。

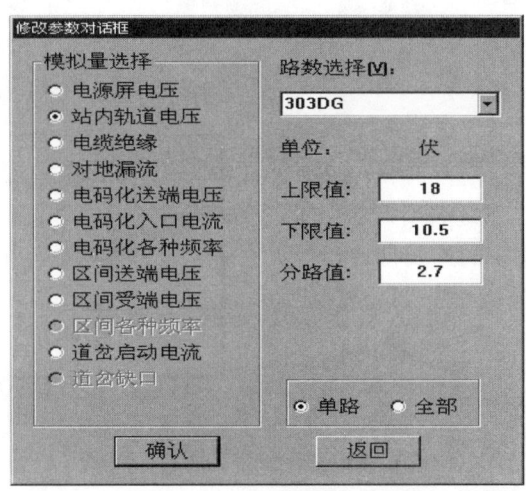

图 2-52 上、下限修改对话框

- 校对系统时钟：选择"设置"菜单，再选择"校对系统时钟"菜单，会弹出密码对话框，输入正确的密码后，按压"确定"按钮，弹出如图 2-53 所示的对话框，输入正确的时间后，按压"确定"按钮，系统时间即被修改；按"帮助"按钮，得到在线帮助；按"取消"按钮，取消操作。

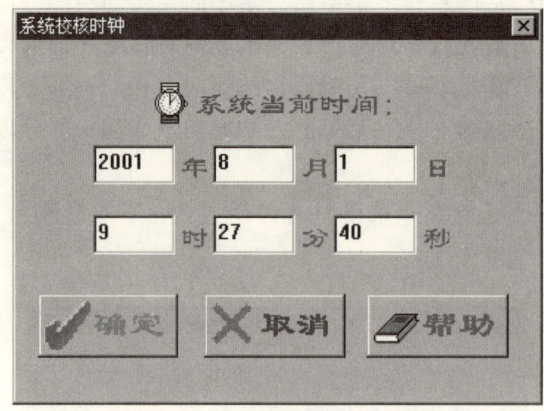

图 2-53 系统校核时钟对话框

（4）采集机通信状态。

采集机通信状态是用来实时反映站机和各采集机之间通信情况的窗口，如图 2-54 所示。

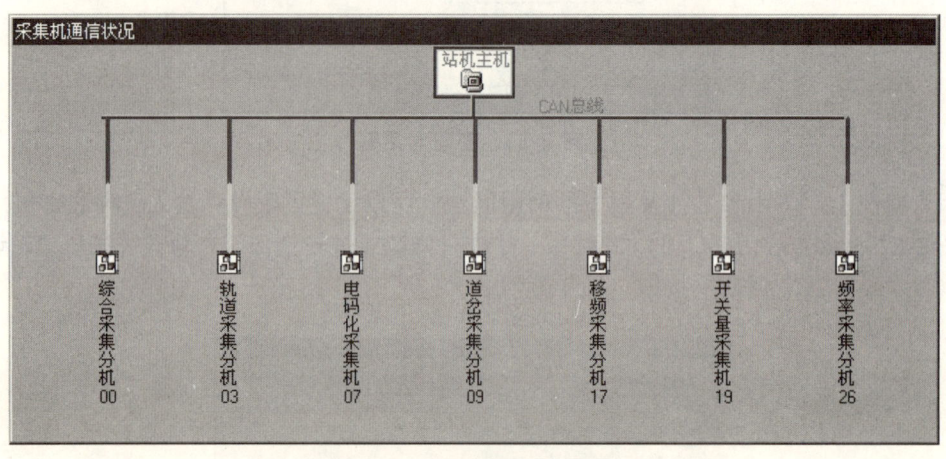

图 2-54 采集机通信状态

可以用键盘上的"Esc"键关闭该通信状态窗，当有采集机和站机通信中断时该对话框会自动弹出，同时到该采集机的连线自动变为灰色的虚线，表示通信中断，在菜单的左侧会出现"√"标记，当对话框关闭时"√"标记消失。

显示/隐藏报警窗：

该菜单用来"显示"（菜单前面有"√"）或"隐藏"（菜单前面没有"√"）报警窗。

显示/隐藏名称：

该菜单用来"显示"（菜单前面有"√"）或"隐藏"（菜单前面没有"√"）站场中文字名称。

显示/隐藏通信记录：

选择"设置"菜单，再选择"校对系统时钟"菜单，会弹出如图 2-55 所示的对话框。

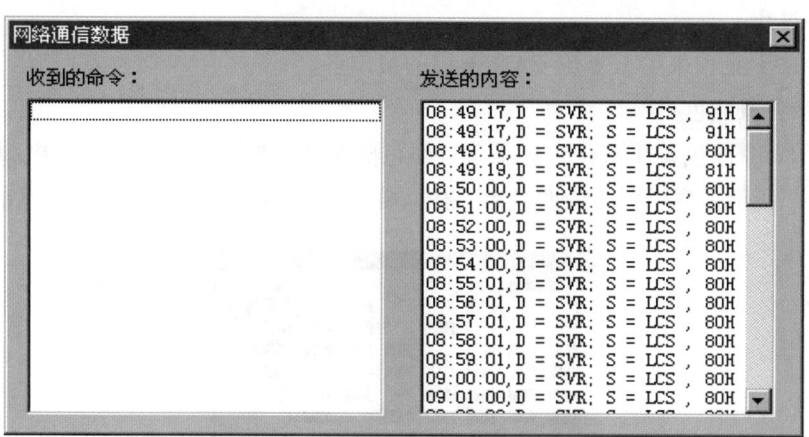

图 2-55　网络通信收发情况记录

该对话框是用来显示广域网（WAN）网络通信情况，左侧显示站机收到的命令，右侧显示站机发送的内容。

系数修正：

选择"设置"菜单，再选择"系数修正"菜单，会弹出密码对话框，输入正确的密码后，按压"确定"按钮，弹出如图 2-56 所示的对话框。

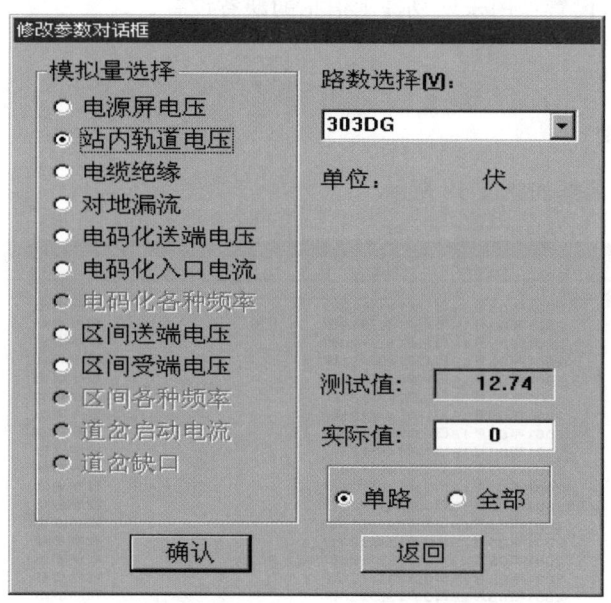

图 2-56　模拟量系数修正对话框

该对话框可用软件来修正测试结果的偏差，如显示的测试值为 12.74 V 而实测值为 14.1 V，此时可用修正系数方法来修正。选择需要修改的名称，同时会在"测试值"栏内显示当前的测试结果，只需在"实际值"栏内输入正确的值，并按压"确认"按钮即可。

系统设置：

系统设置是用来设置一些系统参数的菜单，不再赘述。

复位 CAN 卡：

复位 CAN 卡是用来手工复位 CAN 卡用的菜单。

设置提示背景颜色：

设置提示背景颜色是用来设置提示背景颜色的菜单，选择该菜单后，弹出颜色标准对话框，如图 2-57 所示，选中所要的颜色后，按"确定"按钮后即可改变提示信息的背景颜色。

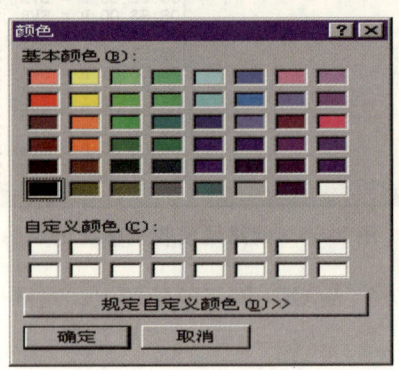

图 2-57　颜色设置对话框

- 设置提示前景颜色：用来设置提示信息的前景颜色，即文字颜色。
- 恢复提示缺省设置：用来恢复提示信息的缺省设置，即恢复成程序最初设置。

3. 系统管理

1）系统工作日志

系统工作日志对话框如图 2-58 所示。

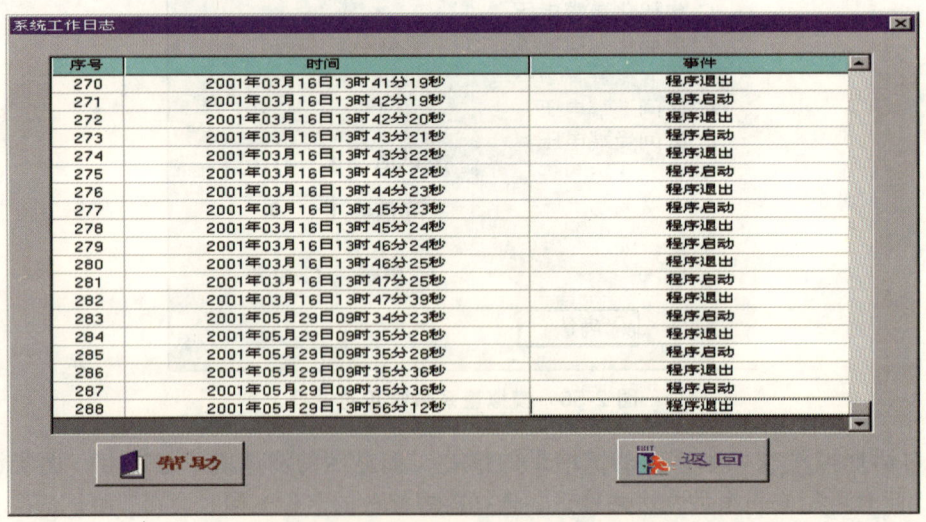

图 2-58　查看系统工作日志对话框

2）CAN 网络状态管理

CAN 网络状态管理对话框如图 2-59 所示。

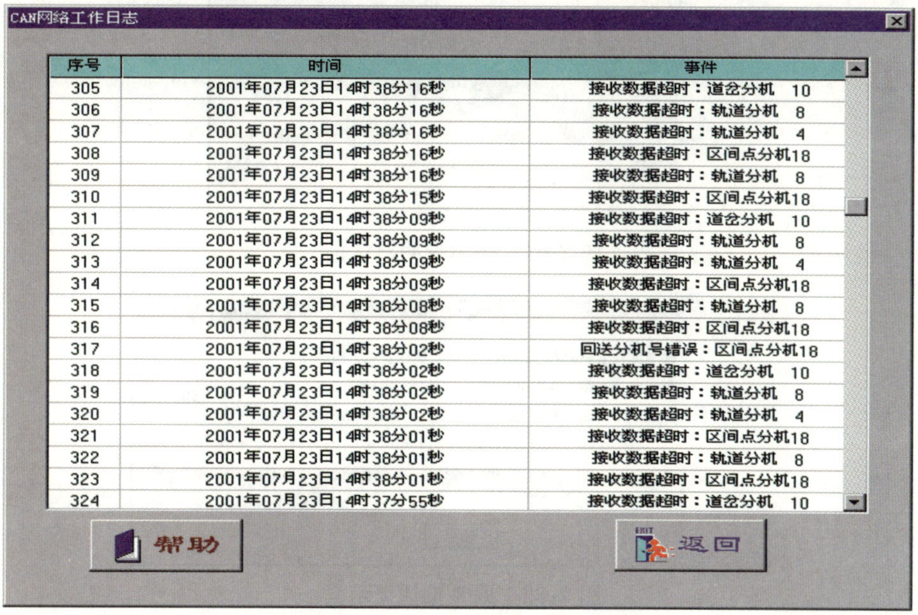

序号	时间	事件
305	2001年07月23日14时38分16秒	接收数据超时：道岔分机 10
306	2001年07月23日14时38分16秒	接收数据超时：轨道分机 8
307	2001年07月23日14时38分16秒	接收数据超时：轨道分机 4
308	2001年07月23日14时38分16秒	接收数据超时：区间点分机18
309	2001年07月23日14时38分16秒	接收数据超时：轨道分机 8
310	2001年07月23日14时38分15秒	接收数据超时：区间点分机18
311	2001年07月23日14时38分09秒	接收数据超时：道岔分机 10
312	2001年07月23日14时38分09秒	接收数据超时：轨道分机 8
313	2001年07月23日14时38分09秒	接收数据超时：轨道分机 4
314	2001年07月23日14时38分09秒	接收数据超时：区间点分机18
315	2001年07月23日14时38分08秒	接收数据超时：轨道分机 8
316	2001年07月23日14时38分08秒	接收数据超时：区间点分机18
317	2001年07月23日14时38分02秒	回送分机号错误：区间点分机18
318	2001年07月23日14时38分02秒	接收数据超时：道岔分机 10
319	2001年07月23日14时38分02秒	接收数据超时：轨道分机 8
320	2001年07月23日14时38分02秒	接收数据超时：轨道分机 4
321	2001年07月23日14时38分01秒	接收数据超时：区间点分机18
322	2001年07月23日14时38分01秒	接收数据超时：轨道分机 8
323	2001年07月23日14时38分01秒	接收数据超时：区间点分机18
324	2001年07月23日14时37分55秒	接收数据超时：道岔分机 10

图 2-59　查看 CAN 网络状态对话框

- 报表浏览记录对话框如图 2-60 所示。

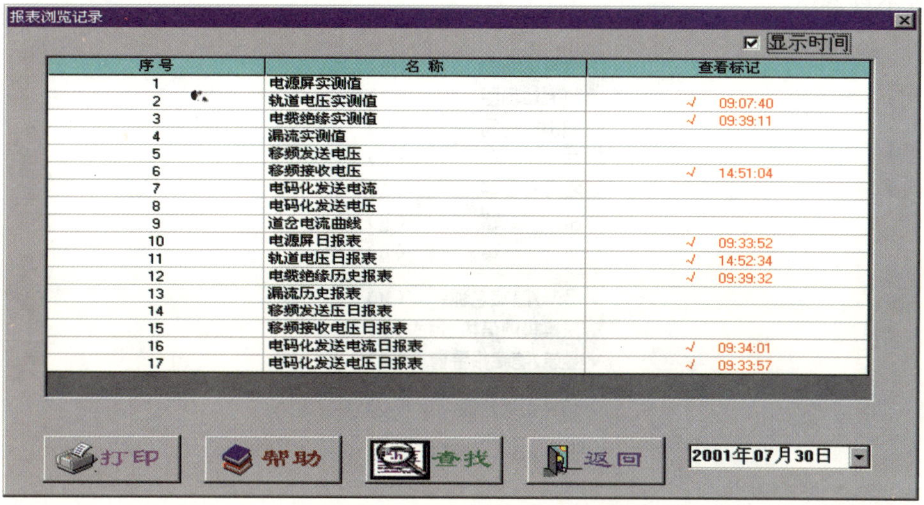

序 号	名 称	查看标记
1	电源屏实测值	
2	轨道电压实测值	√ 09:07:40
3	电缆绝缘实测值	√ 09:39:11
4	漏流实测值	
5	移频发送电压	
6	移频接收电压	√ 14:51:04
7	电码化发送电流	
8	电码化发送电压	
9	道岔电流曲线	
10	电源屏日报表	√ 09:33:52
11	轨道电压日报表	√ 14:52:34
12	电缆绝缘历史报表	√ 09:39:32
13	漏流历史报表	
14	移频发送压日报表	
15	移频接收电压日报表	
16	电码化发送电流日报表	√ 09:34:01
17	电码化发送电压日报表	√ 09:33:57

图 2-60　报表浏览记录对话框

3）帮　助

（1）版本说明。

选择“版本说明”菜单后，弹出如图 2-61 所示对话框，在鼠标经过联系电话或关闭版本说明对话框后，弹出如图 2-62 所示的联系电话提示信息框。

图 2-61　版本说明对话框

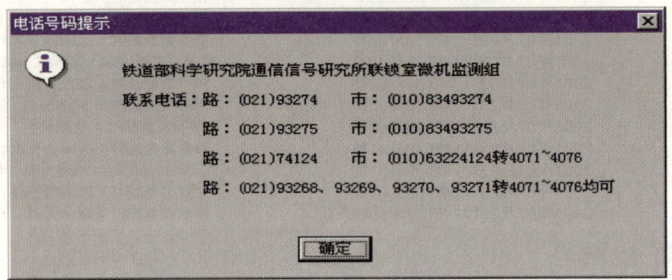

图 2-62　联系电话提示框

（2）浮动菜单。

在站场显示窗内按压鼠标右键，弹出如图 2-63 所示菜单，各菜单功能在前面已经叙述过了，此处不再赘述。

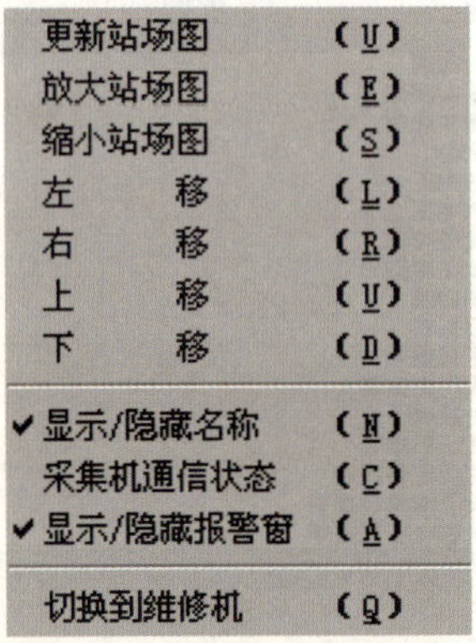

图 2-63　右键浮动菜单

项目小结

1. TYJL-Ⅱ型计算机联锁子系统

（1）TYJL-Ⅱ型计算机联锁子系统为分布式多微机系统，它主要由以下四部分组成，即联锁机、安全智能 I/O 模块、监视控制机（上位机）和维修机。系统中所有的微机设备均为主、备双套，联锁机具有热备、自动切换功能且均可由人工切换。

（2）信号维修机负责完成最近一个月内全部信息的记录、存储、再现、打印等功能。它为故障及事故的分析提供依据，接收 A、B 上位机送出的站场状态信息、操作命令记录信息、系统故障记录信息，每天按文件大小自动存储上述信息，形成以日期为文件名的数据文件。

（3）为提高联锁软件的可靠性和故障安全性，系统采用双套站场形网络的数据结构联锁软件，在控制命令输出级进行比较，命令一致，即向外发出驱动命令。A、B 双套软件从数据结构到程序流程均不相同，从而保证了在机器码一级的数据完全不同。

2. TJWX-2000 型微机监测子系统

（1）TJWX-2000 型微机监测子系统在硬件方面采用分机结构和现场总线技术。分机结构使系统能按不同站场规模配置分机数量，根据功能要求配置各种类型的分机，同时分机可集中也可分散安装。

（2）站机有自动测试、报表及曲线生成、次数统计、站场设备动态显示等多项功能。

复习思考题

1. 画出 TYJL-Ⅱ型计算机联锁子系统框图，并说明各部分功能。
2. TYJL-Ⅱ型计算机联锁子系统应急操作盘有何作用？
3. 简述 TYJL-Ⅱ型计算机联锁子系统信息采集电路的工作原理。
4. 简述 TYJL-Ⅱ型计算机联锁子系统输出驱动电路的工作原理。
5. 简述 TYJL-Ⅱ型计算机联锁子系统双机热备系统的构成原理。
6. TYJL-Ⅱ型计算机联锁子系统有哪些接口关系？
7. 简述 TJWX-2000 型监测子系统的硬件构成。
8. TJWX-2000 型监测子系统站机有哪些功能？

项目 3　城市轨道交通 ATS 子系统

【项目描述】

本项目以成都地铁 4 号线、1 号线为例，分别学习卡斯柯 ATS 子系统、浙大网新 ATS 子系统中心设备。熟悉 ATS 子系统设备的组成、功能、基本操作、维护及常见故障处理。

【教学目标】

（1）熟悉 ATS 子系统设备的组成及功能。
（2）熟悉 ATS 子系统人机界面的显示内容和意义，以及有关操作方法。
（3）熟悉 ATS 子系统硬件维护要点。
（4）熟悉 ATS 子系统软件维护要点。
（5）掌握 ATS 子系统故障处理程序。
（6）熟悉 ATS 子系统故障处理常用方法。

典型工作任务 1　卡斯柯 ATS 子系统

【工作任务】

（1）熟悉卡斯柯 ATS 子系统设备的组成及功能。
（2）熟悉卡斯柯 ATS 子系统人机界面的显示内容和意义，以及有关操作方法。
（3）熟悉卡斯柯 ATS 子系统子系统硬件维护要点。
（4）熟悉卡斯柯 ATS 子系统子系统软件维护要点。
（5）掌握卡斯柯 ATS 子系统子系统故障处理程序。
（6）熟悉卡斯柯 ATS 子系统子系统故障处理常用方法。

【知识准备】

一、系统概述

1. 运行环境

- 应用服务器和数据库服务器运行在 Windows 2008 Server 操作系统上。

- 数据库服务器使用 Oracle 11g 数据库软件。
- 调度/计划终端工作站、通信前置机运行在 Windows 专业版操作系统上。
- 对于 ATS 中的 Windows 操作系统，将安装赛门铁克杀毒软件，杀毒软件的服务端安装于 ATS 维护员工作站，统一管理安装于各 ATS 设备上的杀毒软件客户端。

2. 网络构成

控制中心 ATS 子系统采用两个网络交换机组成冗余配置的 100 M 中心局域网；正线设备集中站、正线非设备集中站、车辆段子系统采用网络设备组成热备的 100 M 车站局域网，ATS 车站设备通过网络连接到其他车站局域网，然后通过冗余的 100 M 主干网络接口连接到中心局域网。

3. 性能参数

- 最大支持运行列车数量：ATS 应能满足 54 辆列车的运行，系统响应无明显下降。
- 现场信息中心显示时间：现场状态变化到控制中心 ATS 界面显示的时间不超过 1 s。
- 控制命令至现场执行的时间：从 ATS 下达指令至现场设备接收到指令开始执行的时延不大于 1 s。
- ATS 启动运行时间：中心 ATS 系统自上电启动到信号和列车监控功能具备的时间应小于 300 s。
- 连续无故障运行时间：ATS 系统应能满足 144 h 连续无故障运行的要求，并满足整个信号系统的 RDT（Reliability Determination Test 可靠性验证测试）测试要求。
- 热备切换性能：热备切换时间不影响设备工作的连续性。

二、系统设备构成

ATS 子系统控制中心设备构成如图 3-1 所示。

中央控制室：
- 2 台行车调度工作站；
- 1 台总调度工作站。

打印室：
- 1 台打印工作站；
- 1 台运行图绘图仪；
- 1 台数据报表打印机；
- 1 台故障报警打印机（针式打印机）。

中央信号设备室：
- 1 套冗余的 ATS 通信前置机（FEP）；
- 1 个双机切换单元；
- 1 套集群的 CATS 数据库服务器；
- 1 套共享盘（磁盘阵列）；

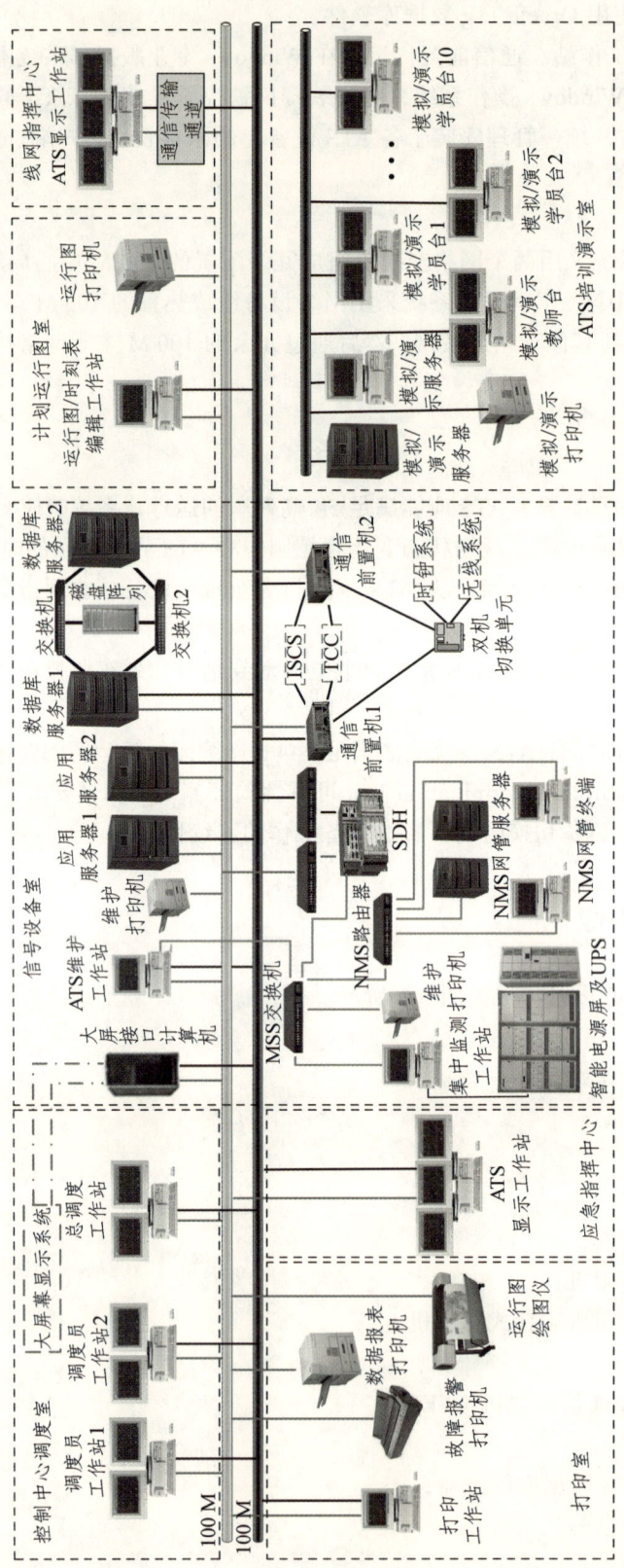

图 3-1 ATS 子系统控制中心设备

- 1 套冗余的 CATS 应用服务器；
- 1 个通信机柜；
- 2 个服务器机柜；
- 1 台维护工作站；
- 1 台维护打印机；
- 1 台大屏接口计算机。

计划运行图编辑室：
- 1 台运行图/时刻表编辑工作站；
- 1 台运行图/时刻表打印机。

1. CATS 应用服务器

CATS 应用服务器实现全部线路包括停车场/车辆段的 ATS 功能处理，实现信号设备和列车的远程自动控制。CATS 服务器为双机热备设计，备机实时从主机获得同步的各种数据，可在主机故障的情况下快速切换。功能如下：

- 正线/停车场/车辆段联锁上传的码位数据处理；
- 轨旁和车载 ATP/ATO 设备传送数据的处理；
- 全部线路包括停车场/车辆段的列车追踪处理和管理；
- 列车编组管理的后台处理；
- 联锁信号设备中控操作的后台处理；
- 列车控制操作的后台处理；
- 自动调度和自动调整功能的后台处理；
- 生成列车出入库预告；
- 在线时刻表/派班计划操作的后台处理；
- 向 LATS 同步在线计划数据；
- 用户管理功能的后台处理；
- 控制区域分配的后台处理；
- 外部接口信息处理；
- 报警/事件信息管理功能的后台处理；
- 历史数据（报警时间日志、历史运行图、回放数据）的记录；
- 汇总管理 ATS 系统内各设备的工作状态数据，并发送给相应的维护接口；
- 系统参数管理的后台处理；
- 双机热备与数据同步。

2. 中心工作站

中心工作站软件用于中心一级的 ATS 人机接口客户端，实现中心 ATS 功能操作的各项用户界面。根据登录用户角色的不同，ATS 工作站界面会作出调整，开放相应的操作权限。

该软件分为站场管理和在线运行图管理两个模块，分别为两个不同的进程。功能如下：

- 接收 CATS 服务器发出的站场显示信息并显示；

- 接收 CATS 服务器发出的列车信息并显示；
- 接收 CATS 服务器发出的外部接口信息并显示；
- 提供列车管理的用户界面；
- 提供信号设备中心操作的用户界面（停车场及车辆段不具备信号操作功能）；
- 提供列车控制中心操作的用户界面；
- 提供自动调度/自动调整人工管理的用户界面；
- 提供在线时刻表管理的用户界面；
- 提供派班计划管理的用户界面；
- 提供调度员日志和留言提醒的用户界面；
- 提供 ATS 设备状态实时查看的用户界面；
- 提供报警/事件显示、确认、删除、过滤的用户界面；
- 提供报警/事件历史分析的用户界面；
- 调用报告查询软件的用户界面；
- 提供用户登录/退出/管理自身密码的用户界面；
- 提供维护员进行 ATS 用户管理的界面；
- 提供维护员进行 ATS 系统参数管理的用户界面；
- 提供维护员进行 ATS 数据备份界面；
- 调用回放软件用于历史回放。

3. 时刻表编辑工作站

时刻表编辑工作站提供在离线状态下对系统使用的参考行车计划进行管理功能，直接连接到 Oracle 数据库，对数据库内的基本计划数据进行操作。功能如下：

- 编辑本地运行等级（站间运行时间）数据；
- 新建/修改本地基本计划数据；
- 基本计划缩放显示；
- 基本计划打印；
- 基本计划查询；
- 基本计划有效性检查；
- 上传/下载运行等级（站间运行时间）数据；
- 上传/下载基本计划数据；
- 删除数据库内的基本计划；
- 根据配置参数辅助自动生成基本计划数据；
- 从 Excel 文件导入基本计划（此功能需由第三方软件配合实现或指定文件格式）；
- 导出基本计划到 Excel 文件；
- 基本计划可在培训中心模拟验证。

4. 通信前置机

通信前置机作为控制中心 ATS 系统与外部系统的接口，负责转发 ATS 与无线、时钟、ISCS、TCC 的数据消息。功能如下：

- 实现与无线系统的接口；
- 实现与外部时钟的接口；
- 实现与 ISCS 的接口；
- 双机热备切换。

5. 维护工作站

ATS 维护工作站上基于 SNMP 协议实现与 MSS 系统的连接，向 MSS 报告 ATS 的维护状态。功能如下：
- 与 CATS 应用服务器进行连接，获得 ATS 系统内设备工作状态；
- 响应 MSS 服务器对于 ATS 状态的 SNMP 查询，及时报送 ATS 设备工作状态。

6. 大屏接口计算机

大屏接口计算机与 CATS 应用服务器相连，实现将 ATS 信息显示到大表示屏上的功能。功能如下：
- 与 CATS 应用服务器连接，获得站场图显示信息；
- 将站场图显示信息转换为指定格式发送到大表示屏。

三、工作站界面显示

ATS 工作站人机界面由菜单、标题栏、视图、输入对话框等组成，且支持双屏幕显示。主要显示内容包括：
- 主框架界面（标题栏、菜单栏等）；
- 主要 ATS 设备状态显示视图；
- 时间显示视图；
- 站场图显示视图；
- 列车运行信息显示视图；
- 终端站下辆车显示视图；
- 报警显示和确认处理视图；
- 查看编组和管理视图；
- 出入库预告显示视图；
- 统计报告视图；
- 在线计划管理视图；
- 信号管理操作视图；
- 列车管理操作视图；
- 回放视图；
- 报警日志历史分析视图；
- ATS 系统设备状态查看视图；
- ATS 用户管理视图；
- ATS 系统参数配置管理视图。

(一)主要设备状态显示

服务器会将当前 ATS 系统中各设备的连接情况通知 ATS 工作站,在设备状态视图中会将这些主机的状态信息显示出来,主要设备包括显示服务器、工作站、大屏、通信前置机等的连接状态,其中深绿色代表连通,灰色代表没有连通,浅绿色代表备机,紫色代表应用服务器主控,如图 3-2 所示。

图 3-2 设备状态视图

(二)时间显示

时间显示(TIME)显示当前的时间,以一个 24 小时制的数字显示时钟来显示,按秒数更新,如图 3-3 所示。

图 3-3 时间显示

(三)站场图显示

站场图显示如图 3-4 所示。

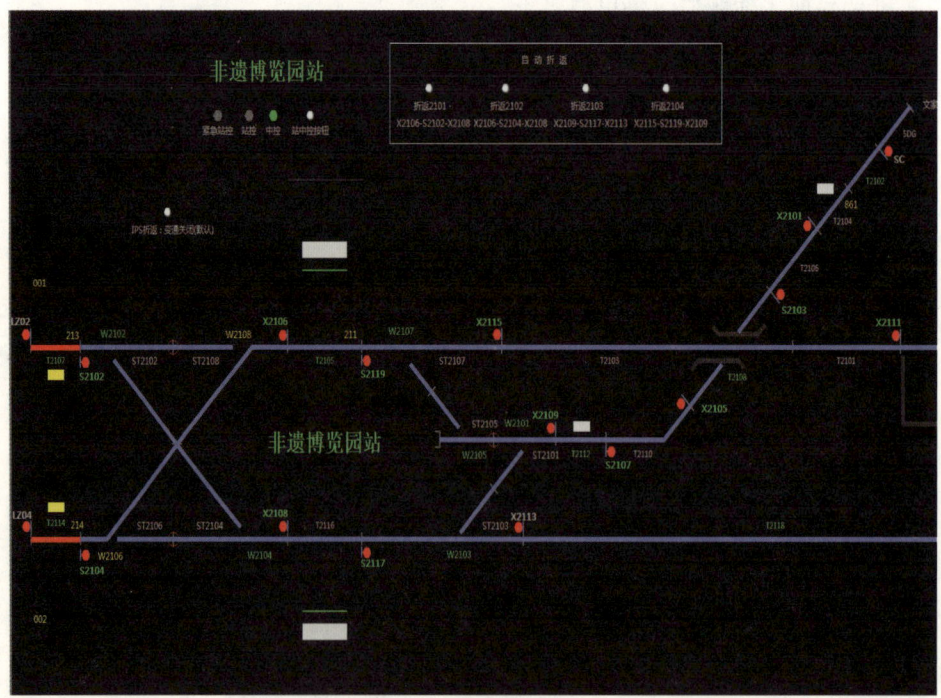

图 3-4 站场图显示

1. 静态显示数据

在站场图显示区域中将显示以下固定不变的静态信息：
- 在每个车站相应的站台上方显示该站的中文名称和车站编号（同一集中站范围内的车站站名用同一颜色显示，与相邻集中站内的车站站名颜色不同，以示区分；集中站站名显示较大，以示区分）；
- 自动折返模式 CYCLE 名；
- 在相应的信号机标识符附近显示该信号机的名称（可隐藏）；
- 计轴名称（可隐藏）；
- 在相应的道岔标识符附近显示该道岔的名称（可隐藏）；
- 折返区域的目的地编号（可隐藏）；
- ATS 自动触发进路的触发位置（可触发进路的信号机名称及第一触发轨标绿显示）。

2. 动态显示数据

当工作站和服务器连接上时，工作站会请求服务器发送初始的设备状态、报警、列车的内容、动态列车内容、控制区域和当前的站场图。当服务器和工作站连接丢失时，所有这些内容都会清空或设置为缺省状态。以下信息在每一个车站区域中都将动态显示。

1）站中控模式

站中控模式如图 3-5 所示。

图 3-5　站中控模式

- 站中控状态用实心圆点表示，每个圆点下方用"站控"或"中控"来标识；
- 标识为"中控"的圆点，稳定显示绿色：当前控制模式为中控；
- 标识为"站控"的圆点，稳定显示黄色：当前控制模式为站控；
- 标识为"紧急站控"的圆点，稳定显示红色：当前控制模式为紧急站控。

2）信号机

（1）道岔防护信号机。

道岔防护信号机如图 3-6 所示，其含义如表 3-1 所示。

图 3-6　道岔防护信号机

表 3-1　道岔防护信号机显示含义

灯位 1	灯位 2	含　　义
稳定红色	暗	信号关闭，不准越过该信号机
暗	稳定绿色	进路已经排列并锁闭，前方区间空闲
暗	稳定黄色	进路已经排列并锁闭，前方区间空闲，有道岔锁反位
稳定红色	稳定黄色	引导已建立

① 道岔防护信号机的 ATS 自动进路使能状态用信号机旁边的黄色三角图形表示。如图 3-7 所示。

图 3-7　道岔防护信号机的 ATS 自动进路

- 黄色三角显示：以该信号机为始端的自动进路中至少一条被禁止；
- 黄色三角隐藏：以该信号机为始端的所有自动进路被允许。

② 部分信号机旁的箭头图形显示信号机相关的自动通过进路建立状态。

- 绿色箭头显示：以该信号机为始端的进路设置了自动通过（fleet）模式。
- 绿色箭头隐藏：无自动通过（fleet）模式。

（2）正线复示信号机。

正线复示信号机如图 3-8 所示，其含义如表 3-2 所示。

图 3-8　正线复示信号机

表 3-2　正线复示信号机显示含义

灯位 1	含　义
稳定黄色	前方信号机关闭或开放引导信号
稳定绿色	前方信号机开放

（3）正线出站信号机。

正线出站信号机如图 3-9 所示，其含义如表 3-3 所示。

图 3-9　正线出站信号机

表 3-3　正线出站信号机显示含义

灯位 1	含　义
稳定红色	信号关闭，不准越过该信号机
稳定绿色	信号机前方进路已经排列并锁闭（兼做道岔防护信号机时），前方区间空闲
稳定黄色	兼做道岔防护信号机时，进路已经排列并锁闭，有道岔锁反位，前方区间空闲
闪烁当前色	已建立站间闭塞，列车可以出发并运行到下一站台

（4）线路中阻挡信号机。

线路中阻挡信号机如图 3-10 所示，其含义如表 3-4 所示。

图 3-10　线路中阻挡信号机

表 3-4 线路中阻挡信号机显示含义

灯位 1	含 义
稳定红色	信号关闭，不准越过该信号机
稳定绿色	允许越过该信号机

（5）线路终端阻挡信号机。

线路终端阻挡信号机如图 3-11 所示，其含义如表 3-5 所示。

图 3-11 线路终端阻挡信号机

表 3-5 线路终端阻挡信号机显示含义

灯位 1	含 义
稳定红色	信号关闭，不准越过该信号机

（6）停车场/车辆段内列车信号机（与停车场/车辆段联锁显示一致）。

停车场/车辆段内列车信号机如图 3-12 所示，其含义如表 3-6 所示。

图 3-12 停车场/车辆段内列车信号机

表 3-6 停车场/车辆段内列车信号机显示含义

灯位 1	灯位 2	含 义
稳定红色	暗	信号关闭，不准越过该信号机
暗	稳定绿色	列车进路已经排列并锁闭，前方区间空闲
暗	稳定黄色	进路已经排列并锁闭，前方区间空闲，有道岔锁反位
稳定红色	稳定黄色	引导已建立

（7）停车场/车辆段内调车信号机。

停车场/车辆段内调车信号机如图 3-13 所示，其含义如表 3-7 所示。

图 3-13 停车场/车辆段内调车信号机

表 3-7 停车场/车辆段内调车信号机显示含义

灯位 1	含 义
稳定红色	信号关闭，不准越过该信号机
稳定月白色	调车进路已排列

（8）CBTC 模式下当室外处于灭灯状态时，在相应的灯位上打叉，如图 3-14 所示。

图 3-14

① 某些信号机旁以使用"Y"的文字显示延时解锁。
② 绿色 Y 显示：以该信号机为始端的进路正在 CBTC 模式下延时解锁。
③ 黄色 Y 显示：以该信号机为始端的进路正在后备模式下延时解锁。
④ Y 隐藏：以该信号机为始端的进路未在延时解锁状态。

3）计　轴

（1）计轴区段显示颜色。

计轴区段显示颜色含义如表 3-8 所示。

表 3-8　计轴区段显示颜色含义

显示颜色	含　义	站场图显示
稳定红色	计轴处于占用状态	
稳定白色	计轴处于出清状态，故障锁闭	
稳定绿色	计轴处于空闲状态，是一条锁闭进路的一部分	
稳定蓝色	计轴处于出清状态	
稳定棕色	计轴被 ATC 报告失效	
闪烁	计轴被 ATS 切除跟踪，以当前颜色闪烁	

对于长度比较长的计轴可以根据显示需要分割成多个虚拟小区段，在 CBTC 模式下跟踪列车时，ATS 可以根据来自 ZC 的列车位置报告信息分别显示每个虚拟小区段的占用和出清状态。

（2）计轴内虚拟小区段单独显示颜色。

计轴内虚拟小区段单独显示颜色含义如表 3-9 所示。

表 3-9　计轴内虚拟小区段单独显示颜色含义

显示颜色	含　义	站场图显示
稳定红色	计轴处于占用状态	

续表

显示颜色	含　义	站场图显示
稳定白色	小区段处于出清状态，故障锁闭	
稳定绿色	小区段处于出清状态，属于一条锁闭的进路	
稳定蓝色	小区段处于出清状态，不是进路的一部分	
稳定粉红色	小区段被 CBTC 报告列车占用	

4）道　岔

（1）道岔位置表示。

ATS 通过叉尖连到道岔的定位或反位的状态来表示道岔的定位或反位位置。

① 道岔定位如图 3-15 所示。

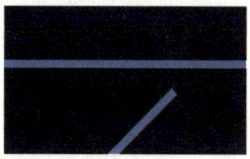

图 3-15　道岔定位

② 道岔反位如图 3-16 所示。

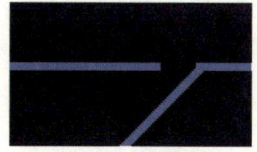

图 3-16　道岔反位

③ 道岔四开状态如图 3-17 所示。

图 3-17 道岔四开状态

（2）道岔线段图形的颜色如表 3-10 所示。

表 3-10 道岔线段图形的颜色含义

显示颜色	含 义	站场图显示
稳定粉红色	道岔被 CBTC 报告占用	
稳定红色	道岔区所在计轴被报告占用	
稳定蓝色	道岔未占用，道岔未锁闭、未单锁，属自动区	
稳定绿色	道岔未占用，道岔正常锁闭，未单锁	

续表

显示颜色	含　义	站场图显示
稳定白色	道岔未占用，道岔故障锁闭	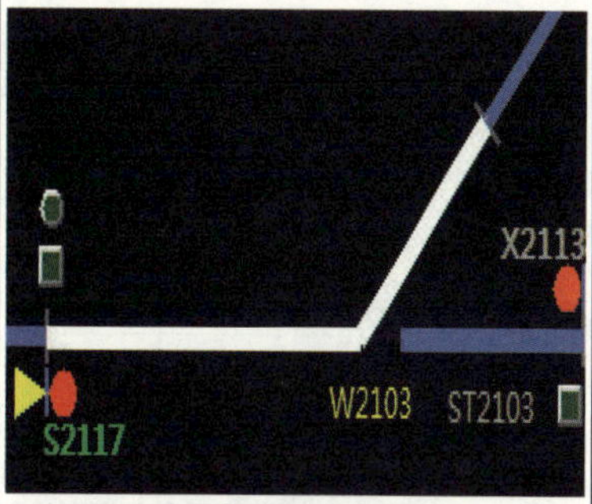
定棕色	道岔所在的计轴被 ATC 报告失效	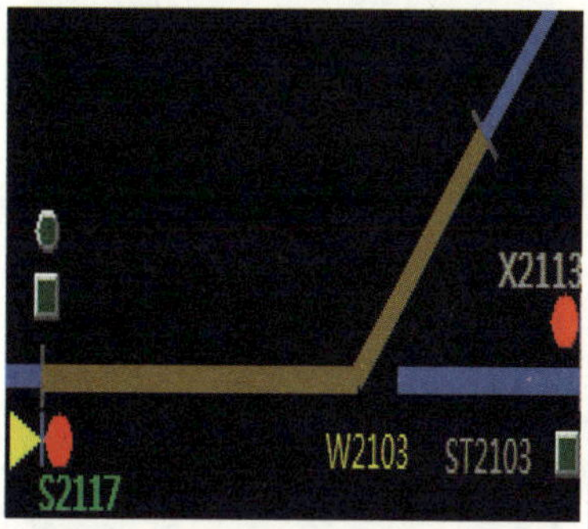
闪烁	道岔所在的计轴被 ATS 切除，以当前颜色闪烁	

（3）道岔颜色如表 3-11 所示。

表 3-11　道岔颜色含义

显示颜色	含　义	站场图显示
绿圈	定位人工单锁	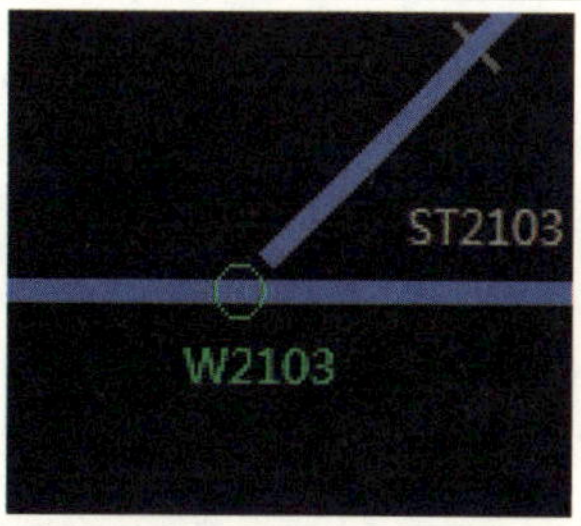

显示颜色	含 义	站场图显示
黄圈	反位人工单锁	
白圈	道岔逻辑锁	
红圈	道岔逻辑锁叠加人工单锁	

5）站 台

ATS 在站场图上显示站台状态包括是否有列车停站、扣车、跳停、人工停站时间设置、人工站间运行等级设置，如图 3-18 所示。

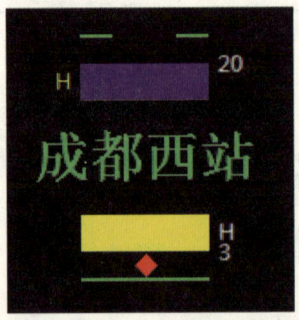

图 3-18 站台

（1）站台矩形图标显示颜色如表 3-12 所示。

表 3-12　站台矩形图标显示颜色含义

显示颜色	含　义	站场图显示
稳定蓝色	站台设置了跳停命令	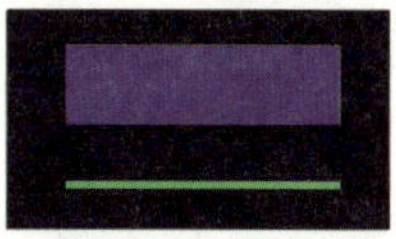
稳定浅蓝色	站台设置了指定列车跳停命令	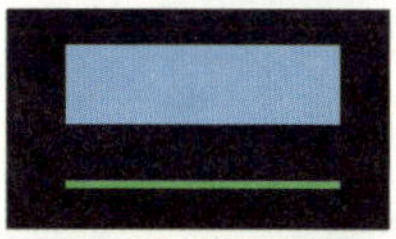
稳定黄色	无跳停命令，列车在站台停站	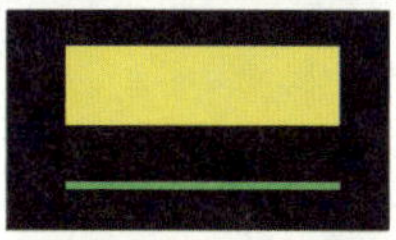
稳定白色	无跳停命令，站台没有列车停站	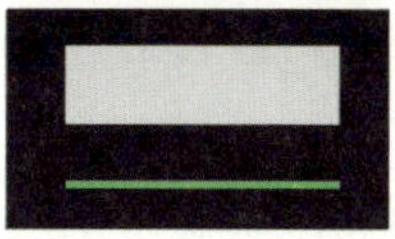

（2）站台旁菱形图标显示颜色如表 3-13 所示。

表 3-13　站台旁菱形图标显示颜色含义

显示颜色	含　义	站场图显示
稳定红色	站台紧急关闭	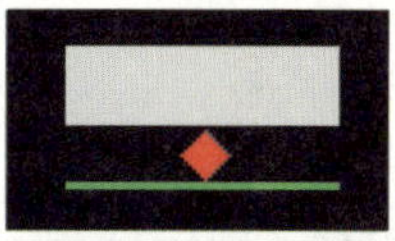
隐藏	站台没有紧急关闭	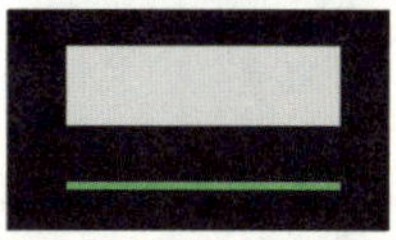

（3）站台旁白色数字显示颜色如表 3-14 所示。

表 3-14　站台旁白色数字显示颜色含义

显示颜色	含　义	站场图显示
显示	站台人工设置的停站时间数值	
隐藏	站台没有被人工设置停站时间	

（4）站台旁数字或字符 P 如表 3-15 所示。

表 3-15　站台旁数字或字符 P 含义

显示颜色	含　义	站场图显示
显示数字	该站台只在缺省方向设置了固定运行时间	 1
显示字符 P	该站台设置了具体到秒的运行时间或是按不同方向设置了运行时间	 P
隐藏	站台没有被人工设置运行时间	

（5）站台旁 H 字符显示颜色如表 3-16 所示。

表 3-16　站台旁 H 字符含义

显示颜色	含　义	站场图显示
黄色	车站设置站台扣车	 H
白色	中心设置站台扣车	H
红色	车站和中心同时设置站台扣车	 H
隐藏	站台没有被设置扣车	

（6）站台旁两根横线段显示颜色如表 3-17 所示。

表 3-17　站台旁两根横线段显示含义

显示颜色	含　义	站场图显示
绿色分开	站台屏蔽门打开	

续表

显示颜色	含　义	站场图显示
绿色合拢	站台屏蔽门关闭	
红色合拢	站台屏蔽门切除	

6）临时限速

临时限速包括线路上已设置的临时限速范围和限制速度，紫色代表后备临时限速，黄色代表 CBTC 临时限速，如图 3-19 所示。

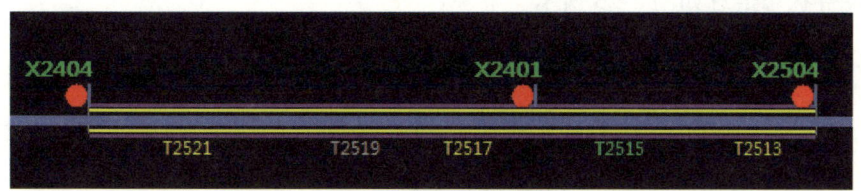

图 3-19　临时限速

当 LC 控制器初始启动时，将会在线路上设置一个全线初始限速，该初始限速显示如图 3-20 所示。

图 3-20　全线临时限速

7）供电区段状态

在站场图上用如图 3-21 所示图形显示 SCADA 系统传送的供电区段供电状态。

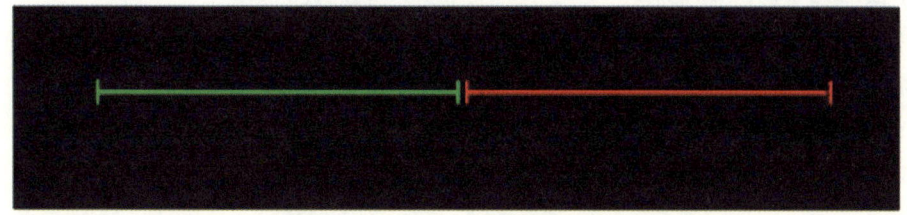

图 3-21　供电区段

- 稳定绿色：供电区段无电。
- 稳定红色：供电区段有电。
- 稳定深蓝色：与 SCADA 连接中断，供电状态未知。

8）信号报警和设备状态

在控制中心调度工作站站场图区域显示 ZC 和 LC 设备工作状态，如图 3-22 所示。

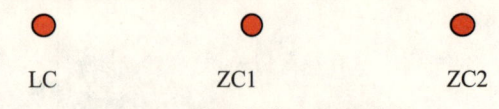

图 3-22 信号报警和设备状态

- 稳定红色：ZC/LC 设备与 ATS 离线。
- 稳定黄色：ZC/LC 设备在线，但非三取二全系统工作。
- 稳定绿色：ZC/LC 设备在线，全系统工作。
- 灰色：设备接口无连接。

9）站场设备状态信息

站场设备状态信息如图 3-23 所示。

非遗博览园站	T2103-1
区段占用	无
区段锁闭	有
故障锁闭	有
CBTC占用	无
计轴失效	无
采集占用	无
上行OVERLAP	无
下行OVERLAP	无

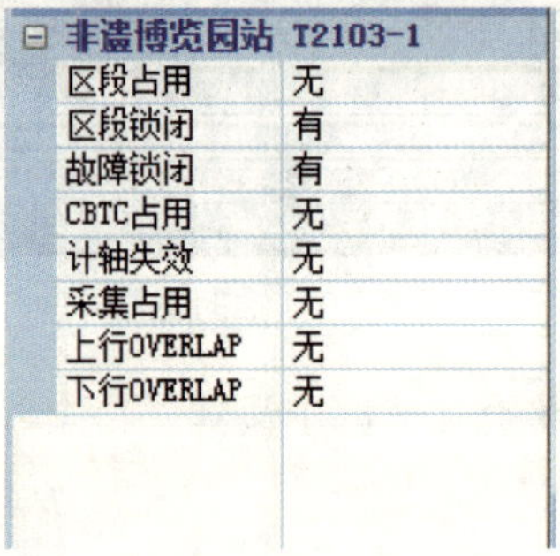

图 3-23 站场设备状态信息

站场设备状态视图可通过主菜单来显示和隐藏，也可以通过在站场设备上右键选择查询设备状态菜单来显示，可以根据配置具体查看某一站场设备的静态信息、状态信息。

图 3-23 表示查询到的非遗博览园集中站的 T3103-1 设备的区段占用状态、锁闭状态、故障锁闭状态、CBTC 占用、计轴失效、采集占用、上下行有无 OVERLAP，此结果根据设备的实际状态不断地进行刷新。

10）图形元素的显示/隐藏

- 通过选择菜单功能，站场图上每根轨道/计轴下方的名称显示可以被隐藏。
- 通过选择菜单功能，站场图上每个道岔名称显示可以被隐藏。
- 通过选择菜单功能，站场图上每个信号机名称显示可以被隐藏。
- 通过选择菜单功能，站场图上目的地名称显示可以被隐藏。

3. 列车识别号

1）组　成

- 服务号：系统对正线列车的辨认，在一天的服务中保持不变，回段后再出段，列车的服务号将重新分配；服务号由三位数字组成，有效范围为 001 ~ 999。

- 目的地号：代表目的地位置，由 3 位数字组成，有效范围为 001～999，等价折返轨的目的地设置为不同值；前两位表示车站编号，第三位表示站台编号。
- 序列号：按列车运行顺序及方向顺序编制，由 2 位数字组成，上行为偶数，下行为奇数，有效范围为 01～99。
- 车组号：某一特定列车编组的编号，由 3 位数字组成，有效范围为 001～999。
- 乘务号：司机号，与乘务人员有关的编号，由 3 位数字组成，有效范围为 001～999。
- 运行方向符：箭头符，指向目的地方向。

2）表　示

列车识别号的表示如图 3-24 所示，其含义如表 3-18 所示。

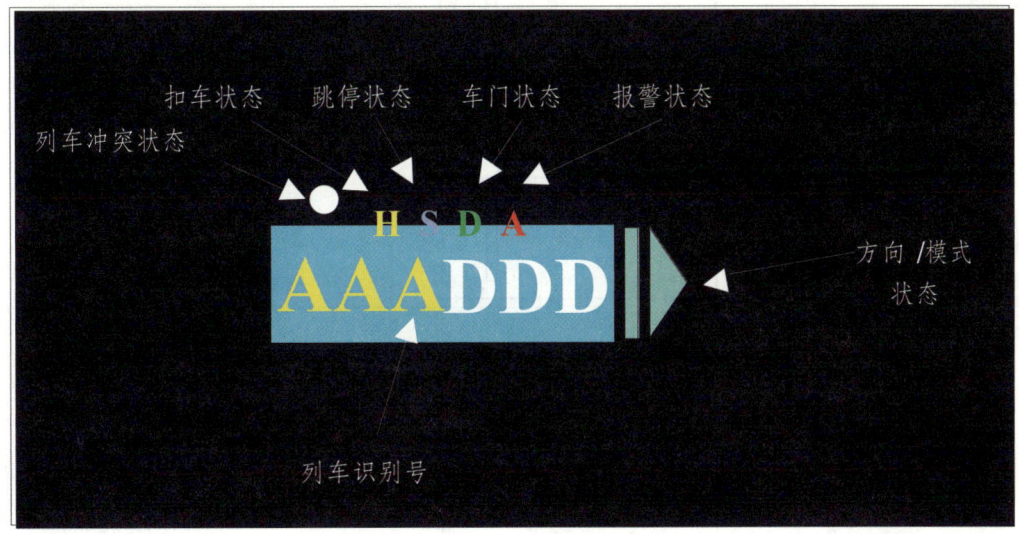

图 3-24　列车识别号

表 3-18　列车识别含义

图形	显示状态	含义
列车识别号 DDD（目的地号）	绿色	准点
	蓝色	早点
	红色	晚点
	白色	头码车
	黄色	标记 ATP 切除
列车识别号 AAA 计划车、头码车=服务号 人工车=车组号	白色	服务号显示（计划车、头码车）
	黄色	车组号显示（计划车、头码车）
	粉色	人工车（车组号）
扣车状态 H	黄色	列车处于扣车状态
	隐藏	列车未处于扣车状态或 CBTC 通信故障或非装备列车

续表

图形	显示状态	含义
跳停状态 S	浅蓝色	列车处于跳停状态
	隐藏	列车未处于跳停状态或 CBTC 通信故障或非装备列车
车门状态 D	红色	车门打开时故障或车门关闭时故障
	绿色	车门正常打开状态
	隐藏	车门正常关闭或 CBTC 通信故障或非装备列车
方向/模式状态	▷	列车运动，向右运行
	| |	列车停止，方向向右
	| |	列车停止，方向不确定
	◁	列车运动，方向向左
	|	列车停止，方向向左
方向/模式状态颜色	橙色	ATO-CBTC（CBTC 通信）
	黄色	ATP-CBTC（CBTC 通信）
	蓝色	ATB（CBTC 通信）
	紫色	ATO-BM（非 CBTC 通信）
	粉色	ATP-BM（非 CBTC 通信）
	灰色	RM
	红色	NDD 未知模式
	隐藏	CBTC 通信故障或非装备列车
列车报警状态 A	红色	列车有报警信息
	隐藏	CBTC 通信故障或非装备列车
列车冲突状态	白色圆点	存在计划冲突
	隐藏	无计划冲突
背景色	棕色	CBTC 列车
	无	CBTC 通信故障或非装备列车

四、报警/事件显示

操作员可以在报警视图观察到所发生的报警。报警按照严重程度分为 4 个级别。级别为 0 的报警（弹出式报警）将直接在 ATS 工作站上弹出一个消息框显示，操作员点击消息框上的“确认”按钮关闭该消息框，同时确认该报警。报警窗口只显示用户通过报警过滤设置所选的需要显示的报警，并且能够确认。

报警显示界面如图 3-25 所示。

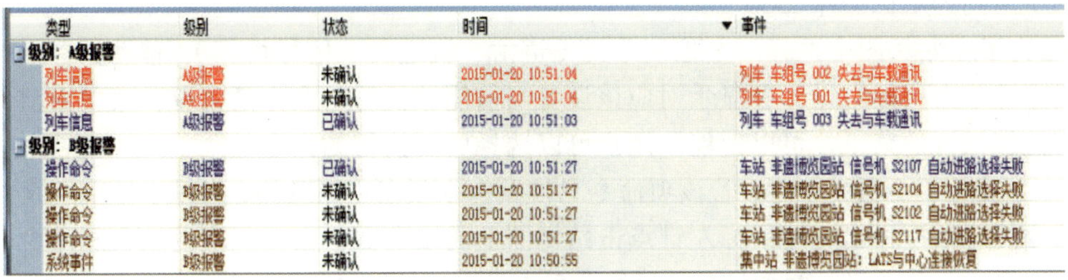

类型	级别	状态	时间	▼ 事件
级别：A级报警				
列车信息	A级报警	未确认	2015-01-20 10:51:04	列车 车组号 002 失去与车载通讯
列车信息	A级报警	未确认	2015-01-20 10:51:04	列车 车组号 001 失去与车载通讯
列车信息	A级报警	已确认	2015-01-20 10:51:03	列车 车组号 003 失去与车载通讯
级别：B级报警				
操作命令	B级报警	已确认	2015-01-20 10:51:27	车站 非遗博览园站 信号机 S2107 自动进路选择失败
操作命令	B级报警	未确认	2015-01-20 10:51:27	车站 非遗博览园站 信号机 S2104 自动进路选择失败
操作命令	B级报警	未确认	2015-01-20 10:51:27	车站 非遗博览园站 信号机 S2102 自动进路选择失败
操作命令	B级报警	未确认	2015-01-20 10:51:27	车站 非遗博览园站 信号机 S2117 自动进路选择失败
系统事件	B级报警	未确认	2015-01-20 10:50:55	集中站 非遗博览园站：LATS与中心连接恢复

图 3-25 报警显示界面

每条报警或事件都包含以下内容。

（1）时间：发生报警的年月日、时分秒。

（2）级别：用数字定义报警和事件的重要性，0 为弹出式报警；1 A 级报警；2 B 级报警；3 C 级报警；4 事件。

（3）类型：用数字描述报警和事件的类型。

- 操作命令：各种人工操作命令记录。
- 信号状态：轨道、道岔、信息机、区间限速等各种信号设备的状态变化。
- 列车信息：列车追踪移动、出入库、到发站、计划状态等信息。
- 系统事件：其他 ATS 系统运行中发生的事件，如服务器倒机、计划生成等。

（4）状态：一条报警有已确认或未确认两种状态。

五、操作方式

在 ATS 人机界面上选择执行命令可以用以下几种方式来实现。

- 用鼠标在站场图上选择一个可操作设备所对应的敏感区域，例如：在一架信号机上，点击鼠标右键，从弹出的菜单中选择该设备可以执行的命令。
- 通过点击顶部菜单项，选择相应的命令来执行。
- 在大多数情况之下，都可以避免使用字母数字键盘输入，而代之以鼠标在站场图上点选操作对象，以提高系统的可用性。
- 当显示信息列表时，如显示报警信息列表或列车信息列表时，就可用滚动条来显示信息列表中的任意部分。
- 对于比较关键的操作命令，如区间限速的设置和取消，必须采用二次确认方式处理。即用户选择执行命令后，系统会弹出一个询问是否确认的对话框，需要用户第二次确认发送该命令给外部设备执行。

- 当操作员执行控制命令时，如果操作成功，对应的信号设备图标状态会有变化；如果命令执行失败，则会弹出报警框提示失败原因。

1. 鼠标操作

鼠标可用来点选和执行功能，也可用于从站场图中选定控制单元或列车来输入数据。用户可以综合鼠标和键盘的操作来完成特定操作。鼠标是一种定点设备，通过移动鼠标，鼠标指针在屏幕上也相应地移动，例如：向上移动鼠标，指针也向上移动。以下将简要介绍 ATS 工作站中用到的鼠标操作。

- 为了在站场图中选择一个控制单元（道岔、轨道名、信号机等），移动鼠标指针到所选单元上并单击鼠标右键，会显示对应该设备当前能够执行的命令的菜单，菜单激活的原则是只有能够执行的菜单才可以使能。用户可以选择所要执行的命令的菜单。
- 当激活了一项命令时，若该项命令只涉及一个设备（如跳停，只是牵涉到一个站台），则在命令的对话框弹出，用鼠标左键点击站场图上的站台后，会将相应的站名和站台输入编辑框内；若一个命令需要两个设备（如移动车次号），则通过鼠标左键点击车次窗，输入第一个设备（原车次号），鼠标右键点击车次窗输入第二个设备（目的车次窗）。
- 当鼠标右键在站场图的空白位置点击时，会弹出车站选择的快捷菜单。
- 当按住鼠标左键时可以上下左右拖动站场图。
- 功能和数据的输入只有在该窗口被"激活"的时候才可用。移动鼠标到一个窗口的分界线内，单击鼠标左键，该窗口被"激活"，可通过窗口边框颜色的改变来反映出来。

2. 键盘操作

键盘通常是用来在命令窗的数据输入区输入特定的数据。用户可以综合使用鼠标和键盘的操作来输入他所要求的参数。键盘只用来输入数字和简单字母，如输入车次号、车组号、目的地等，选择信号设备、车站、站台必须通过鼠标点击选择的方式。

六、站中控转换

站中控模式转换可以通过两种方式实现：一种方式为通过左键点击站场图集中站站遥控按钮单一集中站进行转换；另一种可使用系统菜单调用，批量对全线集中站或部分集中站进行转换。

1. 操作方式一

对站场界面上的站遥控切换按钮进行操作可以进行控制模式间的切换。右键站中控切换按钮（见图 3-26），ATS 系统将根据当前的控制模式自动使能相对应的模式进行切换操作。

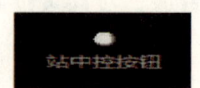

图 3-26　站中控切换按钮

- 当前中控下，请求站控菜单将被使能，如图 3-27 所示。

图 3-27　站控菜单使能

- 当前站控下，请求中控将被使能，如图 3-28 所示。

图 3-28　中控菜单使能

点击相应的菜单进入对话框，操作的对象集中站及切换类型已经被自动选中并不能进行编辑，点击应用完成该操作，点击关闭，退出该对话框，如图 3-29 所示。

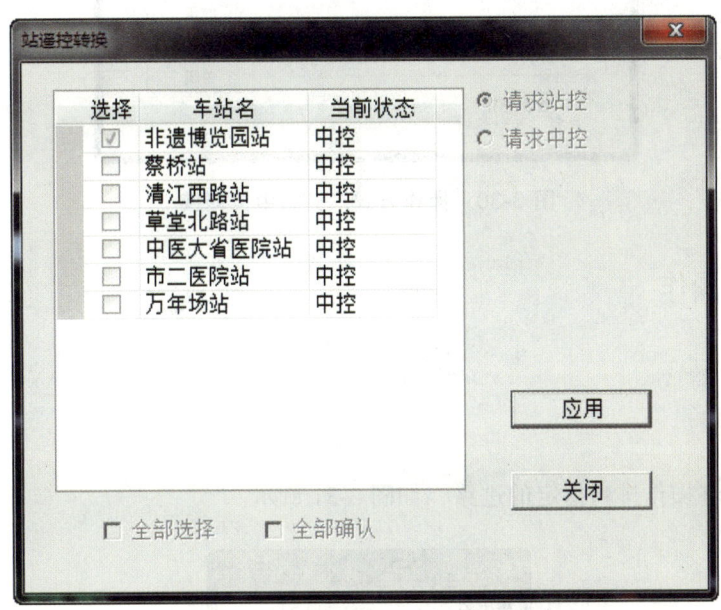

图 3-29　操作方式一：站遥控转换

- 站控：表示请求/确认站控，使用中心/车站请求确认机制。
- 中控：表示请求/确认中控，使用中心/车站请求确认机制。

2. 操作方式二

如果从系统"菜单——站中控切换"进入对话框，则全部的集中站选择均可以进行勾选，切换的模式也可以进行选择，点击应用后完成操作，可以对多个集中站同时进行同类型的操作，如图 3-30 所示。

站中控转换使用时机：
- 在信号系统工作正常时，一般使用 ATS 系统的遥控模式。
- 当个别车站有表示故障或信号设备故障（如计轴故障等）时，出问题的车站可以转为站控。
- 当中心故障（如应用服务器故障）时，可以全线转站控模式。
- 当全线大范围故障（如全线表示不正常、不自动触发进路等）时，可以全线转站控模式；当出现表示故障时，应先尝试站控，无法恢复后，立即转为紧急站控。
- 当车站有施工时，一般使用站控模式，由车站值班员确保施工安全。

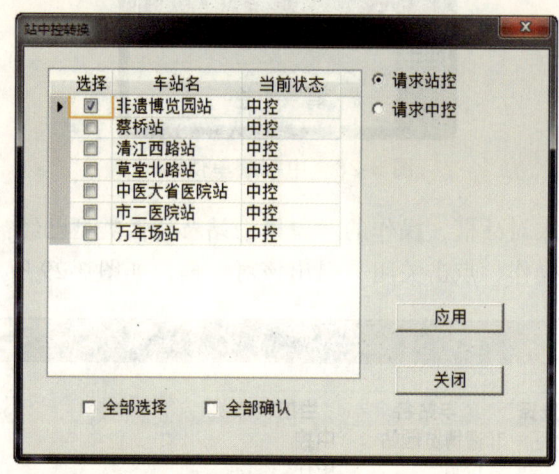

图 3-30　操作方式二：站中控转换

七、设备操作

（一）信号机

1. 进路排列

进路排列允许操作排列指定的进路，如图 3-31 所示。

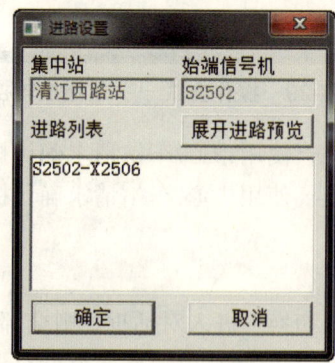

图 3-31　进路设置

1）操作方法

- 用户可以点击图 3-31 中的"展开进路预览"按钮展开进路预览站场图（见图 3-32），或点击图 3-32 中的"收起进路预览"按钮来收起进路预览站场图。

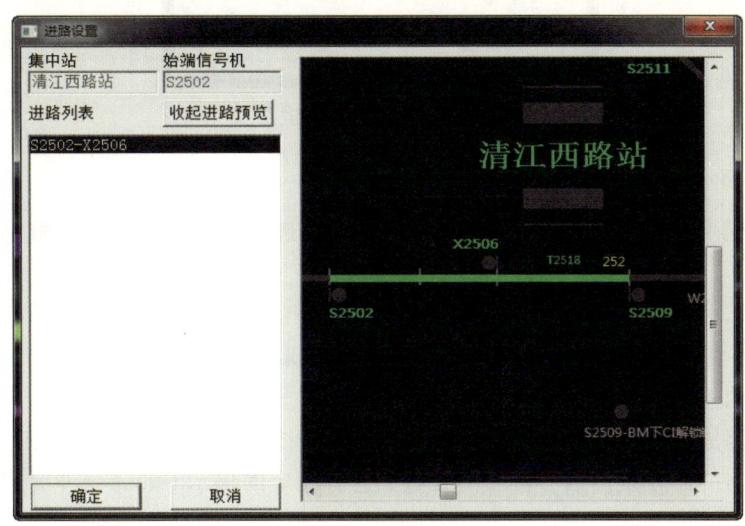

图 3-32　展开进路预览

- 用户鼠标点击站场图选择始端信号机并在出现的菜单中选择该操作项，在对话框中的进路列表中选择进路，然后执行这一功能。

2）注意事项

- 系统正常工作时，计划车、头码车的进路会自动触发，不需人工干预。
- 特殊情况下（如等待冲突列车通过等），需让计划车、头码车立即发车，可人工办理进路。
- 人工车不能自动触发进路，需人工办理进路。
- 执行办理进路操作前先目视下所要办的进路具备条件（如进路上是否有列车占用，是否有敌对进路等）。
- 人工办理进路时需核实所办的进路是所需要的进路（如想办理列车进路，不要办理了相同始端信号机的折返进路）。
- 进路办理成功后，进路锁闭的区段用绿光带显示。
- 办理进路的命令发出后，若办理失败，会有相应提示（如命令冲突或命令超时等）。

2. 取消进路

取消进路允许用户取消一条指定的进路。

1）操作方法

用户使用鼠标点击站场图选择进路的始端信号机并在出现的菜单中选择该操作项，此时该信号机及所属车站的信息将自动输入弹出的对话框中，如图 3-33 所示，操作员选择"确定"，该请求将发送给服务器处理。

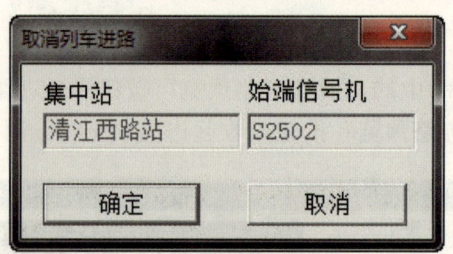

图 3-33 取消列车进路

2）注意事项

- 正常情况下（自动通过进路除外），列车经过进路后，联锁会自动解锁进路，不需人工取消进路。
- 若计划车、头码车自动触发了进路或人工办理的进路，当调度运营有变动且列车未处于接近锁闭区段（信号机灯柱颜色变黄）时，可人工取消进路。
- 执行取消进路操作时需确认不要选错信号机。
- 取消进路成功后，信号机关闭，进路需要锁闭的区段显示为出清且不锁闭的状态。
- 取消进路的命令发出后，若取消失败，会有相应的提示（如命令冲突或命令超时等）。

3. 进路交人工控

进路交人工控允许用户将以某个信号机为始端的进路取消 ATS 自动触发使能，转为人工办理。

1）操作方法

- 用户使用鼠标点击站场图选择进路的始端信号机并在出现的菜单中选择该操作项。
- 在弹出的对话框（见图 3-34）中的进路列表选择进路，并选择"确定"，可以设置该条进路必须为人工办理，不能由 ATS 自动触发。

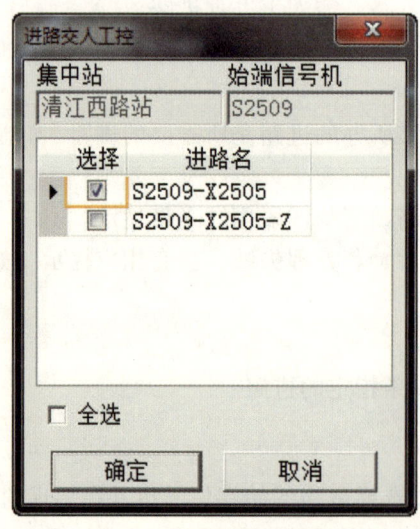

图 3-34 进路交人工控

2）注意事项

- 正常情况下，列车在系统的自动调整模式下运行，不需人工干预。
- 在特殊的情况下（如人工调整列车的运行顺序、人工调整早晚点、处理故障的需要等），可人工干预，将某条进路设为人工控的状态，以此禁止进路的自动触发，待合适时机再转为自动控或人工办理进路。
- 执行进路交人工控时需确认选择的进路是想要转人工控的进路。
- 执行进路交人工控后，可在"查询进路控制状态"中查看命令是否执行成功。

4. 进路交自动控

进路交自动控允许用户将以某个信号机为始端的某条进路设置为由 ATS 自动触发使能。

1）操作方法

- 用户使用鼠标点击站场图选择进路的始端信号机并在出现的菜单中选择该操作项。
- 在弹出对话框（见图 3-35）中的进路列表中选择进路，并选择"确定"，可以设置该条进路由 ATS 自动触发。

图 3-35 进路交自动控

2）注意事项

- 若要使计划车、头码车自动触发进路，则要触发的进路需处于自动控制状态。
- 若某条进路由于转人工控操作或人工取消此进路而转为人工控后，需人工执行"进路交自动控"，此进路才能被计划车、头码车自动触发。
- 执行进路交自动控时需确认选择的进路是想要转自动控的进路。
- 执行此操作后，可在"查询进路控制状态"中查看命令是否执行成功。

5. 信号重开

信号重开允许用户向某个未开放信号机发送信号重开命令。

1）操作方法

- 用户使用鼠标点击站场图选择进路的信号机并在出现的菜单中选择该操作项，信号机及其车站属性将被自动列入弹出的对话框中，如图 3-36 所示。

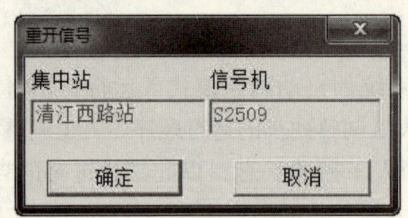

图 3-36　重开信号

- 选择"确定",将发出信号重开命令。

2)注意事项

- 信号系统正常工作时,无需执行此操作。
- 若信号由于故障(如锁闭的进路区段故障)或人工干预导致信号关闭,此后调度运营想再次开放此信号(前提是信号开放的条件具备,如故障区段已恢复),可以执行信号重开使信号重新开放。
- 办理了折返进路列车到达折返轨后,由于运营调整,需要让列车继续前行时,可执行此命令重开前方阻挡信号机。
- 执行此操作后,若执行成功则信号会开放;若执行失败,会有相应的提示(如命令冲突或命令超时等)。

6. 设置/取消自动通过进路

设置/取消自动通过进路允许用户向某个未开放信号机设置/取消自动通过进路。

1)操作方法

- 用户使用鼠标点击站场图选择进路的信号机并在出现的菜单中选择该操作项,信号机及其车站属性将被自动列入弹出的对话框中,如图 3-37 所示。

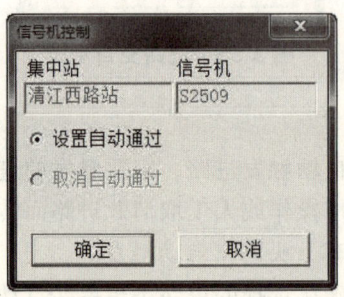

图 3-37　信号机控制

- 选择"确定",将发出设置/取消通过模式命令。

2)注意事项

- 若在较长的一段时间内,列车均会经过某信号机的一固定进路,而不会经过此信号机的其他进路,且该进路可以办理自动通过模式,为提高效率减少不必要的、重复的进路建立与取消,或调度运营的需要,可以设置此进路的自动通过模式。

- 若进路处于自动通过模式,则该进路不允许自动触发,根据调度运营的需要(如下次列车的运行路径与此自动通过进路不符),可以取消自动通过模式。
- 执行设置或取消通过模式后,若执行成功,界面上会有相应显示;若执行失败,会有相应的提示(如命令冲突或命令超时等)。

(二)站　台

1. 扣车

扣车用于在某一指定站台设置中心扣车。

1)操作方法

- 用户使用鼠标点击站场图上的站台图标并在出现的菜单中选择该操作项,被点击的站台的属性将被自动列入弹出的对话框中,如图3-38所示。

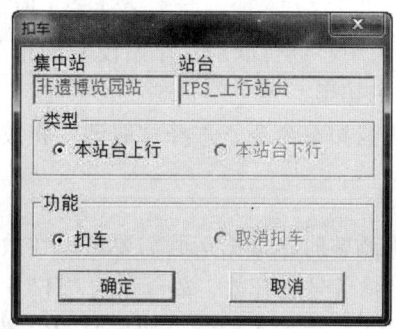

图 3-38　扣车

- "功能"自动选定为"扣车"。
- 用户可根据需要在类型处选择上行或下行扣车。
- 选择"确定"将发出该站台扣车命令,选择"取消"将放弃操作并关闭对话框。

2)注意事项

- 扣车命令一般在处理故障或行调人工调整列车运行时使用。
- 在后备模式下,执行扣车成功后联锁会关闭出站信号机,在 TDT 上有相应的扣车指示,并会在站台旁显示"H"。
- 在 CBTC 模式下,执行扣车成功后车次号上方会有"H"表示,并会在站台旁显示"H",TDT 上也会有相应的扣车指示。
- 执行失败时会有相应的提示(如命令冲突或命令超时等)。

2. 取消扣车

取消扣车用于对某一指定站台或全线站台取消之前设置的中心扣车。

1)操作方法

- 用户使用鼠标点击站场图上的站台图标并在出现的菜单中选择该操作项,被点击站台的属性将被自动列入弹出的对话框中,如图3-39所示。

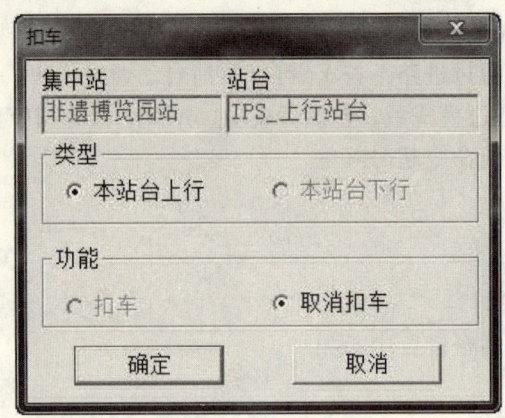

图 3-39 取消扣车

- "类型"可以选择"本站台上行"或"本站台下行"。
- "功能"自动选定为"取消扣车"。取消时需要注意,取消扣车方向需要与设置时的方向保持一致。中心设置的扣车由中心进行取消,车站设置的扣车由车站取消,在中心故障情况下,可由车站取消中心设置的扣车。
- 选择"确定"将发出取消扣车命令,选择"取消"将放弃操作并关闭对话框。

2)注意事项

- 在处理故障或行调人工调整时,根据运营需要可以在放行列车时执行此操作。
- 此操作执行成功后,出站信号机开放,站台旁的"H"消失,并会有命令发送给列车。
- 执行失败时会有相应的报警提示(如命令冲突或命令超时等)。

3. 提前发车

提前发车用于对某一指定站台设置提前发车命令,允许该站台当前停站列车立即发车,不论是否还剩余停站时间。

1)操作方法

- 用户使用鼠标点击站场图上的站台图标并在出现的菜单中选择该操作项,被点击站台的属性将被自动列入弹出的对话框中,如图 3-40 所示。

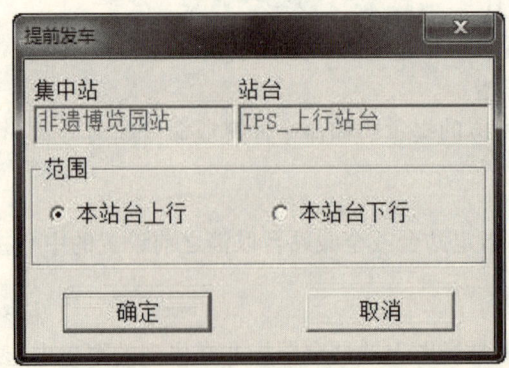

图 3-40 提前发车

- "范围"自动选定为"本站台上行"或"本站台下行"。
- 选择"确定"将发出提前发车命令,选择"取消"将放弃操作并关闭对话框。
- 如果站台当前设置了扣车,则提示不允许操作提前发车命令。

2)注意事项

- 由于行调人工调整或其他运营的需要,需要停在站台的列车立即发车时,可以执行此操作。
- 此操作执行成功后,DTI会有相应显示,并会有命令发给列车,列车具备了发车条件,可以立即发车。
- 执行失败时会有相应的报警提示(如命令冲突或命令超时等)。

4. 设置跳停

设置跳停用于对某一指定站台设置跳停命令,命令后续列车不停站通过该站台。

1)操作方法

- 用户使用鼠标点击站场图上的站台图标并在出现的菜单中选择该操作项,被点击站台的属性将被自动列入弹出的对话框中;可以选择本站台上行/下行跳停和指定列车上行/下行跳停,如图3-41所示。

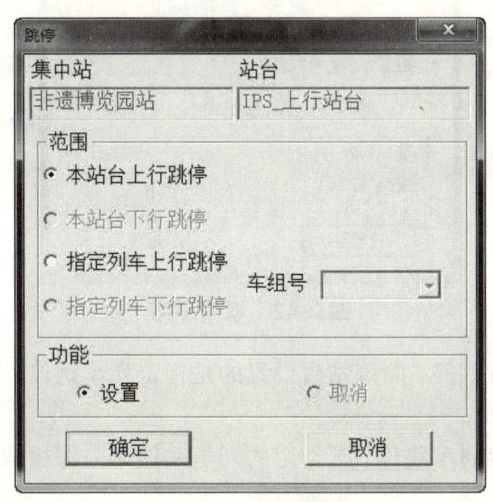

图3-41 设置跳停

- 本站台上行/下行跳停:每列上行/下行车都将跳过被跳停站台,直到取消原来的跳停命令。
- 指定列车上行/下行跳停:需指定欲跳停上行/下行列车的车组号,当该车成功跳过被跳停站台后,根据项目配置,跳停命令一直有效或被自动取消。
- 在已经设置本站台上行/下行跳停的站台,将不允许再设置对应方向指定列车跳停命令。
- 在已经设置指定列车上行/下行跳停的站台,若再设置对应方向本站台跳停,则将自动删除指定列车跳停设置。

2）注意事项

- 由于行调人工调整或其他运营的需要，让列车不停车通过本站，可以执行跳停操作。
- 此操作执行成功后，TDT 会有跳停显示，也会有命令发给列车，相应站台会有蓝色显示。
- 操作执行失败时会有相应的报警提示（如命令冲突或命令超时等）。

5. 取消跳停

取消跳停用于对某一指定站台取消之前设置的跳停命令。

1）操作方法

- 用户使用鼠标点击站场图上的站台图标并在出现的菜单中选择该操作项，被点击站台的属性将被自动列入弹出的对话框中（见图 3-42）。如果为指定列车取消跳停，还需要从下拉列表进行选择或用鼠标点击站场图列车图标选择一个列车，然后执行这一功能。

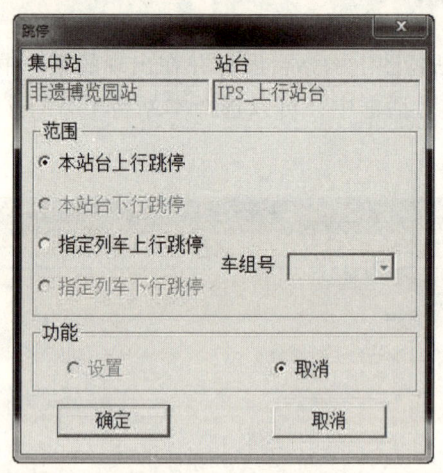

图 3-42　取消跳停

- 如果选择取消站台跳停，而该站台设置的是指定列车跳停，则所有的指定列车跳停命令将被取消。
- 如果选择取消指定列车跳停，则指定的列车跳停命令将被取消，但其他列车在该站台跳停的命令不受影响。
- 如果选择取消指定列车跳停，而站台设置的是站台跳停命令，则执行失败。

2）注意事项

- 由于行调人工调整或其他运营的需要，不再需要列车直接通过本站，可以执行此操作。
- 执行取消跳停操作对区间列车也会起作用，当列车接近站台时，对跳停列车执行取消跳停功能需注意时机，最好在区间没车时，取消相应的跳停功能。
- 操作执行成功后，TDT 会有相应显示，并会发命令给列车，这样列车会根据收到的运行命令停靠站台。
- 执行失败时会有相应的报警提示（如命令冲突或命令超时等）。

6. 运行等级控制

运行等级控制用于对某一站台设置运行时间。在设置后，所有从这个站台发车的列车都将按设置的运行时间或是指定的运行时间进行下一区间的运行。

1）操作方法

- 用户使用鼠标点击站场图上的站台图标并在出现的菜单中选择该操作项，被点击站台的属性将被自动列入弹出的对话框中，如图 3-43 所示。

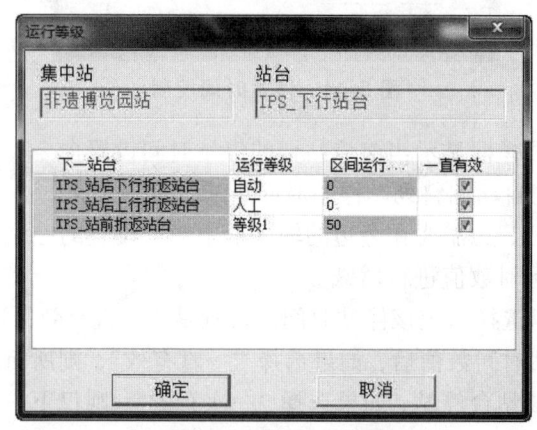

图 3-43 运行等级控制

- "运行等级"可以为每一条单独的路径设置不同的运行时间，可手动设置运行等级，如选择自动、人工等。
- "有效次数"可以选择指定该运行等级的设置是"一直有效"还是"一次有效"。在选择指定等级的某个运行时间后，如果选择"一直有效"，则所有到达该站台的列车都会按照设置的运行等级发车运行；如果选择"一次有效"，则仅下一趟到达该站台的列车会按照指定的运行等级发车运行，该车从站台发车后，站台的运行等级控制自动变为"自动"（ATS 自动控制）。
- 选择"确定"将发出运行等级命令，选择"取消"将放弃操作并关闭对话框。

2）注意事项

- 由于行调运营调整的需要，可以执行此操作来调整列车在区间的运行时间。
- 执行成功后，命令会发给相应列车，并在站台旁边有相应的运行等级显示。
- 执行失败后会有相应的报警提示。

7. 停站时间控制

停站时间控制用于对某一站台设置停站时间。在设置后，所有到达该站台的列车都将按照设定的停站时间进行控制。

1）操作方法

- 用户使用鼠标点击站场图上的站台图标并在出现的菜单中选择该操作项，被点击站台的属性将被自动列入弹出的对话框中，如图 3-44 所示。

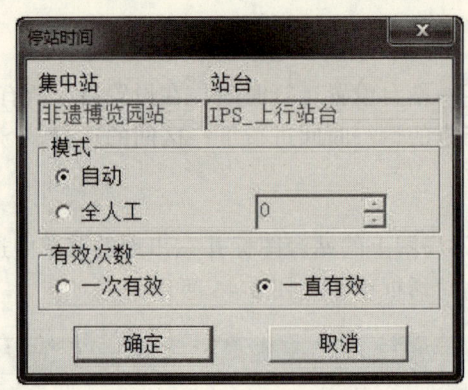

图 3-44　停站时间控制

- "模式"框内的选择框显示当前该站台的停站时间设置命令，如果需要修改，可以重新选择"自动"（由 ATS 自动调整列车停站时间）或"全人工"。
- 如果选择"全人工"，需要在旁边的输入框中输入设置的停站时间数值（单位为 s），可以点击旁边的箭头图标对数值进行增减。
- "有效次数"可以选择指定该停站时间的设置是"一直有效"还是"一次有效"。在选择"全人工"并指定停站时间数值后，如果选择"一直有效"，则所有到达该站台的列车都会按照设置的停站时间在该站台停站；如果选择"一次有效"，则仅下一趟到达该站台的列车会遵照指定的停站时间，该车从站台发车后，站台的停站时间控制自动变为"自动"（ATS 自动调整）。

2）注意事项

- 由于调度人工调整或其他运营的需要，行调人员可以人工设置停站时间，这样列车就会按照设定的停站时间停车。
- 此操作执行成功后，TDT 会有相应的显示，并会有命令发给列车，在站台旁有停站时间数值显示。
- 执行失败时会有相应的报警提示。

（三）确认计轴有效

选择确认计轴有效操作用于发送命令给 ZC 设备，确认某个被报告失效的计轴已被修复，要求 ZC 将该计轴置为有效状态。该操作需要进行二次确认。

1. 操作方法

（1）用户使用鼠标点击站场图上的计轴内的轨道或道岔线段图标并在出现的右键菜单中选择该操作项，如图 3-45 所示的对话框被自动弹出，被点击的计轴所属车站和名称将自动列入弹出的对话框的"准备"部分。

（2）点击"准备"栏内的"确认"按钮，命令消息被 ATS 发送到 ZC 设备。

（3）当 ATS 接收到来自 ZC 设备的请求确认刚才操作的消息时，对话框中的"确认"栏内的下拉选择输入框被打开，同时"准备"栏内输入框中选择的计轴名称被隐藏，显示为"***"。

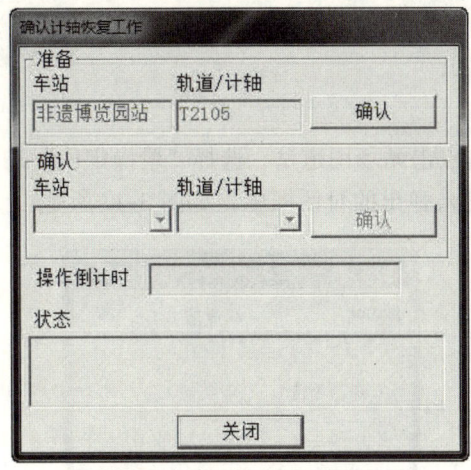

图 3-45　确认计轴恢复工作

（4）此时操作员在"确认"栏内打开的下拉选择输入框中再次指定需要操作的计轴设备。首先在"车站"下拉框中选择相应集中站名称，此时该集中站包含的计轴自动列入"计轴"下拉输入框；然后在"计轴"下拉输入框中选择需要操作的计轴名称；最后点击旁边的"确认"按钮，ATS 将第二次输入的内容再次发送给 ZC 设备。

（5）"状态"显示框将显示命令是否成功执行以及显示命令处理过程中的操作提示信息，如图 3-46 所示。

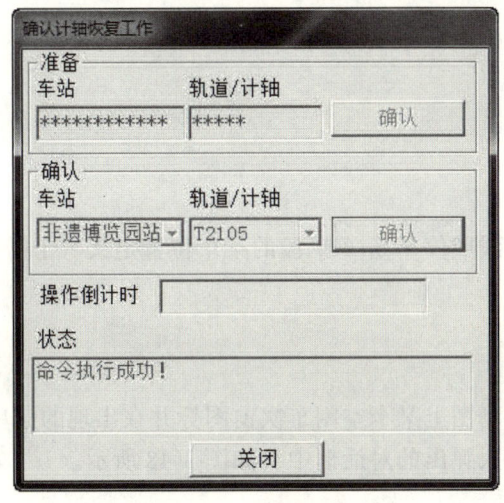

图 3-46　计轴已恢复

2. 注意事项

（1）中心工作站会显示 ZC 报告的计轴失效状态，在确认该计轴修复后，需要执行此操作将该计轴置为有效的显示状态。

（2）执行成功后，计轴失效的状态消失，恢复为正常的显示状态。

（3）执行失败后会有相应的报警提示。

(四)道岔单操

1. 操作方法

(1)用户使用鼠标右键点击站场图道岔,选择"单操定位"或"单操反位",被点击的道岔所属车站和名称将自动列入弹出的对话框中,如图 3-47 所示。

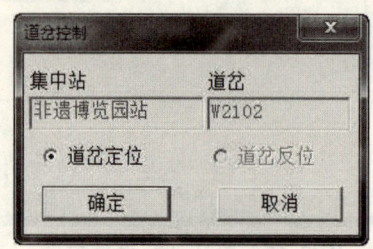

图 3-47 道岔单操

(2)选择"确定"将发出命令,选择"取消"将放弃操作并关闭对话框。

2. 注意事项

(1)由于调度运营的需要,可以执行此操作,将道岔搬到需要的位置。
(2)执行操作前需确认道岔未锁闭、未占用。
(3)执行成功后,道岔会被搬到指定的位置(定位或反位)。
(4)执行失败后会有相应的报警提示。

八、列车操作

(一)定义车组号

定义车组号用于在正线或停车场/车辆段的某个位置定义一个需要 ATS 跟踪管理的列车记录。

1. 操作方法

(1)用户鼠标点击站场图上某个空闲车次窗图标并在出现的菜单中选择该操作项,车站和车次窗属性将被自动输入弹出的对话框中,如图 3-48 所示。

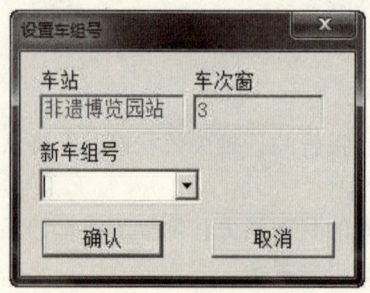

图 3-48 设置车组号

(2)新车组号可以通过下拉框选择 ATS 系统已经定义的车组号,也可以输入自定义车组号。输入的车组号必须为三位数字且必须大于零,输入的车组号必须未被系统中其他列车信息使用。

(3)使用该操作建立的列车初始状态为人工车,可通过后续操作指定为计划车或头码车。

(4)选择"确认"将发出命令,选择"取消"将放弃操作并关闭对话框。

2. 注意事项

(1)若线路上的真实/模拟列车需要 ATS 的跟踪管理,首先需要定义列车车组号,否则系统不能对该列车进行跟踪管理。

(2)执行成功后,会在该列车的车次窗内显示列车的车组号。

(3)执行失败后会有相应的报警提示。

(二)删除车组号

删除车组号用来删除位于正线或停车场/车辆段的某个列车,不管其是计划车、头码车还是人工车;正被 CBTC 跟踪的列车记录不能被删除。

1. 操作方法

(1)用户鼠标点击站场图上列车所在车次窗图标并在出现的菜单中选择该操作项,车站、车次窗、列车车组号将被自动输入到弹出的对话框中。车组号也可以通过键盘手工输入,如图 3-49 所示。

(2)选择"确认"将发出命令,选择"取消"将放弃操作并关闭对话框。

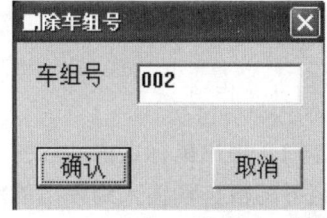

图 3-49 删除车组号

2. 注意事项

(1)由于调度运营的需要或处理其他情形的需要,可以使用该操作来删除列车的车组号。

(2)执行成功后,列车的车组号被删除,同时其他的列车信息也会被删除。

(3)执行失败后会有相应的报警提示。

(三)设置计划车

设置计划车用来为列车指定计划运行任务,ATS 将尝试将列车作为计划列车进行管理。

1. 操作方法

(1)用户鼠标点击站场图上列车所在车次窗图标并在出现的菜单中选择该操作项,列车车组号将被自动输入到弹出的对话框中(见图 3-50)。在进行此操作时,必须输入与当日行车计划相符的服务号和序列号。

(2)只有正线区域的列车可以应用该操作。

(3)选择"确认"将发出命令,选择"取消"将放弃操作并关闭对话框。

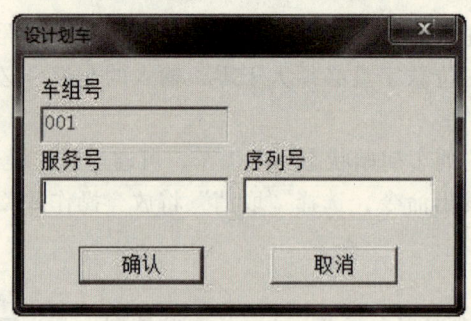

图 3-50　设置计划车

2. 注意事项

（1）根据运营调度的需要（如某计划车掉线回段，使用另一列车顶替其运行任务时），可以将正线区域既有的人工车、头码车或计划车执行设置计划车操作，将列车纳入该计划车进行管理，以满足运营的需要。

（2）执行成功后，此列车将以设置的计划车的任务来运行，列车信息变为该计划车的信息。

（3）执行失败后会有相应的报警提示。

（四）设置头码车

1. 操作方法

（1）用户鼠标点击站场图上列车所在车次窗图标并在出现的菜单中选择该操作项，列车车组号将被自动输入到弹出的对话框中，如图3-51所示。

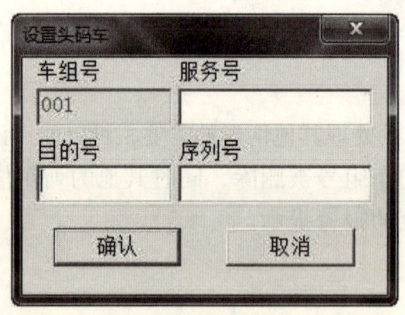

图 3-51　设置头码车

（2）选择"确认"将发出命令，选择"取消"将放弃操作并关闭对话框。

2. 注意事项

（1）在中心控制模式下，列车到达触发轨时，前方进路将会自动触发。在列车接近触发进路时，如果将列车服务号改为其他目的地并且该目的地所对应的前方进路不是当前已经排列出的进路，将会导致 ATS 自动发送取消进路命令，此时可能导致列车发生紧急制动。为避免这种情况的发生，在正线运营列车运行过程中，在设定目的地时，请确认所输入的目的地不会导致取消前方所办理的进路操作。

（2）根据运营调度的需要，可以对人工车、头码车、计划车设置头码车来运行（如对调试车、临客等非计划车，可以设置为头码车来运行）。

（3）执行成功后，列车信息根据设置的信息更新，并按照头码车方式运行。

（4）执行失败后会有相应的报警提示。

九、临时限速

临时限速用来在线路上设置或取消临时限速。

1. 操作方法

用户鼠标右键点击站场图上轨道或道岔的线段图形，在菜单中选择"设置临时限速"，将弹出临时限速界面对话框，选中设备自动填入输入框中，作为限速的起点设备。目前可分别针对 CBTC 和后备来设置限速。

- 当只设置 CBTC 限速时，允许设置会话管理，且操作倒计时框和状态框显示，如图 3-52 所示。

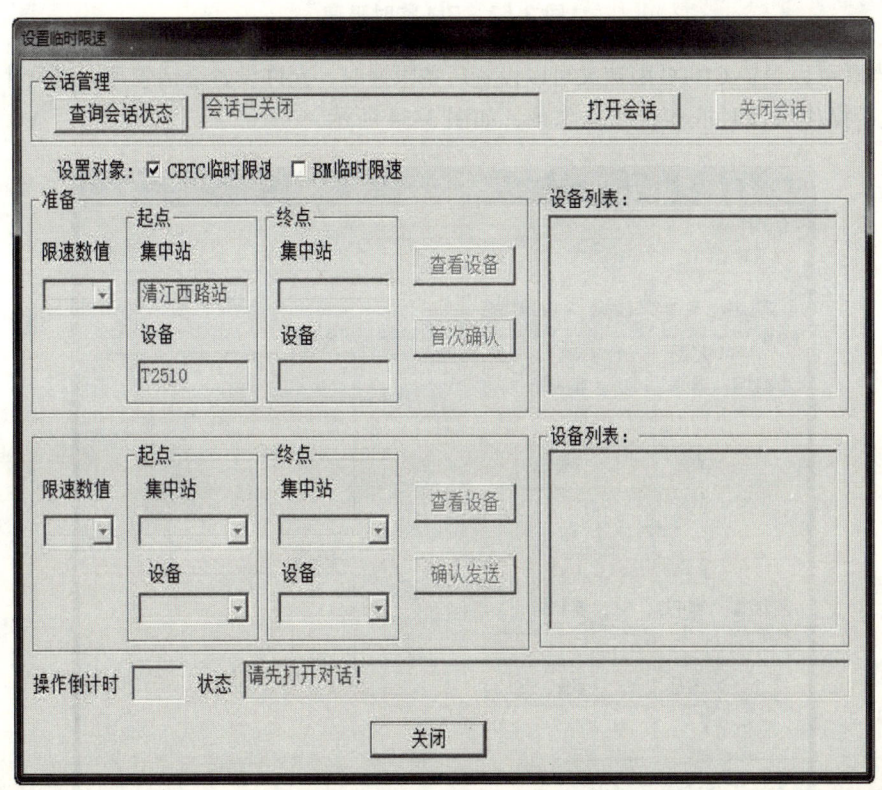

图 3-52　CBTC 临时限速

- 当只设置后备限速时，不允许设置会话管理，且操作倒计时框和状态框隐藏，如图 3-53 所示。

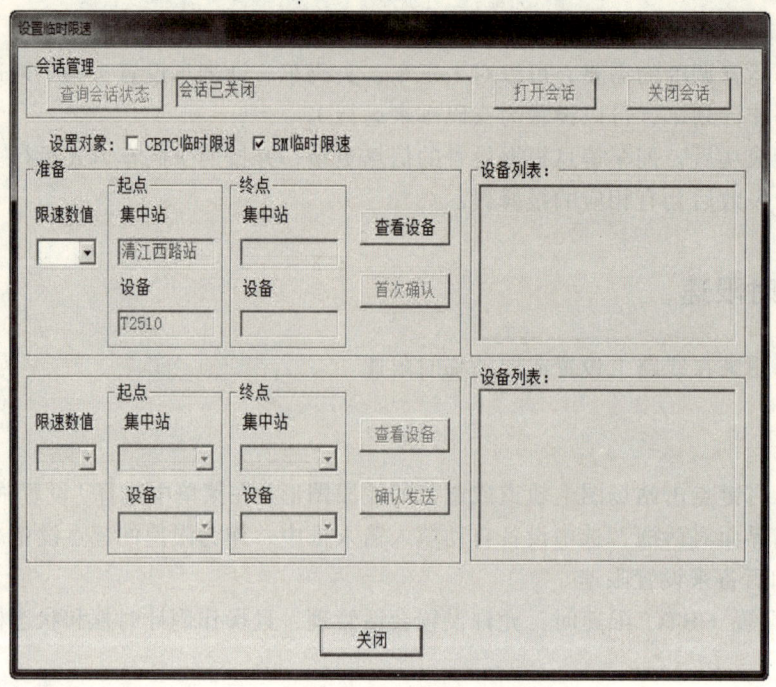

图 3-53　BM 临时限速

- 当既可以设置 CBTC 限速又可以设置后备限速时，允许设置会话管理，但只针对 CBTC 限速有效，操作倒计时框和状态框隐藏，如图 3-54 所示。

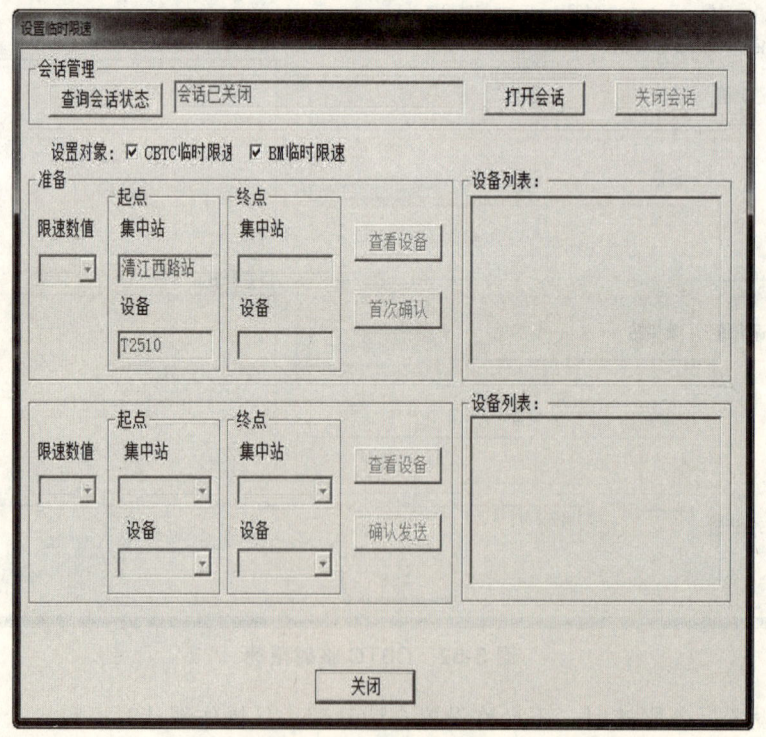

图 3-54　设置临时限速

（1）对于CBTC限速，对话框提示需要首先打开会话，才可进行临时限速操作。点击"打开会话"按钮，ATS发送命令至LC设备，打开会话。

（2）点击"查询会话状态"，可以获得当前LC会话是否已被打开，以及会话持续时间的信息。

（3）如果打开会话成功，则"准备"栏的输入界面被激活，如图3-55所示。

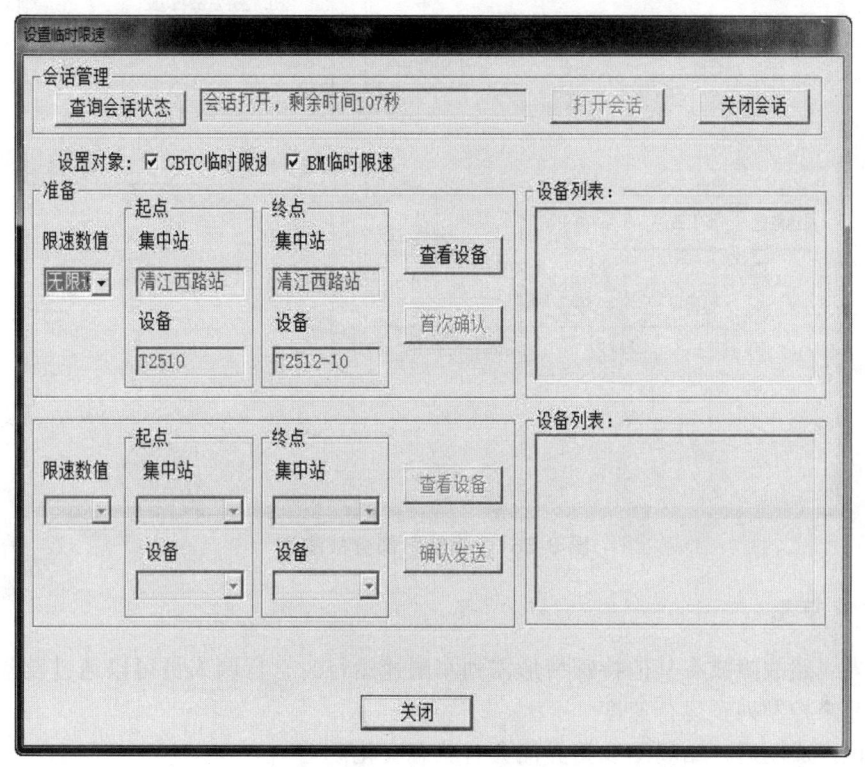

图3-55　"准备"栏被激活

（4）使用鼠标右键点击站场图上的轨道或道岔图元，选中设备自动填入输入框中，作为限速的终点设备。在"速度"下拉框中选择需要的限速速度值，其中选择速度值"无限速"代表清除从起点到终点区域的已有的临时限速。输入完成后，点击旁边的"确认"按钮。对于CBTC限速，ATS将命令发至LC设备；对于后备限速，ATS将命令发至联锁下位机。

（5）当ATS接收到LC与联锁下位机请求确认输入时，"确认"部分输入框被激活，同时"准备"部分输入框中的内容被隐藏（显示为"****"）。此时使用下拉输入框选择相同的起点设备、终点设备以及限速速度值，如图3-56所示。

（6）输入完成后，点击旁边的"确认发送"按钮，对于CBTC限速，ATS将命令再次发至LC设备；对于后备限速，ATS将命令再次发至联锁下位机。

（7）对于CBTC限速，点击"关闭会话"按钮，ATS发送命令至LC以关闭会话。当会话被成功关闭后，此时可以点击"关闭"按钮，关闭对话框，完成整个临时限速操作。

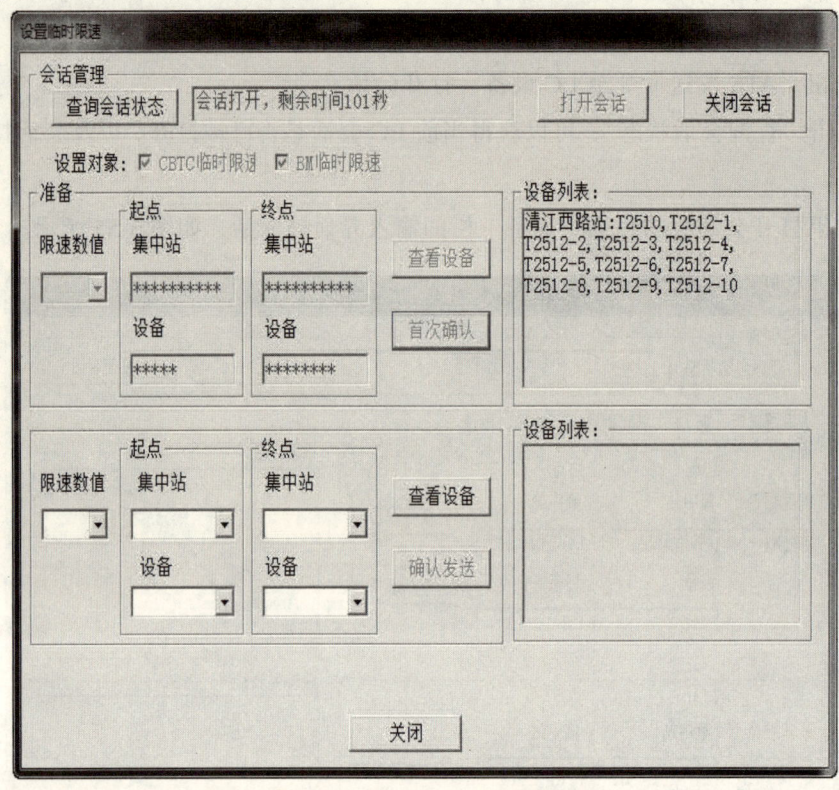

图 3-56 "确认"部分被激活

2. 注意事项

（1）当线路故障或有其他特殊情形需列车限速运行时，行调人员可以通过设置相应区域的临时限速来控制列车运行速度。

（2）执行成功后，站场图线路界面会有状态变化。

（3）执行失败后会有相应的报警提示。

十、取消全线临时限速

当线路控制器 LC 重新启动后，在站场图上会自动显示一个全线临时限速，此时 ATS 自动在所有已登录调度工作站上弹出一个取消临时限速的对话框（见图 3-57），提醒调度是否取消该全线临时限速。若不取消，则整个线路限速 25 km/h。

1. 操作方法

（1）当会话成功打开后，"准备"部分的"确认"按钮被激活，操作员可以点击此按钮，发送取消全线临时限速的操作请求，如图 3-58 所示。

（2）请求取消全线临时限速的命令被发送到 LC，此时 LC 回复要求操作员确认，对话框上"确认"部分的"确认"按钮被激活，操作员可以点击该按钮，确认操作取消全线临时限速，如图 3-59 所示。

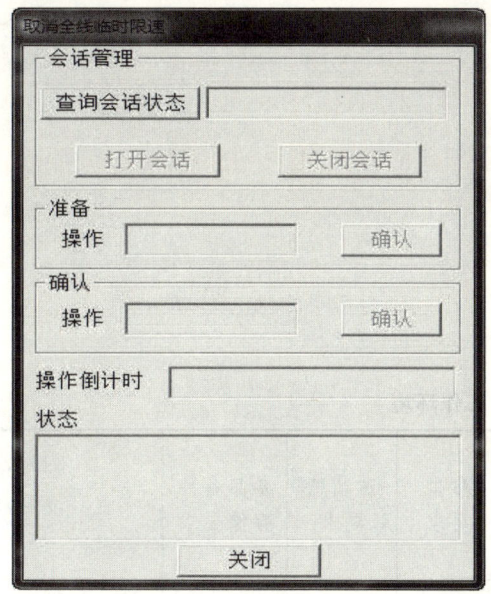

图 3-57 取消全线临时限速

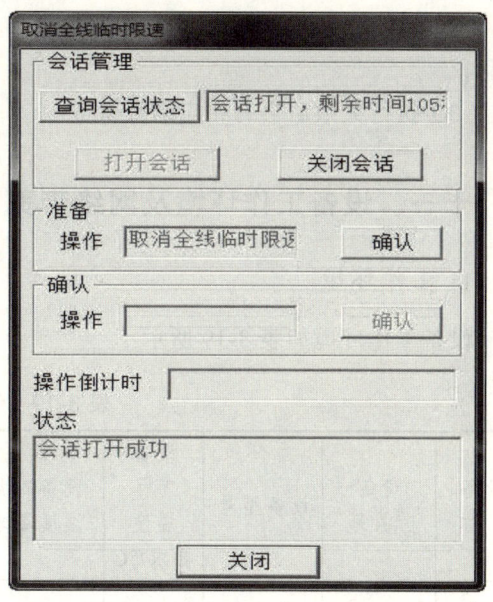

图 3-58 "准备"部分被激活

（3）全线临时限速被成功取消后，对话框提示操作已完成（见图 3-60），操作员点击"关闭"按钮，关闭会话后退出。

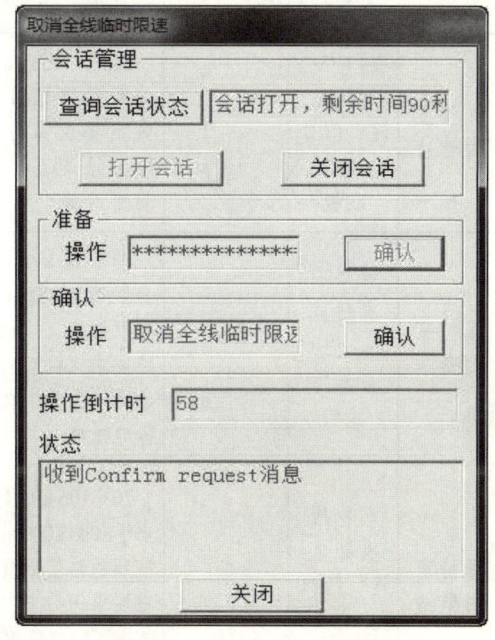

图 3-59 "确认"部分被激活

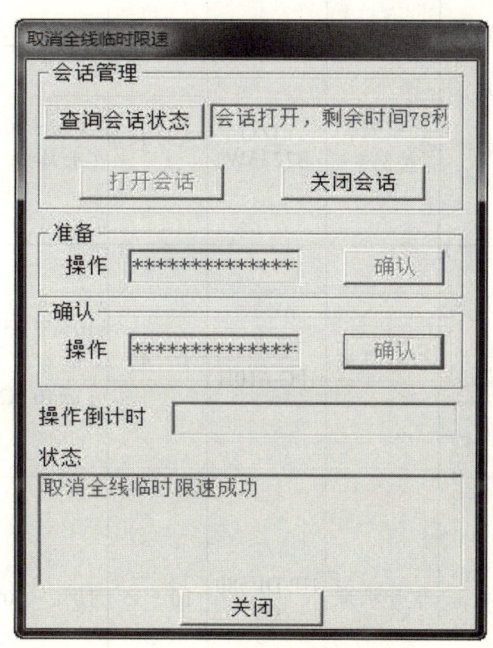

图 3-60 取消全线临时限速成功

2. 注意事项

（1）当线路控制器重启时，会执行全线临时限速，按照运营的需要，行调人员可使用取消全线临时限速来解除全线限速。

（2）执行成功后，操作会话框会有成功提示，站场图界面全线临时限速按钮状态会有变化。

（3）执行失败后会有相应的报警提示。

十一、设备工作环境及网络带宽

1. 工作环境

设备工作环境如表 3-19 所示。

表 3-19 设备工作环境

设备名称	设备所在地	设备型号	设备工作温度要求/°C	设备工作湿度要求	防尘要求	防鼠患要求	备品备件存储要求	其他环境要求
显示器	信号机房	DELL E1715S	0~40	10%~80%（非冷凝）	保持室内整洁	洞口应有防鼠泥，门口应有防鼠板	存放温度：-20~60°C；存放湿度：5%~90%	54~106 kPa（相当于海拔5 000 m），按照铁路信号机械室要求保持室内整洁即可，必须有防静电措施
	中央控制室	EIZO S2233W	5~35	20%~80%（非冷凝）	保持室内整洁	洞口应有防鼠泥，门口应有防鼠板		74.8~106 kPa，按照铁路信号机械室要求保持室内整洁即可，必须有防静电措施
工控机	信号机房	研华 IPC-610H	0~40	10%~85%（非冷凝）@40°C	保持室内整洁	洞口应有防鼠泥，门口应有防鼠板		70~106 kPa（相当于海拔3 000 m），按照铁路信号机械室要求保持室内整洁即可，必须有防静电措施
服务器	信号机房	HP DL580 G7	10~35	10%~90%	保持室内整洁	洞口应有防鼠泥，门口应有防鼠板		70~106 kPa（相当于海拔3 000 m），按照铁路信号机械室要求保持室内整洁即可，必须有防静电措施

2. 网络带宽

设备网络带宽如表 3-20 所示。

表 3-20 设备网络带宽

设备	设备个数/台	每个设备网口个数（深灰/浅灰/红/蓝/绿）	网络带宽要求				
			深灰网/必须/期望	浅灰网/必须/期望	红网/必须/期望	蓝网/必须/期望	绿网/必须/期望
应用服务器	2	1/1/0/0/0	2 M/10 M	2 M/10 M			
数据库服务器	2	1/1/0/0/0	2 M/10 M	2 M/10 M			
维护工作站	1	1/1/0/0/1	2 M/10 M	2 M/10 M			2 M/10 M
时刻表编辑工作站	1	1/1/0/0/0	2 M/10 M	2 M/10 M			
通信前置机	2	1/1/0/0/0	2 M/10 M	2 M/10 M			
打印机	6	1/0/0/0/0		2 M/10 M			
调度工作站	3	1/1/0/0/0	2 M/10 M	2 M/10 M			

十二、系统硬件

1. 服务器

ATS 服务器正面灯位，如图 3-61 所示。

图 3-61 ATS 服务器正面灯位

- A：UID 灯用于方便查找对应的服务器，当服务器数量太多不好查找时，亮该灯位，对应背部或前部 UID 灯也会亮起。蓝灯：激活；蓝色闪烁：服务器被远程控制；灭灯：未被激活。
- B：用于表示系统状态。绿灯：正常；琥珀色闪烁：系统降级；红闪：系统致命错误；灭灯：系统关闭。
- C\D\E\F 表示灯：绿灯，网络已经连接；绿闪，网络连接并且正在通信；灭灯，没有网络连接。

ATS 服务器背面灯位，如图 3-62 所示。

- A：电源模块状态表示灯。绿灯：电源工作；灭灯：电源未工作。
- B：网络通信指示灯。绿灯：正在通信；灭灯：未通信。
- C：网络连接表示灯。绿灯：连接；灭灯：未连接。

图 3-62 ATS 服务器背面灯位

2. 磁盘阵列

磁盘阵列正面灯位,如图 3-63 所示。

图 3-63 磁盘阵列正面灯位

• A:硬盘指示灯。绿灯:表示硬盘正常;黄灯:表示硬盘故障,需要进行更换。磁盘阵列背面灯位,如图 3-64 所示。

图 3-64 磁盘阵列背面灯位

• A:电源模块故障表示灯。绿色:正常;黄色:电源模块有可能发生故障。

3. 工控机

工控机灯位，如图 3-65 所示。

图 3-65 工控机灯位

- A：设备连接表示灯。正常情况下常亮绿灯。
- B：KVM 选择灯。亮起时表示对应这一路设备被选择。
- C：KVM 电源指示灯。常亮蓝灯。

4. KVM 切换器

KVM 切换器灯位，如图 3-66 所示。

图 3-66 KVM 切换器灯位

- A：设备连接表示灯。正常情况下常亮绿灯。
- B：KVM 电源指示灯。常亮蓝灯。
- C：KVM 选择灯。亮起时表示对应这一路设备被选择。

5. ATS 机柜

ATS 机柜灯位，如图 3-67 所示。

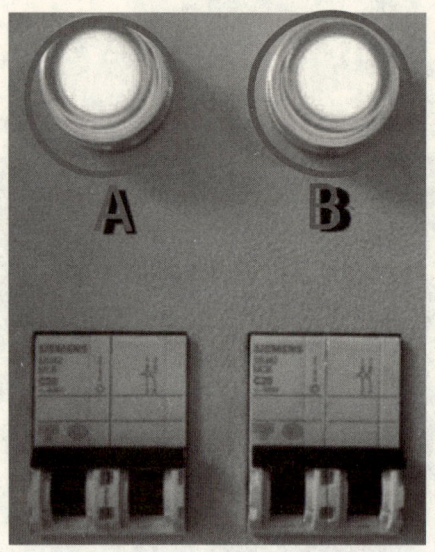

图 3-67　ATS 机柜灯位

- A：机柜 A 路电源指示灯。
- B：机柜 B 路电源指示灯。

当机柜两路电源均有电时，两路电源指示灯均亮，若其中的指示灯未亮起则需要检查对应的空开是否跳闸。

6. 双机切换单元

双机切换单元灯位，如图 3-68 所示。

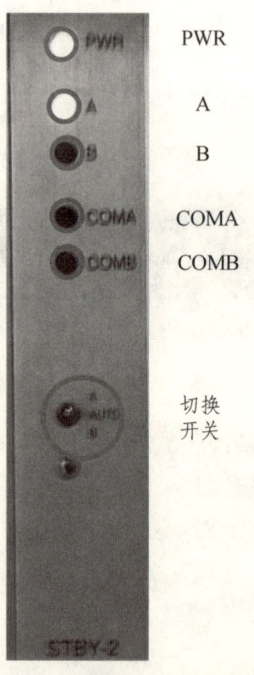

图 3-68　双机切换单元灯位

- PWR：切换板电源表示灯。
- A：A机主备表示灯（点亮为主机）。
- B：B机主备表示灯（点亮为主机）。
- COMA：当与A机有通信时闪烁。
- COMB：当与B机有通信时闪烁。
- 切换开关：可以手动切换主机至A机或B机；放到AUTO挡时，在主机出现故障时会自动倒切到另外一台。

十三、设备日常维护

（一）应用服务器

1. 界面显示

应用服务器的主界面显示窗口顶部为菜单区，包括"系统""消息""视图""关于"等菜单，窗口上半部分为系统状态显示区，显示当前应用服务器以及其他ATS设备的工作状态，如图3-69所示。

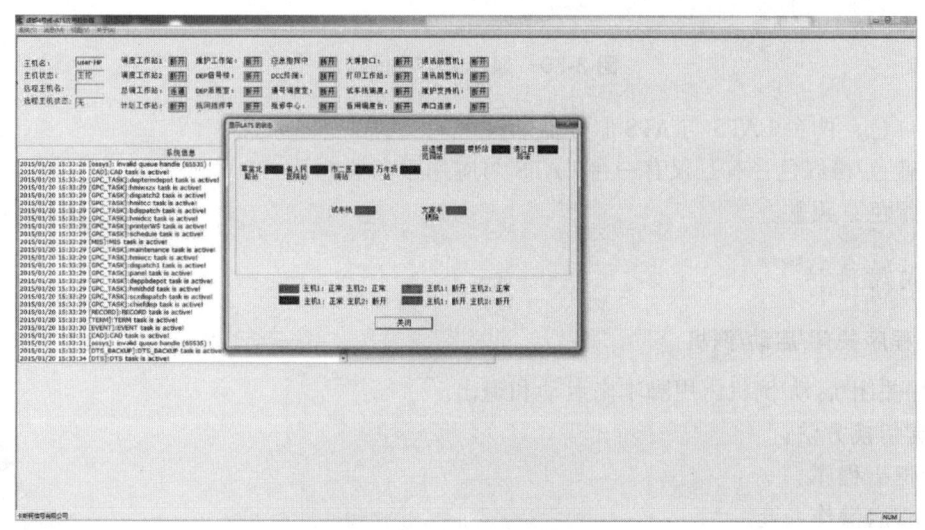

图 3-69 应用服务器界面

- 主机名。本应用服务器的机器名。
- 主机状态。主机：本服务器作为主机运行；备机：本服务器作为备机运行。
- 远程主机名。与本服务器相连，互为主备的另一台服务器的机器名，如果另一台服务器没有开机或ATS应用程序没有启动，此处显示"无"。
- 远程主机状态。主机：另一台服务器作为主机运行；备机：另一台服务器作为备机运行；如果另一台服务器没有开机或ATS应用程序没有启动，此处显示"无"。
- 调度台1、调度台2等设备。连通：该工作站与应用服务器连接正常；断开：该工作站与该ATS服务器断开。

窗口左下角为系统信息显示区,显示 ATS 系统运行过程中产生的事件和报警文字信息。由于完整的事件和报警信息比较多,因此,可以通过菜单配置信息显示的过滤条件,只有符合条件的信息才被显示在该显示区内。

应用服务器与车站 ATS 分机 LATS 的连接状态,如图 3-70 所示。

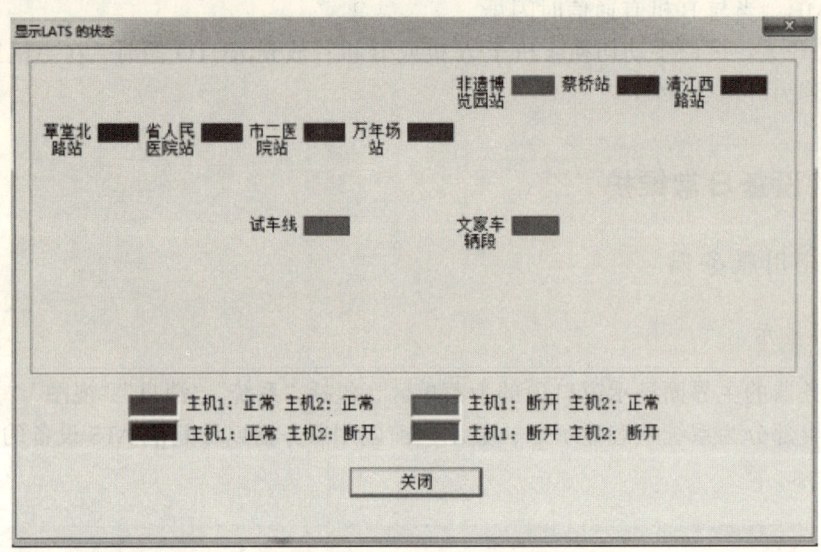

图 3-70　显示 LATS 的状态

- 红色:两台 LATS 与 ATS 服务器断开。
- 蓝色/粉红色:有且仅有一台 LATS 与应用服务器断开。
- 绿色:正常。

2. 日常维护

1)程序关闭/启动/倒机

程序关闭/启动/倒机需用脚本来启动和退出。

正常切换方法:
- 退出程序。
- 重启操作系统。
- 登录后手工采用脚本启动或将脚本加入自启动。

快速切换方法:
- 退出程序:点击程序退出菜单后输入密码确认退出。
- 运行结束程序批处理。
- 检查任务管理器中程序是否遗留,若有请杀进程(可解决对方机器由于本机有影子程序导致的不能升为主机,和影子程序导致外部连接异常)。

2)设备重启

重启时,应先退出备机 CATS 程序,之后重启操作系统,待操作系统运行起来后,运行 CATS 程序,然后对另一台主机机器进行相同的操作。

3）日志拷贝

此操作可以在维护员工作站上进行，点击系统"开始"，点击"运行"输入\\ip回车，例如：服务器日志文件保存目录：e：\cats\alarm\。日志和回放文件可以保存30天，超文件名为：DL_20120509_002054；20120509为日期，002054为日志记录截止时间（00：20：54）；超过30天的新记录会覆盖第1天的记录，依此类推。

4）回放拷贝

此操作可以在维护员工作站上进行，点击系统"开始"，点击"运行"输入\\ip回车，回放文件保存目录：e：\cats\playback\。

5）ATS用户管理

ATS系统的用户管理，包括添加、删除用户，修改用户名；其中修改密码、配置用户类别、权限等功能都必须由ATS超级用户在服务器或维护员工作站的操作界面上完成。

登录服务器：

选择"系统\登录"菜单项，在"登录"对话框中输入ATS超级用户的用户名和密码，然后按"确定"按钮，如果用户名和密码正确，登录就会成功。（系统初始安装好时，ATS超级用户的用户名是root，密码是root，现场项目一般会更改此超级密码）

从服务器登出：

为了防止未被授权的人员修改用户信息，进行完用户管理以后要选择菜单"系统/登出"退出登录。

添加用户（维护员工作站操作）：

- 选择"系统\用户管理"菜单项，弹出"用户管理"对话框。
- 在对话框中点击"添加"按钮，弹出"添加用户"对话框。
- 在"添加用户"对话框中输入用户的用户名、密码，选择用户类别（单选），选择允许登录的地点（多选），然后按"确定"按钮，即可添加一个新用户。

注意：出于保证系统安全的考虑，只有超级用户才可以指定其允许登录的地点包括"主机"，其他类别的用户不应指定在主机登录的权限。

修改用户（维护员工作站操作）：

- 在"用户管理"对话框中选中要修改的用户，按"修改"按钮，弹出与"添加用户"相似的"修改用户"对话框。
- 在"修改用户"对话框中可以修改用户的密码，改变用户类别和允许登录的地点，然后按"确定"按钮，即可修改指定用户的信息。

删除用户（维护员工作站操作）：

- 在"用户管理"对话框中用鼠标点选要删除的用户（该行变为高亮）。
- 按"删除"按钮，在随后弹出的询问对话框中选择"确定"后删除该用户。

用户信息在服务器主备机之间的同步：

ATS系统用户信息存在数据库中，不用进行主备机之间的用户信息同步。

6）系统参数管理

当ATS系统管理员用户在维护员工作站上登录后，可以打开系统参数管理对话框，对ATS系统参数进行重新配置和修改，如图3-71所示。

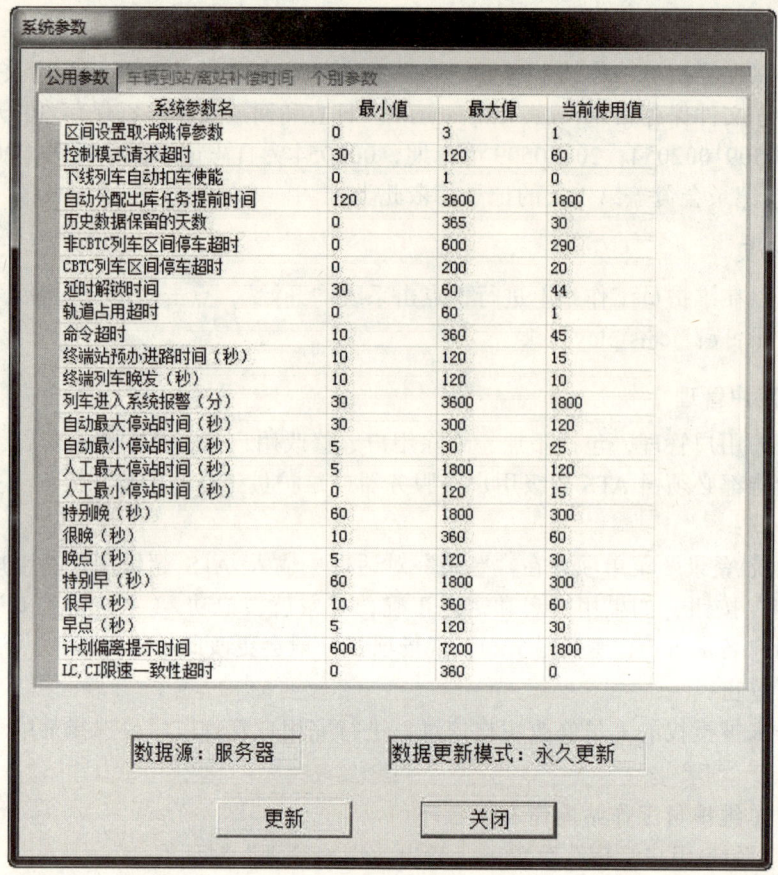

图 3-71 系统参数管理

系统参数说明,如表 3-21 所示。

表 3-21 系统参数说明

	系统参数名	说 明
公用参数	区间设置取消跳停参数	1 表示允许区间取消跳停,2 表示允许区间设置跳停,3 表示允许区间设置和取消跳停
	自动分配出库任务提前时间	图 3-71 中系统设置值为 1 800 s,即在半个小时之内列车可正常匹配出入库计划
	历史数据保留的天数	历史数据在维护台日志服务器中的保留天数
	非 CBTC 列车区间停车超时	非 CBTC 列车占用轨道超过一定时间不发生变化后,ATS 将其标记为区间停车
	CBTC 列车区间停车超时	CBTC 列车占用轨道超过一定时间不发生变化后,ATS 将其标记为区间停车
	特别晚(秒)	系统默认的特别晚点时间,超出该值后,系统将不对计划列车进行调整
	很晚(秒)	系统默认的很晚时间,超出该时间后,系统将通过调整运行等级和停站时间对计划列车进行调整

续表

系统参数名		说　明
公用参数	晚点（秒）	系统默认的晚点时间，超出该时间后，系统将通过先调整停站时间再调整运行等级的方式，对计划车进行调整，当小于此时间范围后，系统将不进行调整，认为列车为准点车
	特别早（秒）	系统默认的特别早点时间，超出该值后，系统将不对计划列车进行调整
	很早（秒）	系统默认的很早时间，超出该时间后，系统将通过调整运行等级和停站时间对计划列车进行调整
	早点（秒）	系统默认的早点时间，超出该时间后，系统将通过先调整停站时间再调整运行等级的方式，对计划车进行调整，当小于此时间范围后，系统将不进行调整，认为列车为准点车
车站到站/离站补偿时间	缺省停站时间	系统设置的默认停站时间，一般不进行更改
个别参数	××临界区长度	进站前取消跳停有效的安全参数（起提示作用）
	区间最大允许停车数××-××	区间列车数量限制参数

（二）通信前置机

1. 界面显示

通信前置机的界面，如图 3-72 所示。

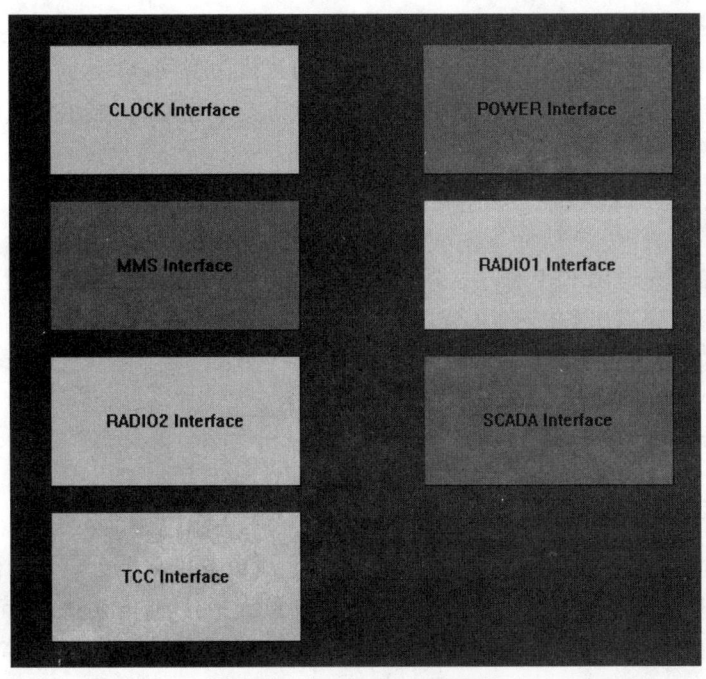

图 3-72　通信前置机主界面

- CLOCK Interface：通信前置机与时钟接口通信状态。
- RADIO Interface：通信前置机与无线接口通信状态，双通道冗余。
- SACDA Interface：通信前置机与供电分区接口通信状态。

通信前置机的名称、主备状态及与应用服务器主机的连接状态，如图 3-73 所示。

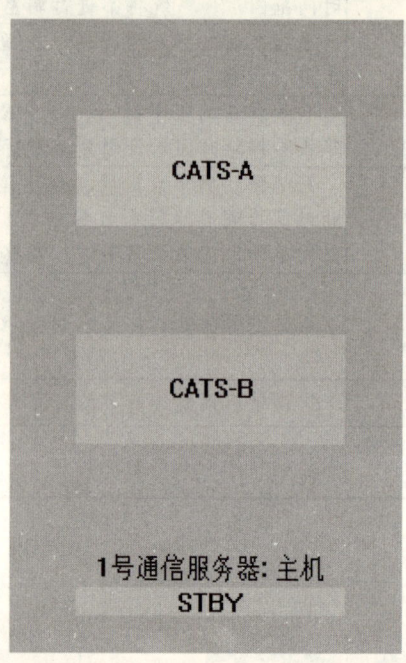

图 3-73　通信前置机名称、主备状态及与应用服务器主机的连接状态

- 当前通信前置机的名称：1 号通信服务器。
- 当前通信前置机为主用状态，另一台通信前置机为备用。
- 当前通信前置机与应用服务器主机的连接状态是"连通"，显示为绿色图标，否则显示为红色图标。

2. 日常维护

- 设备重启：先退出 FEP 程序，然后重启操作系统，待系统重启后运行程序。
- 设备倒机：先退出备机 FEP 程序，然后重启操作系统，待系统重启后运行程序；然后对另一台通信前置机做相同操作。

（三）数据库服务器

1. 设备重启

定期重启数据库服务器，可以两台同时重启，也可以分别单独重启。两台同时重启，在数据库服务器恢复前，数据库相关操作无法执行，正常情况下重启 30 min 后可恢复正常工作；两台分别单独重启，这样可保证数据库相关操作不间断进行，先重启一台，等待本机恢复（需要 30 min），然后再重启另一台（需要 30 min 恢复时间）。

2. 设备测试

重启数据库服务器后需执行下列测试，确认数据库服务器是否可以正常工作：在两台应用服务器的 NetManager 中均增加服务命名 ats1 和 ats2，ats1 指向主机名 db1-vip 对应的虚拟地址，ats2 指向主机名 db2-vip 对应的虚拟地址，在测试客户端与服务端连通的情况下，不仅要测试 ats，还要测试 ats1 和 ats2。（服务命名 ats1 和 ats2 配置一次即可，测试后不需删除，下次可继续使用。）

在一台应用服务器上分别使用服务命名 ats、ats1 和 ats2 测试与服务端的连通情况，若三者均测试正常，则数据库服务器是正常工作的。

3. 其他测试，验证 ATS 系统是否正常工作

在数据库服务器正常工作的情况下，分别查看当天计划、当天实际图、历史当天计划、历史当天实际图、出入库计划是否可正常查看。若当天计划、当天实际图、出入库计划不可正常查看，请将应用服务器倒机或重启后再查看；若历史当天计划、历史当天实际图不可正常查看，可以换一台工作站或重启本工作站后再查看。

（四）双机切换单元

1. 工作原理

两台通信前置机通过安装在各自主机板上的多串口 MOXA 卡提供的 8 个 RS422 串口与双机切换单元背板的串口相连，使用 STBY 板实现热备功能，正常运行情况下，两台通信前置机中一台为主机，另一台为备机。

双机切换单元的核心是双机热备板，热备板的功能是通过主、备机间的热备口（A 端口和 B 端口）的通信来裁决两台计算机哪一台是主机，哪一台是备机，并保持主/备机之间的通信及决定何时发生主备机切换，只有主机才能和其他外部系统实时通信，如服务器、工作站等，通过数据库实现主/备机数据同步，并提供 10 个 DB9 口使外来一路输入变成两路输出分别提供给主/备通信前置机，也只有与主机相连的 DB9 口能与输入正常通信，如无线系统、时钟系统。

平时主机向热备板连续发送信号，保持主机状态不变，备机连续发送请求主、备机切换信号；只有当主机不向热备板发送信号且备机向热备板请求主、备机切换（切换开关放置在自动挡）时，主、备机才发生切换；也可以通过强制开关，强制 A 机或 B 机为主机，在热备机笼掉电或热备口故障的情况下，系统自动保持 A 机为主机使系统稳定运行。

2. 接口说明

双机切换单元共有七个 DB9 通信口，用于和其他系统的通信接口，这七个 DB9 通信口可通过设置为 RS422、RS232、RS485 两线制与 RS485 四线制等进行异步通信（其中有四个 DB9 的通信口可设置为同步通信方式），每个通信端口的传输方式可由其他外部线缆的配线来决定。

对于热备口 A 与 B，可设置为 RS232 与 RS422 通信方式，现都是采用 RS422 通信方式，

其跳线设置如图 3-74 所示（设备出厂前已设置为 RS422）。

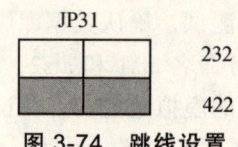

图 3-74 跳线设置

热备机笼的后面板有三块 NPCA、NPCB、STBY 区域，每个区域有八个 DB9 接口，NPCA 的 S1 口、NPCB 的 S1 口用于对应主备热备口输出；NPCA（S2、S3、…）、NPCB（S2、S3、…）、STBY（S2、S3、…）接口用于与其他外部系统的连接，转换为七路 DB9 切换输出，其中 NPCA 的 S2、S3、…、S8 对应的是 A 路输出；NPCB 的 S2、S3、…、S8 对应的是 B 路输出；STBY 的 S2、S3、…、S8 对应的是外部端口输入（用于和其他系统的连接），经过热备板转换成两路后输出，同时只有主机的输出和输入的连接，备路没有连接。

3. 电源板

电源板为双机热备机笼的一个供电单元，通过电源板把外部输入的 220 V 交流电源转换为 5 V 电源为热备机笼供电，接入电源后，打开后面板的电源开关，前面板有电源指示"POWER"及 5 A 保险丝"FUSE"，电源指示灯亮为打开电源，灭灯为关闭电源或电源故障。在掉电的情况下，默认为 A 路输出。

4. 故障诊断

1) 开关上电后，双机热备机笼电源指示灯灭灯

- 检查外部引入机柜的交流电源是否断电。
- 检查引入电源板的电源线是否松动。
- 检查电源板的保险丝是否完好。

2) 热备板工作异常

- 检查机笼后面板上 A、B 端口与主、备机之间接口线缆的物理连接。
- 检查电源或相关接口的内部配线。

3) 与其他系统接口通信异常

- 检查热备机笼后面板与其他系统（如时钟）的物理接口及连线。

十四、ATS 软件基础维护

（一）系统重装

当中心 ATS 服务器、ATS 工作站与 ATS 终端等发生系统崩溃或硬盘故障时，需要重新安装并配置操作系统以及相应的 ATS 应用软件。

1. Windows 系统重装

重新启动系统在 BIOS 里将光驱设为第一启动盘，保存设置并重启，将安装光盘放入光驱，重新启动电脑。

2. 网络防杀毒管理

ATS 系统安装有网络版防杀毒软件，其中在网络管理工作站上安装网络版防杀毒软件的服务器端，在所有其他的 ATS 工作站、ATS 终端、MMI 控显机等其他设备上安装网络版防杀毒软件的客户端。

系统维护人员可以定期从 Internet 上升级网络版防杀毒软件的病毒库，将下载获得的病毒数据包文件使用干净的软盘或 U 盘（确认没有病毒）拷贝到网络管理工作站上，并按照升级软件的提示一步步升级服务器端的病毒库，在升级完服务器端的病毒库后，所有客户端防杀毒软件会自动更新病毒库。

3. 日常维护

由于 Windows 操作系统不是一个可以长期正常、稳定工作的操作系统，因此，在可能的情况下，最好固定一段时间，重启机器。若发现机器运行较慢，则可以马上重启；若重启后还是慢，则可能感染病毒，可以考虑杀毒。网络管理工作站的重启不会影响整个系统的正常工作，平时将网络监控软件 NetView 开启，实时监控网络通道状态，及时发现单点故障。由于 ATS 系统为双机双网，因此，当单个网络通道故障时，ATS 系统软件仍能正常工作，但维护人员应及时从 NetView 软件上发现故障并及时排除。

（二）MOXA 多串口卡的配置与安装

1. 硬件安装

每台通信前置机上采用的两块多串口卡是 Industio CP-114I MOXA 卡；采用的是 PCI 插槽，每块卡带 4 个串口。通信前置机板上跳线端子说明与解释如图 3-75 所示。

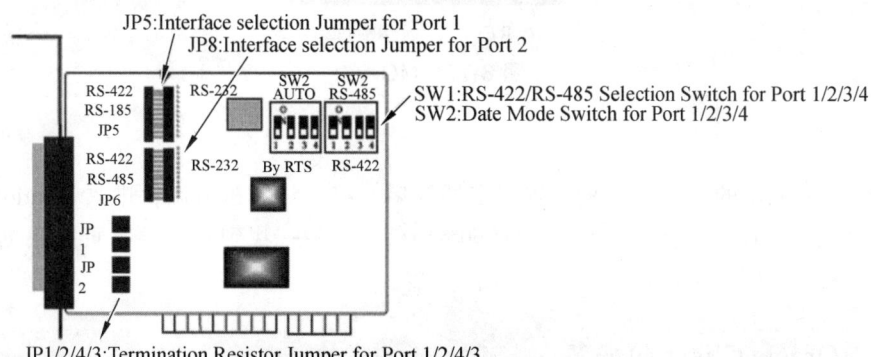

图 3-75 通信前置机板上跳线端子

对于通信前置机 MOXA 多串口卡，其接口分配如表 3-22 所示。

表 3-22　通信前置机 MOXA 多串口卡接口分配

MOXA1-串口 1	MOXA1-串口 2	MOXA1-串口 3	MOXA1-串口 4
热备口（RS422）	无线系统（RS422）	SCADA（RS422）	时钟系统
MOXA2-串口 1	MOXA2-串口 2	MOXA2-串口 3	MOXA2-串口 4
备用（RS422）	备用（RS422）	备用（RS422）	备用（RS422）

由于 MOXA CP-114 为一块多功能的串口卡（可通过跳线设置为 RS232、RS422、RS485 二线），因此，根据设置接口对分配的所有串口进行设置，别的保持其默认设置，然后上电安装驱动即可。

MOXA 卡的工作方式硬件设置如下：

（1）串口模式 1/2/3/4 的接口模式选择开关 SW1。
- ON——设置通信方式为 RS485。
- OFF——设置通信方式为 RS422。

（2）MOXA1，如图 3-76 所示。

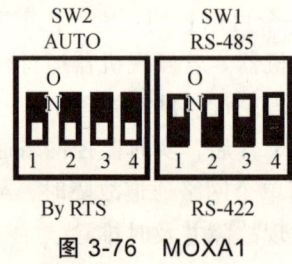

图 3-76　MOXA1

（2）MOXA2，如图 3-77 所示。

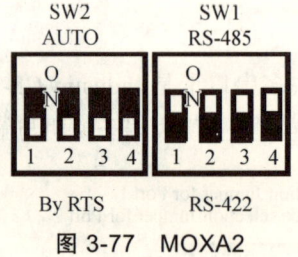

图 3-77　MOXA2

2. 软件安装

CP-114I 卡采用的是 PCI 插槽，置好卡插入后，接通计算机电源；进入 Windows 操作系统后，自动搜索到该设备，弹出"添加/删除硬件向导——找到新硬件"页，根据提示（如 CI-134I 的安装找到该设备驱动程序），进行安装。

（三）Oracle Client 的安装

对于 ITS 系统中的 ATS 工作站、ATS 终端，还需要安装数据库 Oracle Client 软件，使用者需学习 Oracle Client 软件的安装和网络数据库服务的配置。

1. 软件安装

（1）把标有 Oracle Client for Microsoft Windows 32-bit 的光盘放入光驱中（对于中心工作站已经被禁止的光驱，需要进入 CMOS 打开）。

（2）打开光驱，点击"setup.exe"文件，打开 Oracle Universal Installer 界面，如果想卸载已装的 Oracle 数据库，可点击"卸载产品"，对于安装新的 Oracle 数据库，点击"下一步"。

（3）出现文件"选择安装类型"，选择安装类型，这里选择"管理员"，安装管理控制台、管理工具、网络服务、实用程序和基本客户软件，如图 3-78 所示，点击"下一步"。

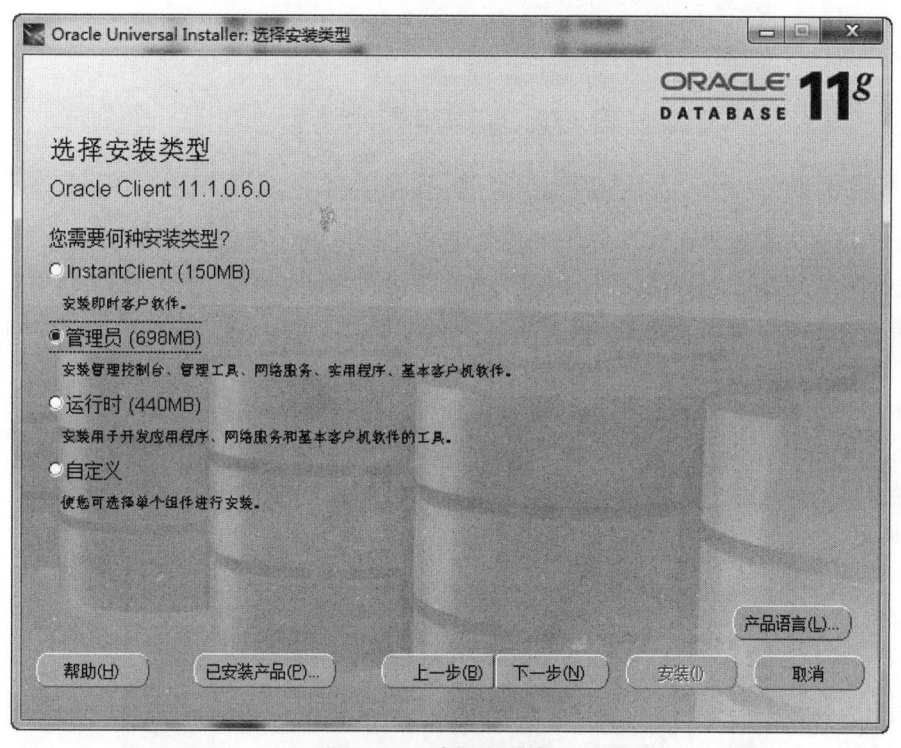

图 3-78　选择安装类型

（4）系统进入"指定主目录详细信息"界面，其中名称中的"OraClient11g_home1"不要改动，用户可以根据需求更改安装的基目录"Oracle 基目录"，如图 3-79 所示，点击"下一步"。

（5）这时安装程序检测系统，需要几分钟时间，检测完成后，出现所安装软件的"摘要"窗口，直接点击"安装"。

（6）系统进入安装程序的复制文件和安装窗口，这可能需要几十分钟时间，安装完成后出现"自动启动配置工具"界面，这时不必进入配置界面，点击"退出"。

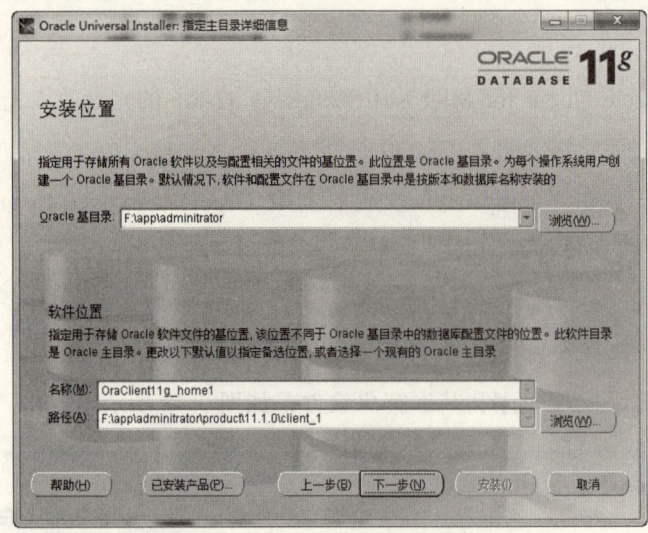

图 3-79　指定主目录详细信息

2. 网络配置

（1）不用进入配置界面，点击"停止"，再点击"退出"，配置到后台数据库服务器的连接名。进行网络配置时，只需要把固定的配置文件拷到指定文件夹，打开 ATS 软件安装光盘，把光盘里的 sqlnet.ora、tnsnames.ora 拷到 C：\oracle\product\11\1\0\Client_1\network\ADMIN 目录下，就可完成对数据库的网络设置。

（2）然后对网络设置进行测试，查看是否可以和服务器数据库进行连接，选择"开始/程序/Oracle-OraClient11_home1/Configuration and Migration tool/Net Manager"，打开 Oracle Net 配置窗口，再选择"本地/服务命名"，将列出已配置好的 Oracle 远程数据连接名称，如图 3-80 所示。

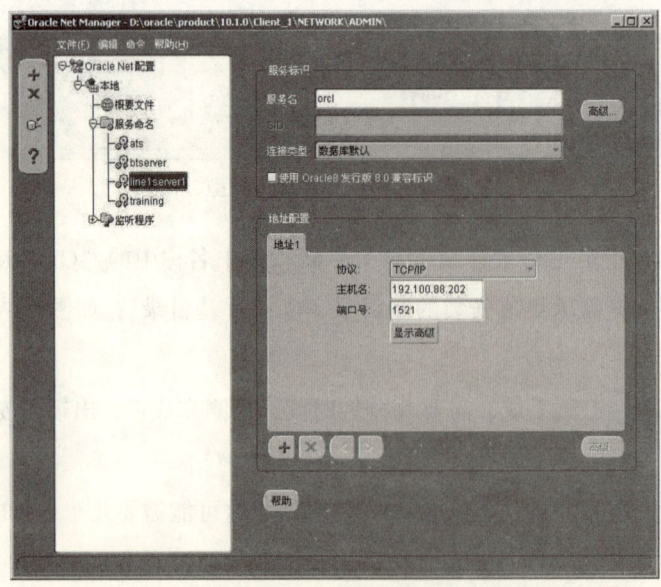

图 3-80　测试网络设置

（3）首先查看配置服务的 ip 地址和端口号是否正确，确认正确后，可以对所装的服务进行网络测试，选择所要测试的服务，点击左上角的"![]"进行测试，出现"连接测试"窗口，如果提示测试不成功，表示所装的数据库客户机不能和服务器数据库连接，这时有可能是与服务器连接的网络问题或登录用户名/密码不符（当前数据库用户名为 tcc_its，密码为 tccuser），ping 服务器的两个 IP 地址，查看是否可以 ping 通；如果提示测试成功，即完成 Oracle 11g Client 的安装。

（四）数据备份与恢复

1. ATS 数据库备份和恢复

ATS 系统的历史运行数据包括历史运行图、日志报警、回放数据等，在无人工备份的情况下，ATS 系统保存 30 天的历史运行数据，超过 30 天的数据将会被自动清除。

1）备份数据库

- 打开命令行窗口 cmd。
- 输入 exp tcc_its/tccuser@ats file = d：\its_sh10_db，dmp owner = tcc_its grants = y rows = y indexes = y，---文件路径 d：\its_sh10_db，dmp 可修改。

2）还原数据库

sqlplus/nolog
conn sys/casco as sysdba；
//强制删除用户。
//删除用户以及用户所有的对象，如果删除不掉，那么需要关闭与数据库连接的软件，如 cats、中心工作站的运行图。
　　drop user tcc_its cascade；
　　commit；
　　exit；
　　sqlplus/nolog
　　conn sys/casco as sysdba；
　　create user tcc_its identified by tccuser；
　　grant resource，connect，dba to tcc_its；
　　commit；
　　exit；
　　imp tcc_its/tccuser@ats file = d：\its_sh10_db，dmp fromuser = tcc_its touser = tcc_its grants = y rows = y indexes = y

2. 历史数据备份和恢复

历史数据均保存在"软件数据"目录下，按照数据和软件版本名称命名。

十五、各类连接线及连接端子

(一) 网 线

对于网线,两端都要做 RJ45 水晶头端子,连接线采用的是双绞线,两端水晶头一般采用一一对应关系,水晶头八根线的连接顺序(水晶头的卡头向下)自左向右分别为:1——橙白、2——橙、3——绿白、4——蓝、5——蓝白、6——绿、7——棕白、8——棕。

对于车辆段/停车场派班室终端与信号机房的连接采用的是光纤转换器,在派班室,光纤转换器输出后,直接通过网线连接到终端计算机上,在终端计算机处,网线的连接方法采用的是上面介绍的方法,线缆的制作类似普通网线的制作。对于停车场/车辆段信号机房内从光纤转换器至集线器部分,采用的是 10/100 M 的网线交叉线,其两端水晶头的八根线连接顺序对照(水晶头的卡头向下)自左向右分别为:1——3、2——6、3——1、6——2、4——7、5——8、7——4、8——5。

把网线按顺序插入水晶头后,采用专用的压线工具进行压线,然后通过网线校对设备对其校对正确后,完成该网线的制作。

(二) 与通信接口配线

与通信接口配线采用的是 UTP 超五类网线,通过 RJ45 端子与交换机/集线器连接,其 RJ45 端子的接线与普通网线接线一致,连接顺序(水晶头的卡头向下)自左向右分别为:1——橙白、2——橙、3——绿白、4——蓝、5——蓝白、6——绿、7——棕白、8——棕。其引脚定义如表 3-23 所示。

表 3-23 引脚定义

引脚	信号定义	连接线缆
1	NC	橙白
2	GND	橙
3	TX-	绿白
4	RX-	蓝
5	RX+	蓝白
6	TX+	绿
7	GND	棕白
8	NC	棕

(三) 和其他系统的接口

ATS 等系统与其他系统的接口采用的是 RS422 接口,从 ATS 系统双机切换单元到其他系统的接口均采用的是 RS422 电缆交叉连接,其对照关系表为 1(TX-)4、2(TX+)3、3(RX+)2、4(RX-)1。

十六、作业指导及设备工艺标准

（一）工艺标准

工艺标准如表 3-24 所示。

表 3-24　工 艺 标 准

设备	周期	检修工作内容	检修工艺
ATS 工作站（各 MMI）	日巡检	检查软件工作状态	指示灯正常，软件运行正常
		检查网络状态	系统 IP 地址连接正常
		检查主要设备状态栏显示	主用应用服务器显示紫色，备用服务器显示浅绿色，各工作站图标显示绿色，否则，详细记录（打印或电子存档）
		确认弹出式报警	确认报警不影响运营
		检查站场图各设备元素显示状态	记录设置临时限速区段情况。无车次号延迟、棕色或白色光带等异常，ZC、LC 状态灯显示绿色；否则，详细记录（打印或电子存档）
		检查"详细设备状态"栏	PA、RADIO、CLOCK、ISCS、MSS 接口显示连接正常，主用状态或工作正常为绿色，备用状态为黄色，CATS 主用状态为蓝色；否则，详细记录（打印或电子存档）
		检查运行图可用性	功能均正常，实际图无时间段丢失情况
		检查报警记录	无异常报警；否则，详细记录（打印或电子存档）
		检查与数据库的连接状态	输出结果与数据库连接正常
		检查音响工作状态	音响功能正常
	周检	检查设备运行状态	指示灯正常，软件运行正常
		检查设备外观	外观清洁无损坏，各部件紧固、连接良好无破损
		设备外部清洁	清洁设备卫生
		询问操作员日常操作是否有异常	了解日常操作过程中的问题以便及时排除
		更新杀毒软件病毒库	下载最新的病毒库，同步更新于所有服务器和工作站
	月检	检查设备运行状态	指示灯正常，软件运行正常
		检查主机风扇运行状态	通风良好，无异常噪声
		时间同步检查	与 GPS 时间同步，±10 s
		检查磁盘空间	各磁盘可用空间大于 10 GB
		日志、密码文件备份	各服务器、工作站日志齐全，密码文件为最新
		设备外部清洁	清洁设备卫生

续表

设备	周期	检修工作内容	检修工艺
ATS 工作站（各 MMI）	月检	工作站操作系统垃圾文件整理	重启 ATS 工作站，工作正常
		硬盘进行全盘杀毒	对 ATS 工作站进行全盘杀毒
	年检	硬盘备份（系统、软件和数据）	备份当前正在运营中使用的最新版本
		设备内部板级清洁	关闭电源进行除尘
		设备内部部件紧固	机箱内各线缆捆绑整齐，无破损，插接头无变性破损；各个配件插接牢固，无松脱
ATS 服务器	月检	检查机柜顶部风扇	通风良好，无异常噪声
		检查应用服务器工作状态	检查主、备机状态，网络状态和指示灯状态
		检查数据库服务器工作状态	数据库服务已启动，检查主网络状态、磁盘阵列状态、光交换机状态和指示灯状态
		检查 FEP 服务器工作状态	检查与外部系统接口状态，主、备机状态，网络状态，STBY 面板
		检查时刻表编辑工作站工作状态	检查网络状态，检查 offline 软件
		时间同步检查	与 GPS 时间同步，±10 s
		检查磁盘空间	各磁盘可用空间大于 10 GB
		回放数据备份	30 天回放数据齐全
		服务器操作系统垃圾文件整理	重启 ATS 服务器，工作正常
		硬盘进行全盘杀毒	对 ATS 服务器进行全盘杀毒
	年检	断电重启服务器	重启后服务器功能正常，各日志文件正常
		设备内部板级清洁	内部清洁无尘
		设备内部部件紧固	各个配件插接牢固，无松脱
		功能测试	ATS 主要功能经测试，正常可用无异状
		硬盘备份	完整同步备份，并做好备份标记

（二）作业指导

1. 日巡检

1）作业条件

- 空气温度：室内 0 ~ 35 ℃。
- 大气压力：70 ~ 106 kPa（相当于海拔高度 3 000 m）。

2）准备工作

- 作业人员：ATS 检修工当天值班人员。
- 工器具：清洁剂、螺丝刀。
- 劳动保护用品及其他物品：维保服、防尘鞋套（或防静电拖鞋）。
- 资料：《信号系统维修规程》《信号系统作业指导书》。
- 需填写的表格：《控制中心信号设备日常巡视表》。

3）作业工期

检修用时 40 min，详情如下所示。

- 设备正面、背面各指示灯状态：10 min/人。
- 软件状态检查：2 min/人。
- 网络检查：5 min/人。
- 服务器、车站工作站主备情况查看：10 min/人。
- 设备状态栏显示用时：5 min/人。
- 工作站用户登录情况查看：2 min/人。
- 数据库服务器硬盘容量查看：2 min/人。
- 报警日志检查：2 min/人。
- 硬件检查用时：2 min/人。

4）安全注意事项及危险点控制措施

安全注意事项及危险点控制措施，如表 3-25 所示。

表 3-25 安全注意事项及危险点控制措施

序号	危险点	安全控制措施
1	防止尘土带入机房	进入机房穿戴鞋套或更换洁净的防静电拖鞋

5）作业程序及作业标准

作业程序及作业标准如表 3-26 所示。

表 3-26 作业程序及作业标准

序号	作业程序	标准及监督检查
1	检查软件工作状态	指示灯正常，软件运行正常
2	检查网络状态	系统 IP 地址连接正常
3	检查主要设备状态栏显示	主用应用服务器显示紫色，备用服务器显示浅绿色，各工作站图标显示绿色；否则，详细记录（打印或电子存档）
4	确认弹出式报警	确认报警不影响运营
5	检查站场图各设备元素显示状态	记录设置临时限速区段情况。无车次号延迟、棕色或白色光带等异常，ZC、LC 状态灯显示绿色；否则，详细记录（打印或电子存档）
6	检查"详细设备状态"栏	PA、RADIO、CLOCK、ISCS、MSS 接口显示连接正常，主用状态或工作正常为绿色，备用状态为黄色，CATS 主用状态为蓝色；否则，详细记录（打印或电子存档）
7	检查运行图可用性	功能均正常，实际图无时间段丢失情况
8	检查报警记录	无异常报警；否则，详细记录（打印或电子存档）
9	检查与数据库的连接状态	输出结果与数据库连接正常
10	检查音响工作状态	音响功能正常

2. 周 检

1）作业条件

- 空气温度：室内 0 ~ 35 ℃。
- 大气压力：70 ~ 106 kPa（相当于海拔高度 3 000 m）。

2）准备工作

- 作业人员：ATS 检修工当天值班人员。
- 工器具：清洁剂、螺丝刀。
- 劳动保护用品及其他物品：维保服、防尘鞋套（或防静电拖鞋）。
- 资料：《信号系统维修规程》《信号系统作业指导书》。
- 需填写的表格：《ATS 维护台周检》《OCC 调度员工作站周检》。

3）作业工期

检修用时 44 min，详情如下所示。

- 各工作站主机设备正面、背面各指示灯状态：3 min/人。
- 大厅各工作站显示状态检查：3 min/人。
- 各工作站鼠标键盘状态检查：3 min/人。
- 设备外部清洁：10 min/台。
- 询问操作员日常操作是否有异常：5 min/人。
- 更新杀毒软件病毒库：20 min/人。

4）作业程序及作业标准

作业程序及作业标准如表 3-27 所示。

表 3-27 作业程序及作业标准

序号	作业程序	标准及监督检查
1	检查设备外观	外观清洁无损坏，各部件紧固、连接良好无破损
2	设备外部清洁	清洁设备卫生
3	询问操作员日常操作是否有异常	了解日常操作过程中的问题以便及时排除
4	更新杀毒软件病毒库	下载最新的病毒库，同步更新于所有服务器和工作站

3. 月 检

1）作业条件

- 空气温度：室内 0 ~ 35 ℃。
- 大气压力：70 ~ 106 kPa（相当于海拔高度 3 000 m）。

2）准备工作

- 作业人员：必须经过 ATS 系统维护技术培训，并经考核合格，取得 ATS 检修工上岗证方可进行该作业。月检作业时作业组人员不得少于两人,作业前由班组长指定一名责任心强、业务素质高、经验丰富、熟悉作业流程且具备高级职业技能的人员为作业负责人,负责办理作业请销点、设备检修指导与作业全过程的安全卡控。

- 工器具:作业前需带齐下列工具,并确保其使用良好:手持台 2 台及其他相关工具。
- 劳动保护用品及其他物品:维保服、防尘鞋套(或防静电拖鞋)。
- 资料:《信号系统维修规程》《信号系统作业指导书》。
- 需填写的表格:《ATS 工作站月检》《ATS 服务器月检》。

3)作业工期

检修用时 128 min,详情如下。

- 检查机柜状态:5 min/人。
- 检查设备运行状态:10 min/人。
- 各工作站时间同步检查:2 min/人。
- 检查磁盘空间:2 min/台。
- 日志密码回放备份:15 min/台。
- 设备外部清洁:10 min/台。
- 重启设备:10 min/台。
- 全盘杀毒:30 min/台。

4)作业程序及作业标准

作业程序及作业标准如表 3-28 所示。

表 3-28 作业程序及作业标准

序号	作业程序	标准及监督检查
1	检查机柜顶部风扇	通风良好,无异常噪声
2	检查设备运行状态	指示灯正常,软件运行正常
3	检查主机风扇运行状态	通风良好,无异常噪声
4	时间同步检查	与 GPS 时间同步,±10 s
5	检查磁盘空间	各磁盘可用空间大于 10 GB
6	日志、密码文件备份	各服务器、工作站日志齐全、密码文件为最新
7	回放数据备份	30 天回放数据齐全
8	设备外部清洁	清洁设备卫生
9	工作站操作系统垃圾文件整理	重启 ATS 工作站,工作正常
10	硬盘进行全盘杀毒	对 ATS 工作站全进全盘杀毒

4. 年检

1)作业条件

- 空气温度:室内 0~35 ℃。

- 大气压力：70~106 kPa（相当于海拔高度 3 000 m）。

2）准备工作

- 作业人员：必须经过 ATS 系统维护技术培训，并经考核合格，取得 ATS 检修工上岗证方可进行该作业。月检作业时作业组人员不得少于两人，作业前由班组长指定一名责任心强、业务素质高、经验丰富、熟悉作业流程且具备高级职业技能的人员为作业负责人，负责办理作业请销点、设备检修指导与作业全过程的安全卡控。
- 工器具：作业前需带齐下列工具，并确保其使用良好：手持台 2 台、全棉毛巾 2 张、毛刷 2 把、清洁剂及其他相关工具。
- 劳动保护用品及其他物品：维保服、防尘鞋套（或防静电拖鞋）。
- 资料：《信号系统维修规程》《信号系统作业指导书》。
- 需填写的表格：《ATS 工作站年检》《ATS 服务器年检》。

3）作业工期

检修用时 210 min，详情如下所示。

- 服务器年检：100 min/台（不含硬盘备份）。
- 工作站年检：80 min/台（不含硬盘备份）。
- 硬盘备份：30 min/块。

4）危险点控制措施

危险点控制措施，如表 3-29 所示。

表 3-29 危险点控制措施

序号	危险点	安全控制措施
1	防止尘土带入机房	进入机房穿戴鞋套或更换洁净的防静电拖鞋
2	设备内部清洁工作污染机房环境	设备内部清洁工作，应将主机从机柜中拆卸下来，带至设备房外合适的地点进行清洁工作，防止清洁工作中产生的灰尘污染机房环境
3	细小零配件散落主机内部，短路工作板卡	关闭主机盖前，仔细检查，确认无散落小物件后方可加盖、插线、上电
4	接打电话谈论与检修无关内容，忽略检修过程中的异常现象，导致故障或不良影响	检修过程中，检修人员不得接打电话或对讲手持台，不得谈论与检修无关的内容，直到检修完毕；若因检修需要，则可使用手机或手持台联系检修相关事宜

5）作业程序及作业标准

作业程序及作业标准如表 3-30 所示。

表 3-30 作业程序及作业标准

序号	作业程序	标准及监督检查
1	硬盘备份（系统、软件和数据）	备份当前正在运营中使用的最新版本
2	设备内部板级清洁	关闭电源进行除尘
3	设备内部部件紧固	机箱内各线缆捆绑整齐，无破损，插接头无变性破损；各个配件插接牢固，无松脱
4	功能测试	主要功能测试，正常可用无异状

十七、故障处理原则

- 当 ATS 系统发生故障时，首先提醒调度员将相应车站转入站控或紧急站控模式。
- 当 ATS 发生单点故障时，不要轻易切换应用服务器和通信服务器，不要轻易重启交换机等网络设备，否则容易扩大故障影响范围。
- 日常巡视时发现备用机器或备用通道故障时，虽然暂时不影响使用，但必须立即处理。

十八、故障处理方法

（一）ATS 应用服务器故障

正常情况下，应用服务器在界面系统状态栏显示本机主备机状态和对方机的主备机状态，同一时间只有一台应用服务器为主机，另一台为备机，状态栏下方的信息窗口中以正常滚动速度显示一般的提示信息。

若出现双主机或双备机的异常情况，则选择退出一台的程序（首先登录，用户名 root，密码 root）；若故障依然存在，则再退出另外一台的程序，然后再启动。若启动后故障依然存在，则应立即退出该机程序，进行人工倒切到另一台作主机。

若主机故障程序没有退出备机无法升主机，调度界面显示卡机，则需要及时手动关闭主机的应用程序；若备机故障，此时不影响使用，但也需立即进行处理。

（二）中心通信中断

若各调度台上车站信息全部中断（包括运行图），应首先检查 ATS 应用服务器工作状态，若工作不正常（如死机或双主双备）则进行 ATS 应用服务器的主备切换或重新启动；若工作正常但车站连接状态全部中断，则检查 ATS 应用服务器的网线以及网卡状态，确认本机无故障后转入网络故障流程处理。

若中心全部工作站（包括大屏）表示不刷新，并且中心和车站连接状态正常，则需立即应用服务器倒机，以恢复故障。

（三）大屏通信中断

若观察到大屏失去所有车站的表示和车次号，但维护工作站及调度员工作站上表示正常，应首先重新启动大屏工作站软件；若故障依然存在则可能是网络故障，检查与服务器的网络连接（PING），并且检查机器时间与服务器是否同步（ATS），若网络不通则转至网络故障流程处理，若时间错误则转至时间同步故障流程处理，必要时重新启动大屏计算机，若故障依然存在，则可能是应用服务器故障，则转至应用服务器故障流程处理。

若观察到大屏失去所有车站的表示和车次号，同时维护工作站及调度员工作站也发生中断，则可能是服务器故障（转至应用服务器故障流程处理）或网络故障（转至网络故障流程处理）。

（四）单台调度员工作站故障

若观察到站场图信息中断，则可能是与服务器连接故障。首先检查设备状态栏服务器工作状态，若正常则重新启动并登录当前调度台程序；若中断则检查与服务器的网络连接（PING），并且检查机器时间与服务器是否同步（ATS），若网络不通则转至网络故障流程处理，若时间错误则转至时间同步故障流程处理，必要时重新启动调度台计算机；若故障依然存在，则可能是应用服务器故障，转至应用服务器故障流程处理。

若站场图信息正常，但运行图紊乱或操作异常，则应重新启动并登录调度台程序，若故障依然存在则可能是 ATS 应用服务器故障，转至应用服务器故障流程处理。

（五）无法下载运行图

接到故障通知，到现场了解过程，记录故障现象，按照以下步骤处理故障：首先在维护台或调度台上尝试下载当天计划，若尝试失败并且可 ping 通数据库服务器，则分别在工作站和应用服务器进行数据库连接测试"sqlplus tcc_its/tccuser@ats"；若均测试失败则可以尝试重启数据库服务器；若 ping 不通数据库服务器，则可能为网络故障，还可以用命令 sqlplus/nolog，tcc_its/tccuser@ats 对数据库服务器进行连接测试；若显示无法连接或是连接超时则也可以判断是数据库故障，需要重启数据库服务器；若测试成功可以下载历史计划图，则故障点可以定位为应用服务器，需要进行应用服务器倒机操作。

（六）维护员工作站无法回放或远程访问文件

需要实现回放或远程访问文件必须启动以下三个服务：Computer Browser、Server、Workstation。查看维护员工作站及应用服务器上这三个服务（控制面板-管理工具-服务）是否已处于启动状态，若处于停止状态，则需手工启动该服务，把启动类型设为自动，并且查看应用服务器的回放文件夹是否共享。

（七）数据库服务器故障

正常情况下，两台数据库服务器以冗余方式工作，其中一台故障不影响系统正常运行，若发现多次车次号自动换号失败，则可能发生双数据库服务器故障，首先在维护台上或调度台上尝试下载当天计划，如果尝试失败并且可 ping 通数据库服务器，然后分别在工作站和应用服务器进行数据库连接测试"sqlplus tcc_its/tccuser@ats"，若均测试失败则可以尝试重启数据库服务器；若无法 ping 通数据库服务器，则可能为网络故障，转至网络故障处理流程。（如果确定数据库服务器宕掉，此时 CATS 服务器不要退出，退出了就无法启动）

（八）通信前置机故障

通信前置机界面显示了主备机状态，正常情况下，同一时间只有一台通信前置机为主机，另一台为备机，且主备机通信正常。若出现双主机或双备机的异常情况，则选择退出一台的程序；若故障依然存在，则再退出另外一台程序，然后再启动；若启动后故障依然存在，应立即退出该机程序，进行人工倒切到另一台做主机。

若观察到与外部接口的通信中断，应首先通过双机切换单元进行人工倒切到另一台做主机；若故障依然存在，则转到外部接口故障流程处理。

若观察到与 ATS 应用服务器的通信中断，应首先检查与服务器的网络连接（PING）；若网络不通则转至网络故障流程处理；若故障依然存在则可能是应用服务器故障，则转至应用服务器故障流程处理，必要时重新启动通信前置机计算机。

（九）网络故障

1. 单点网络故障

1）排除物理故障

正常情况下，机器后的网卡指示 LINK 灯常绿，ACT 灯闪绿；交换机对应端口的 LINK 灯常绿或闪绿；出现其他情况如灭灯、黄灯、红灯则表示物理连接故障，需要检查网线接插，必要时更换备用网线。

2）排除系统设置故障

对于 WINDOWS 系列操作系统，打开"控制面板"的"网络连接"，检查网卡设置状态，在 CMD 窗口中运行 ipconfig 命令可以查询 TCPIP 设置状态，应该可以查询到每块网卡的 IP 设置，若没有列出网卡，则表明网卡被"禁用"或物理连接有问题。

3）用 PING 命令检测局域网连通质量

在 CMD 窗口中运行 ping　a，b，c，d -t，其中 a、b、c、d 是局域网中无故障的机器地址，若发生丢包现象，则进一步检查网线接插，必要时更换备用网线。

4）联系专业人员

涉及远程终端设备的，排除以上故障后问题依然存在，应立即联系 DCS 系统和数传系统相关人员。

2. 网络全面故障

1）交换机故障

检查交换机的工作状态，包括前后面板的各种指示灯；若发生全灭现象则可能是供电问题，或被他人意外关机，检查电源后开机试验；若指示灯全闪或其他异常情况则重新开机（关机等待 2 min，再开机）再试，若重新开机后还不能恢复，则彻底关机，完全切换到另外一台交换机。

2）由网络广播风暴导致的全面故障

这种故障在交换机上表面看起来基本正常，但是终端之间时通时断，PING 丢包严重或时延严重，出现这种故障时可以采取一根一根拔出交换机网线方法，若拔出某根后故障消失，则这根网线连接的终端有问题（如病毒）或这根网线构成了环，从而可以查出原因。

（十）时间同步故障

ATS 系统依赖统一的时间源，但任何两台设备之间时间不同步，不影响设备主要功能的正常运作，可在每天运营结束后再进行时钟的统一调整。

正常情况下 ATS 时间与时钟系统的时间一致，若发现 ATS 时间异常，应首先检查 ATS 通信服务器与时钟接口是否正常，若中断则转到外部接口故障流程处理，若正常则可能发生 ATS 系统内部时间同步异常，可以使用以下手段直接同步。

（1）在 windows xp/2008/windows 7 系统下查看服务"windows time"是否处于启动状态，若处于停止状态，则需手工启动该服务，并把启动类型设为自动，禁止同步 Internet 服务器。

（2）在 LATS 系统下运行 # ntpupdate cats-ip-address，其中 cats-ip-address 是 ATS 应用服务器的 ip 地址，若成功则提示一行英文，同时包含一个纠正的时间差。

（3）若以上不成功，则可能时间源（应用服务器或通信前置机）故障，或网络通信中断，必要时可以手工修改时间，但必须精确。

若时钟系统的授时功能发生故障，应立即联系时钟系统解决，同时断开通信前置机与时钟系统的接口。

人工调整 ATS 系统内设备的时间有可能导致网络通信故障，通知厂家，由技术人员电话支持或赴现场处理。

（十一）外部接口故障

1. ATS—时钟系统接口故障

系统能自动降级切换至 1 级时钟同步，不影响正常运营，待当天运营结束后再处理故障，转至时间同步故障。

2. ATS—综合监控系统接口故障

ATS—综合监控系统接口故障将主要影响综合监控功能，综合监控系统发送给 ATS 的 SCADA 信息也将不在 ATS 上有效显示；联系双方技术人员尽快查明原因恢复故障。

3. ATS—无线接口故障

ATS—无线接口故障将有可能影响无线电调无法正常与列车通信,联系双方技术人员尽快查明原因恢复故障,故障期间启动备用联系方式。

4. ATS—PIS 系统接口故障

ATS—PIS 系统接口故障将有可能影响 PIS 无法正常显示,联系双方技术人员尽快查明原因恢复故障。

5. ATS—广播系统接口故障

ATS—广播系统接口故障将有可能影响广播系统无法正常显示,联系双方技术人员尽快查明原因恢复故障。

6. ATS—DTI 接口故障

对于个别站的 DTI 显示故障,并不影响全线的运营和调度,及时通知车站值班人员检查 ATS—DTI 接口故障是否由于 DTI 硬件故障引起。

外部接口故障可以按照以下步骤处理:检查室外发车表示器的电源是否正常,电源不正常需要检查电源屏与室外的连接,若正常则检查室内发车表示器的接口程序卡死情况,若有卡死则需要重启发车表示器接口程序,若无卡死则再检查室内串口连接和信息线的连接,若接触不好则需要重新做串口线,若串口线正常则再检查室外发车表示器的主板是否有损坏,若有损坏则更换发车表示器主板。

典型工作任务 2 浙大网新 ATS 子系统

【工作任务】

(1)熟悉浙大网新 ATS 子系统设备的组成及功能。
(2)熟悉浙大网新 ATS 子系统人机界面的显示内容和意义,以及有关操作方法。
(3)熟悉浙大网新 ATS 子系统硬件维护要点。
(4)熟悉浙大网新 ATS 子系统软件维护要点。
(5)掌握浙大网新 ATS 子系统故障处理程序。
(6)熟悉浙大网新 ATS 子系统故障处理常用方法。

【知识准备】

一、系统概述

1. 运行环境

- ATS 服务器和工作站均运行在 LINUX REDHAT 7.0 操作系统上。
- 数据库服务器使用 Oracle 11g 数据库软件。

2. 网络构成

中央 ATS 系统、区域控制器（ZC）、数据存储单元（FRONTAM）、远程 ATS 车站工作站和数据通信子系统（DCS）间的通信，由配置为主/备模式的冗余以太网（LAN）完成。LAN 通过远程光缆设备和网络复用设备与每个远程节点通信。网络复用设备（包括冗余的接入交换机、骨干交换机等）安装在中央控制室、车辆段、每个远程 ATS 车站子系统和其他 DCS 子系统内。

3. 性能参数

- 现场信息中心显示时间：现场状态变化到控制中心 ATS 界面显示的时间不超过 1 s。
- 控制命令至现场执行的时间：从 ATS 下达指令至现场设备接收到指令开始执行的时延不大于 1 s。
- 连续无故障运行时间：ATS 系统应能满足 144 h 连续无故障运行的要求，并满足整个信号系统的 RDT（Reliability Determination Test 可靠性验证测试）测试要求。
- 热备切换性能：热备切换时间不影响设备工作的连续性。

二、系统设备组成

浙大网新 ATS 子系统的组成，如图 3-81 所示。

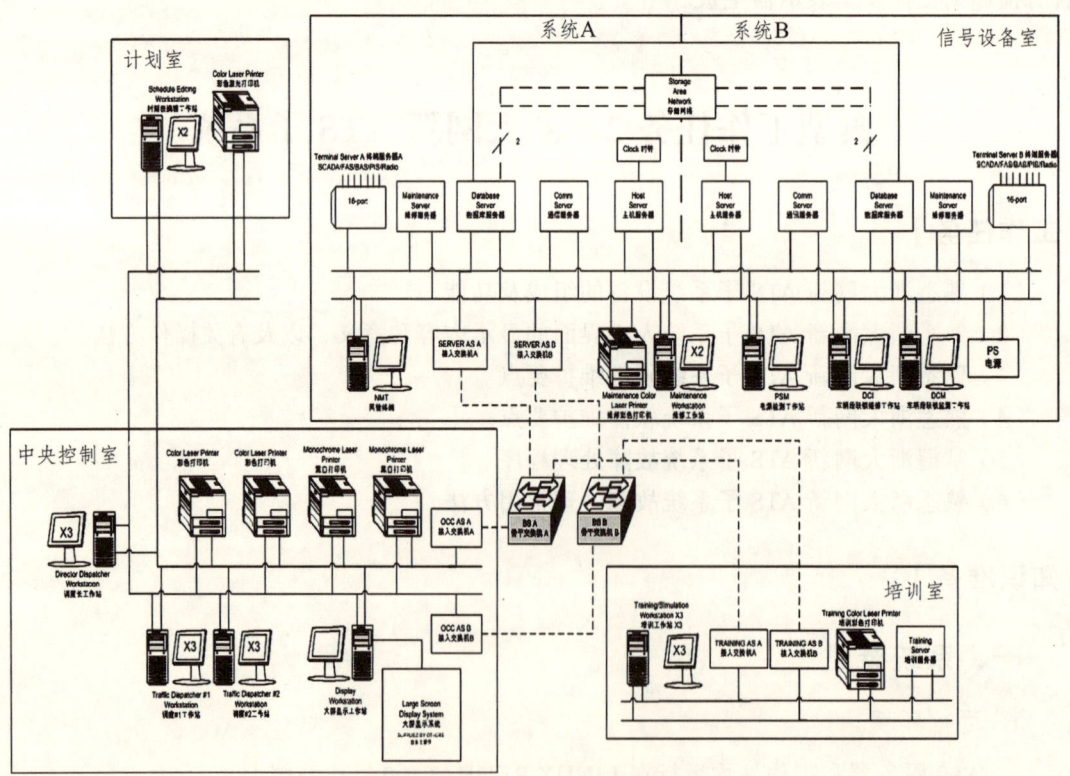

图 3-81 ATS 系统组成

中央控制室：
- 2 台行车调度工作站；
- 1 台总调度工作站；
- 1 台网络单色打印机，用于打印故障报表。

中央信号设备室：
- 2 台互为冗余的主机服务器；
- 2 台互为冗余的通信服务器；
- 2 台互为冗余的数据库服务器；
- 1 台接口服务器；
- 2 台 8 口终端服务器；
- 1 台系统管理员工作站；
- 1 台大屏显示工作站；
- 1 台大屏接口计算机。

计划运行图编辑室：
- 1 台运行图/时刻表编辑工作站；
- 1 台网络彩色打印机，用于打印报告和列车运行图。

1. 主机服务器

主机服务器负责全线的 ATS 系统功能，包括列车追踪、自动调度、自动进路、自动列车调整和控制请求确认等，此外，它还提供与时钟系统的接口。功能如下：

- 正线/停车场/车辆段联锁上传的数据处理；
- 轨旁和车载 ATP/ATO 设备传送数据的处理；
- 全部线路包括停车场/车辆段的列车追踪处理和管理；
- 列车编组管理的后台处理；
- 联锁信号设备中控操作的后台处理；
- 列车控制操作的后台处理；
- 自动调度和自动调整功能的后台处理；
- 生成列车出入库预告；
- 在线时刻表/派班计划操作的后台处理；
- 用户管理功能的后台处理；
- 报警/事件信息管理功能的后台处理；
- 历史数据（报警时间日志、历史运行图、回放数据）的记录；
- 汇总管理 ATS 系统内各设备的工作状态数据，并发送给相应的维护接口；
- 提供时钟接口。

2. 中心工作站

ATS 人机接口客户端，实现中心 ATS 功能操作的各项用户界面。根据登录用户角色的不同，ATS 工作站界面会做出调整，开放相应的操作权限。

该软件分为站场管理和在线运行图管理两个模块，分别为两个进程。功能如下：

- 接收主机服务器发出的站场显示信息并显示；
- 接收主机服务器发出的列车信息并显示；
- 接收主机服务器发出的外部接口信息并显示；
- 提供列车管理的用户界面；
- 提供信号设备中心操作的用户界面（停车场及车辆段不具备信号操作功能）；
- 提供列车控制中心操作的用户界面；
- 提供自动调度/自动调整人工管理的用户界面；
- 提供在线时刻表管理的用户界面；
- 提供报警/事件显示、确认、删除、过滤的用户界面；
- 提供报警/事件历史分析的用户界面；
- 调用报告查询软件的用户界面；
- 提供用户登录/退出/管理自身密码的用户界面；
- 提供维护员进行 ATS 数据备份界面；
- 调用回放软件用于历史回放。

3. 时刻表编辑工作站

时刻表编辑工作站提供在离线状态下对系统使用的参考行车计划进行管理功能，直接连接到 Oracle 数据库，对数据库内的基本计划数据进行操作。功能如下：

- 编辑本地运行等级（站间运行时间）数据；
- 新建/修改本地基本计划数据；
- 基本计划打印；
- 基本计划查询；
- 基本计划有效性检查；
- 上传/下载运行等级（站间运行时间）数据；
- 上传/下载基本计划数据；
- 删除数据库内的基本计划；
- 根据配置参数辅助自动生成基本计划数据；
- 从 Excel 文件导入基本计划（此功能需由第三方软件配合实现或指定文件格式）。

4. 通信服务器

ATS 通信服务器运行与外部系统通信的软件，通过接口服务器与外部系统进行通信。通信服务器通过接口服务器处理所有从外部系统接收的数据，并通过接口服务器向外部系统发送其所需数据。CBTC 其他的子系统接口包括 Microlok、DSU/FRONTAM、ZC、CC、时钟（通过主机服务器处理）以及 DTI（通过 SCC 处理）。功能如下：

- 实现与无线系统的接口；
- 实现与联锁 Microlok 的接口；
- 实现与综合监控 ISCS 的接口；
- 实现与数据存储单元 DSU/FRONTAM 的接口；
- 实现与区域控制器 ZC 的接口（通过数据存储单元 DSU/FRONTAM）；

- 实现与车载控制器 CC 的接口（通过数据存储单元 DSU/FRONTAM）；
- 实现与发车计时器 DTI 的接口（通过车站计算机 SCC）。

5. 数据库服务器

数据库服务器持续存储接收到的事件、ATS 用户控制请求、ATS 自动控制请求、报警等信息，并为用户生成包含所有这些数据的报告。

6. 接口服务器

接口服务器提供与其他 CBTC 子系统和外部系统间的接口和协议转换，经过协议转换后分别发送给各个外部系统。外部系统接口包括 DTI、无线、PIS、ISCS 等。ATS 和外部系统间若为串行连接，则将通过终端服务器提供网络连接，并在 ATS 和外部系统之间传送数据。接口服务器为外部系统提供了两种连接方式：
- 网口：由 OCC 提供的网络交换机进行接口，如 ISCS；
- 串口：在 OCC 和每个车站之间通过终端服务器进行接口，终端服务器一端通过网口连接 DCS 网络，另外一端提供外部系统所需的串行接口，如无线、发车计时器（DTI）等。

7. 大屏接口计算机

大屏接口计算机与主机服务器连接，实现将 ATS 信息显示到大表示屏上的功能。功能如下：
- 与主机服务器连接，获得站场图显示信息；
- 将站场图显示信息转换为指定格式发送到大表示屏。

三、工作站界面显示

ATS 工作站人机界面主要包括调度员工作站、车站的 ATS 工作站和 LCW 工作站，主要用于控制和获取列车、设备运行状态信息。默认在显示器屏幕上显示的有轨道图窗口、操作请求堆栈、报警队列三个窗口。

- 轨道图窗口，如图 3-82 所示。

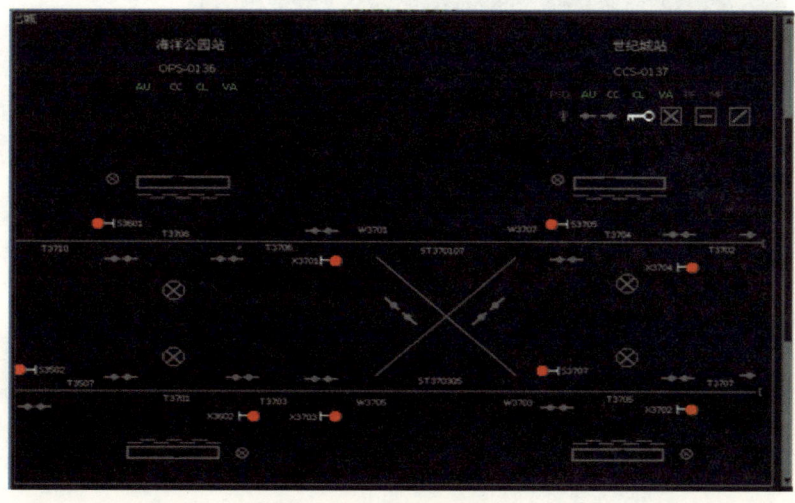

图 3-82 轨道图窗口

- 操作请求堆栈，如图 3-83 所示。

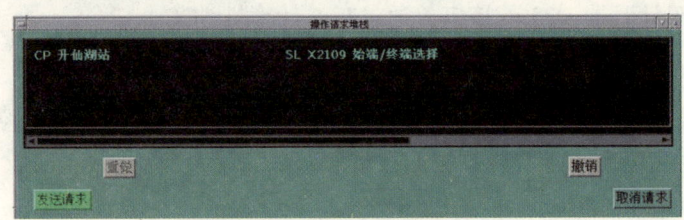

图 3-83　操作请求堆栈

- 报警队列，如图 3-84 所示。

图 3-84　报警队列

四、轨道图界面显示

轨道平面图描述轨道状态和所有信号系统设备并显示当前位置和轨道列车号。总览和详细的轨道图形享有一套共同的符号，这些符号可分为两类：动态符号和静态符号。动态符号根据状态的改变而改变颜色；静态符号不改变颜色，因为它们没有与之相关的状态变化。

（一）静态符号意义

1. 站名图例及意义

站名图例及意义，如图 3-85 所示。

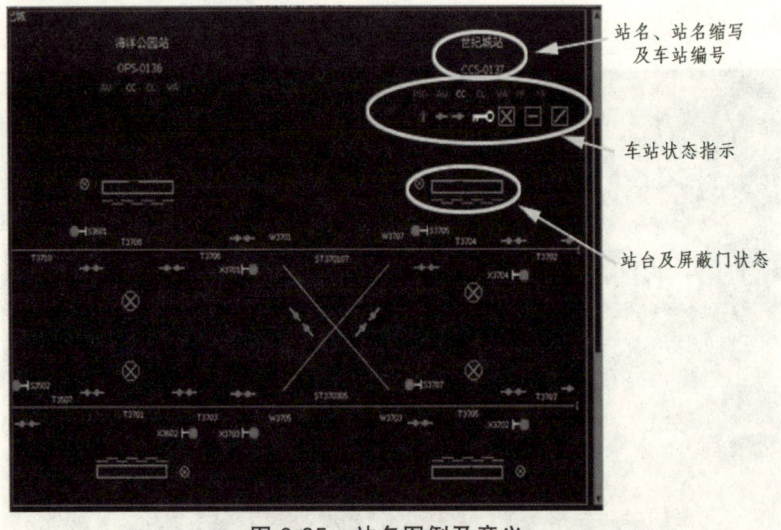

图 3-85　站名图例及意义

注：站名缩写为英文名缩写，车站编号为线路号+车站编号

2. 车站状态图例及意义

车站状态图例及意义，如图 3-86 所示。

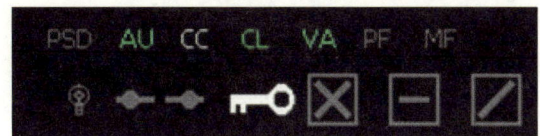

图 3-86 车站状态图及意义

车站状态的指示是按照当前的状态实时显示的，因此，在不同情况下图标显示的数量和信息内容都会不同。例如：AU 和 MN 状态，当车站是手动进路模式时，会显示图标 MN；当车站设置为自动进路模式时，MN 就会被 AU 所取代。

车站状态指示如表 3-31 所示。

表 3-31 车站状态指示

信息项		图例	稳定显示（左图所示颜色图例）	闪烁显示（左图所示颜色图例）
PF	红	PF	收到电源故障报警	—
	灰	PF	未收到电源故障报警	—
MF	红	MF	收到联锁故障报警	—
	灰	MF	未收到联锁故障报警	—
PSD	红	PSD	收到屏蔽门联锁故障报警	—
	灰	PSD	未收到屏蔽门联锁故障报警	—
🔑	黄	🔑	收到信号灯灯丝熔断报警	—
	灰	🔑	未收到信号灯灯丝熔断报警	—
←→	黄	←→	在 IBP 盘上操作计轴预复位成功	—
	灰	←→	未在 IBP 盘上操作计轴预复位	—
AU	绿	AU	自动进路模式	—
MN	红	MN	手动进路模式	—

续表

信息项		图例	稳定显示（左图所示颜色图例）	闪烁显示（左图所示颜色图例）
CC	白	CC	中心控制	请求中央控制
LC	黄	LC	本地控制	请求车站控制
EL	红	EL	紧急本地控制	请求紧急本地控制
CL	绿	CL	通信正常	请求重连接
DL	红	DL	通信中断	请求断开连接
VA	绿	VA	启用"验证请求"	请求启用"验证请求"
BV	红	BV	启用"取消验证"	请求启用"取消验证"
	灰		没有无人驾驶折返	—
	白		有无人驾驶折返	—
	红		LCW 与 ATS 的切换开关故障	—
	白		ATS 控制	—
	黄		LCW 控制	—
	灰		未启用：自动折返-直进弯出	—
	白		已启用：自动折返-直进弯出	请求启用：自动折返-直进弯出
	灰		未启用：自动折返-弯进直出	—
	白		已启用：自动折返-弯进直出	请求启用：自动折返-弯进直出
	灰		未启用：自动折返（自动，侧线优先）	—
	白		已启用：自动折返（自动，侧线优先）	请求启用：自动折返（自动，侧线优先）

3. 站台及屏蔽门状态图例及意义

站台和屏蔽门状态指示如表 3-32 所示。

表 3-32 站台和屏蔽门状态指示

信息项		图例	稳定显示 （左图所示颜色图例）	闪烁显示 （左图所示颜色图例）
站台	灰		没有列车占用或有车占用车门未开	—
	绿		有车且车门打开	—
站台	黄		下一站跳停或有屏蔽门报警，此时需要点击出站台概要表查看	—
屏蔽门	灰		正常关闭	—
	绿		正常打开	—
	黄	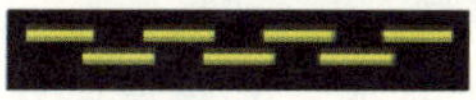	互锁解除	—
	红		故障	—
扣车指示灯	黄	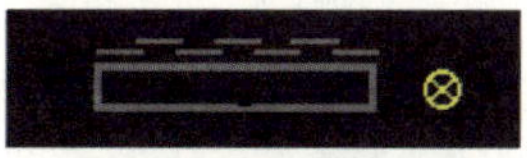	本地执行了扣车	
	灰	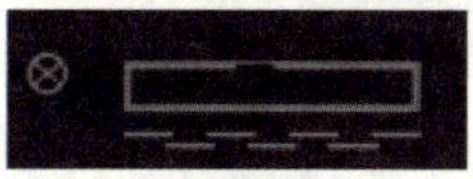	本地未执行扣车	
紧急停车指示灯	红		本地设置紧急停车	—
	灰		本地未设置紧急停车	—
	加红框		已经添加了一个设备标签	正在请求添加一个设备标签

（二）动态符号

1. 轨道区段

轨道平面图表示线路轨道部分，轨道区段改变颜色和外观分别表示有效进路、始端信号机开放、轨道封锁和相关的请求、设备标签状态，如图 3-87 所示。

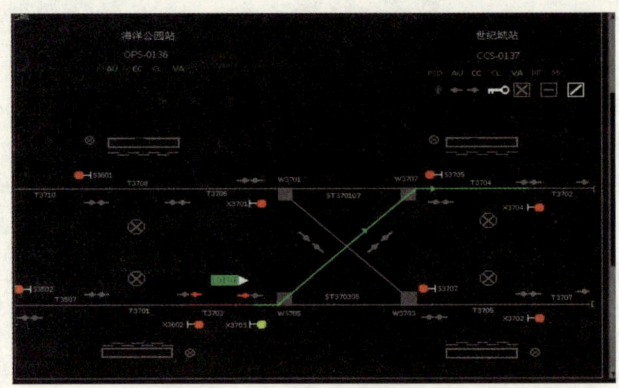

图 3-87 轨道平面图

轨道区段的显示，如表 3-33 所示。

表 3-33 轨道区段显示

图例	稳定显示	闪烁显示
	默认状态	—
	轨道在进路中，并且始端信号未开放	—
	轨道处于有效进路或移动授权范围中，并且始端信号开放或在 CBTC 下获得授权	—
	轨道被封锁	请求轨道被封锁或解封
	有车占用	—
	轨道有一个附加的设备标签	正请求添加一个设备标签

2. 道　岔

道岔标识改变颜色和外观分别表示其位置、激活的进路状态、道岔通信状态、始端信号机状态、道岔锁闭状态、设备标签状态和最后请求的位置。

道岔区段的显示，如表 3-34 所示。

表 3-34 道岔区段显示

图例	稳定显示（左图所示颜色图例）	闪烁显示（左图所示颜色图例）
	道岔在定位或在某一有效进路内，始端信号开放	道岔在转动过程中
	道岔处于进路中并有列车占用或计轴故障	道岔失去表示
	道岔所属轨道区段被封锁	道岔所属轨道区段被封锁或正在请求封锁
	道岔在反位	道岔在转动过程中
	道岔有一个附加的设备标签	正请求添加一个设备标签

封锁后的道岔上会有一个正方形的色块,具体的显示意义如表 3-35 所示。

表 3-35　色块的显示意义

图例	稳定显示（左图所示颜色图例）	闪烁显示（左图所示颜色图例）
■	道岔锁闭	—
 ■	道岔单锁	请求道岔封锁或解除封锁,道岔已单锁
 ■	—	请求道岔单锁,道岔未锁闭

3. 信号机

信号机标志改变颜色分别表示退出锁闭状态、设备标签状态、自动进路状态、停站命令状态、清除命令状态、引导命令状态、指示状态、始端信号机状态、时间锁闭状态、进路状态和一些其他情况。

信号机的显示要拆分成信号机整体、信号机柱和信号机灯位三部分。

信号机柱的显示,如表 3-36 所示。

表 3-36　信号机柱的显示

图例	稳定显示	闪烁显示
 ⊢	默认状态	—
 ⊢	自动开放信号启动	请求启动或关闭自动开放信号
 ▶	—	信号机为可选终端信号,机柱的形状变为三角形

信号机灯位的显示,如表 3-37 所示。

表 3-37　信号机灯位的显示

图例	稳定显示	闪烁显示
 ●	信号被指定为关闭且显示为关闭	信号机正显示为开放时,被要求或被指定为关闭
 ●	信号机被指定为开放且正显示为开放	信号机正显示为关闭时,被要求或被指定为开放
 ●	信号机被指定为开放且进路中道岔在反位	—
 ●	信号机被指定为引导且正显示为引导	信号机正请求引导

在 CBTC 模式下,信号机灯位图例是一个稳定灰色图形中含有一个三角形,根据三角形颜色和是否闪烁的不同,其意义也不相同,如表 3-38 所示。

表 3-38 信号机灯位图例

图例	稳定显示	闪烁显示
▶	信号机被指定为开放且在CBTC模式下正显示为获得授权（前方信号机灭灯，进路锁闭，但信号未开放）	—
▶	信号机被指定为开放且在CBTC模式下正显示为开放（前方信号机灭灯，进路锁闭，信号开放）	信号机正显示为CBTC状态时，被指定为开放
▶	信号机被指定为关闭且在CBTC模式下正显示为关闭	信号机正显示为CBTC状态时，被要求或被指定为关闭
● ⊗	信号机显示要求停车，站台扣车有效	—
T	信号关闭并开始计时	—

信号机整体，如表 3-39 所示。

表 3-39 信号机整体

图例	稳定显示	闪烁显示
⊢■	信号机终端锁闭启动	信号机正请求启动或关闭信号终端锁闭
⊢●	信号机有一个附加的设备标签	正请求添加一个设备标签

4. 列车图标

轨道平面图表示有一个合成符号的列车，包括方向箭头和一个有跟踪号的长方形。列车标志改变颜色和外观表示列车模式、列车故障情况、非服务状态、通信状态、报警状态、可释放的保持状态、故障状态、列车失踪情况、时刻表延误状态和方向。方向箭头表示列车的运行方向，方向箭头和有跟踪号的长方形都有不同的颜色表示，现在分别介绍它们不同颜色代表的意义。

一般情况下长方形部分的整个背景是彩色的具体颜色根据不同情况确定，TID 文字显示颜色为黑色。

有跟踪号的长方形显示，如表 3-40 所示。

表 3-40 有跟踪号的长方形显示

图例	稳定显示	闪烁显示
◀12345	同一个计轴区段内有多于一辆的列车（一般情况下不会出现，列车救援的时候可能出现）	—
◀12345	列车正在运行，并且在 ATO+ATP 模式下运行	—
◀12345	故障列车，列车在 ATP 模式下人工运行	—

续表

图例	稳定显示	闪烁显示
◀12345 (灰)	列车处于非运营状态，列车停止运营	—
◀12345 (黑)	故障列车，列车无法进行通信	列车丢失，出现弹出窗口确认关注丢失列车
◀12345 (黄)	列车运营中，列车有需要确认的二级警报	列车有可解除的扣车
◀12345 (红)	故障列车，列车有严重警报（默认状态）	故障列车，列车由于在制动、牵引或ATP设备方面有严重故障而停车

方向箭头的显示，如表 3-41 所示。

表 3-41 方向箭头的显示

图例	稳定显示
◀12345 (蓝箭头)	代表列车提前于时刻表运行
◀12345 (黄箭头)	列车晚点（大于轻度晚点时间，小于严重晚点时间）
◀12345 (橙箭头)	列车严重晚点，晚点大于较长严重时间
◀12345 (白箭头)	列车未按时刻表运行，列车所处可能情况有未按时刻表运行的列车，VR处于时刻表模式；处于运行间隔模式运行；处于无调整模式运行
12345 (无箭头)	列车运行方向未知
◀12345 (红闪)	车身闪烁红色表示列车 EB、牵引以及 ATP 设备故障等，有严重报警

列车精确定位图标的显示，如表 3-42 所示。

表 3-42 列车精确定位图标的显示

图例	稳定显示
◀ (绿)	稳定的绿色表示列车正在通信中
◀ (白)	稳定的白色表示列车不在通信中

5. 列车识别号意义

ATS 人机界面上显示的列车 ID（列车识别号）是一个带有箭头指向和颜色的矩形框，箭头端指向表示列车的运行方向，列车 ID 在矩形框内显示，如图 3-88 所示。

图 3-88 列车识别号

列车 ID 在界面上的显示一共有五位,分别由 3 位列车追踪号(TID)和 2 位目的地号(DID)组成。若列车的 TID 不存在,则用 2 位的列车车组号 PVID 代替 TID。

列车识别号(列车 ID)除了在界面上显示的五位之外,还有很多信息,如 PVID、LINE ID、TRIP SEQ、DRIVER ID。列车识别号的各项内容如表 3-43 所示。

表 3-43 列车识别号内容

英文缩写	中文名称	数值范围	别称
TID	列车追踪号	101~999	服务号
DID	目的地号	01~99	交路号
PVID	永久性车组编号	01~99	车组号
LINE ID	线路号	01~99	线号
TRIP SEQ	圈数	01~99	序列号
DRIVER ID	司机号	001~999	乘务组号
Running Direction	运行方向	箭头符号	运行方向符

TID 为 001~999 的三位数字,可以根据用户的需要进行范围划分和车次定义。例如:行车人员可将 101~500 划分为运营列车的 TID,将 501~600 划分为工程车的 TID,将 601~999 划分为预留的 TID。TID 类似有些地铁项目的服务号,运行图中的一条运营线对应一个列车对应一个 TID。上线之后的列车都将按照运行计划,自动分配一个 TID,在正常情况下,列车上线至下线,TID 都是不变的。

DID 为 01~99 的两位数字,不同的 DID 规定了不同的运行交路行程,共分为 4 种不同类型的 DID,如下所示。

- 非运营收车行程。
- 非运营单向行程。
- 运营末班行程。
- 正常运营环路。

DID 是系统固定划分的,不可以改变,但是可以根据需要选择不同的 DID,满足不同的运营需求。DID 也不是连续编排的,具体的 DID 定义与《成都地铁 1 号线行车组织细则》中交路号的定义相同。

五、系统登录与注销

1. 系统登录

访问控制菜单登录窗口,如图 3-89 所示。

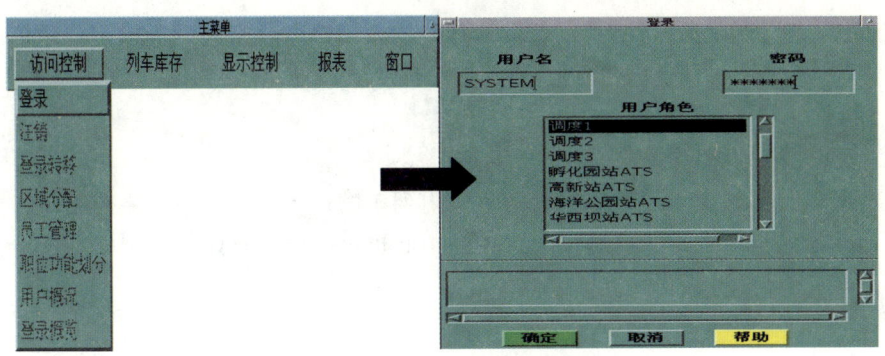

图 3-89　访问控制菜单登录窗口

操作步骤：主菜单→访问控制→登录→输入有效的用户名与密码→选择用户角色→确定。

2. 系统注销

当要求注销时，系统确认所有联锁区在该用户退出后仍然有登录的调度员控制。若有联锁区在该用户退出后不受控制，则系统将不允许注销。系统注销窗口，如图 3-90 所示。

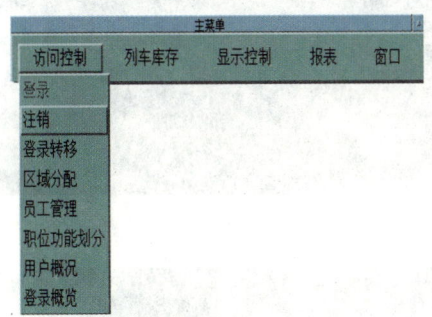

图 3-90　访问控制菜单注销窗口

操作步骤：主菜单→访问控制→注销→确定，系统退出，工作站返回登录前的状态。

3. 登录转移

登录转移功能可以使工作站的控制转移为另一个用户或另一个角色，此时无需分开退出和登录两步操作。新用户选择不同的用户角色后，系统证实所有联锁区都有人控制；若联锁区在转移后不受控制，则系统将不允许转移。登录转移窗口，如图 3-91 所示。

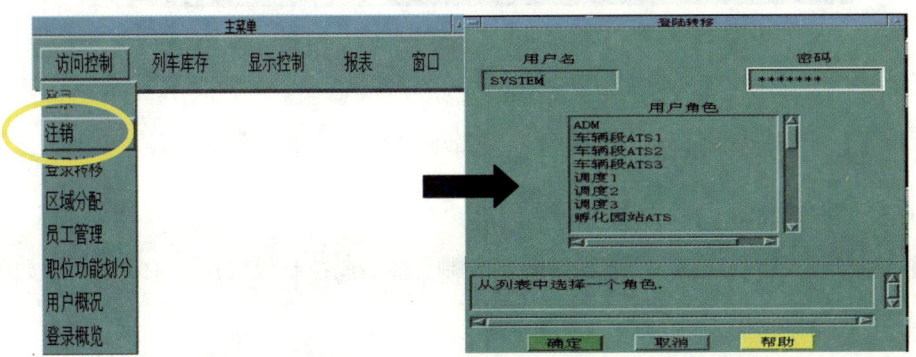

图 3-91　访问控制菜单用户转移窗口

操作步骤：主菜单→访问控制→登录转移→输入用户名及密码→选择用户角色→确定。

六、控制权切换

正常情况下，车站工作站只监视管辖范围内列车的运行，当车站需要控制时，需要向控制中心申请才能取得对本站的控制权限，控制中心也可收回对车站的控制权。

1. 请求本地控制

当车站操作员需要操作车站 ATS 时，可以向调度发送一个控制请求；在中心 ATS 的调度员同意这个请求后，车站获得控制权，如图 3-92 所示。

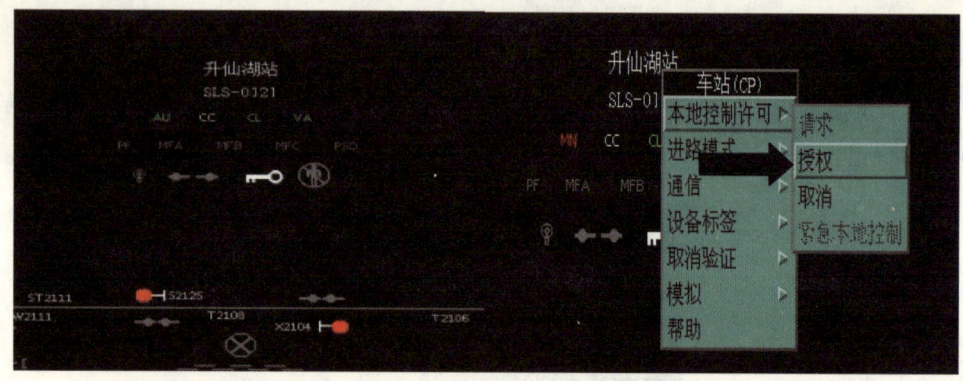

（a）站名图标控制菜单

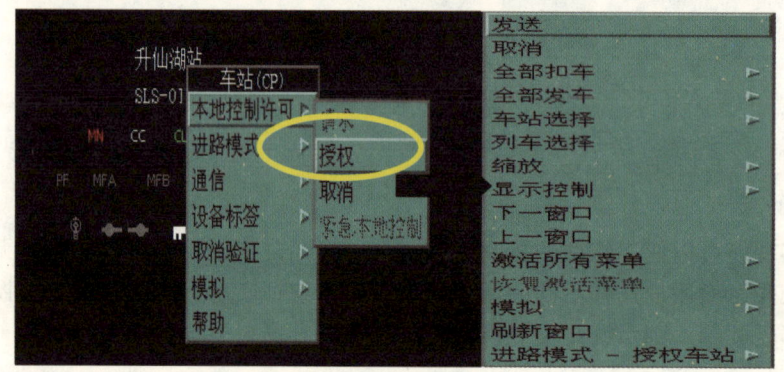

（b）请求发送

图 3-92　请求本地控制

操作步骤：联锁站站名图标→右击→本地控制许可→请求→单击右键菜单上的发送。

2. 取消本地控制

可通过"本地控制→取消"功能释放本地控制，将本地控制权限返回中央 ATS，如图 3-93 所示。

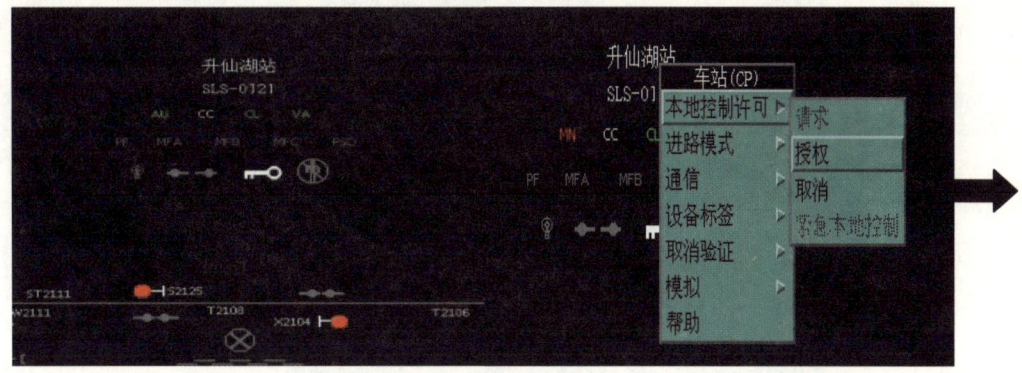

（a）站名图标控制菜单

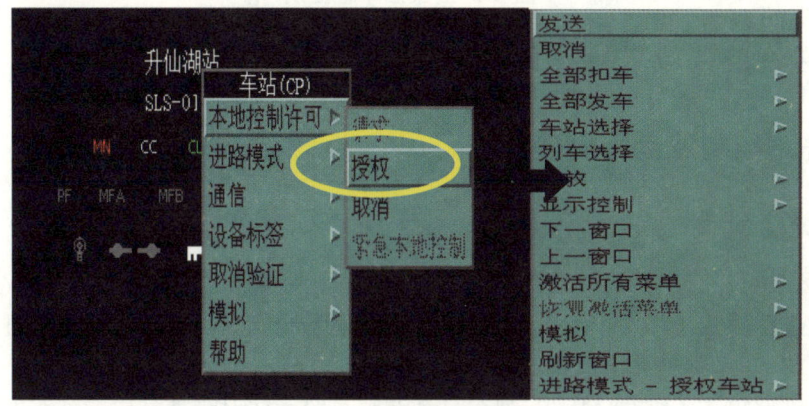

（b）取消发送

图 3-93　取消本地控制

操作步骤：联锁站站名图标→右击→本地控制许可→取消→发送。

3. 紧急本地控制

当在 ATS 车站工作站进行操作时，需要从中央 ATS 快速获取紧急情况下的控制，用户可使用"紧急本地控制"功能。此程序不需要中央 ATS 的调度员授权，如图 3-94 所示。

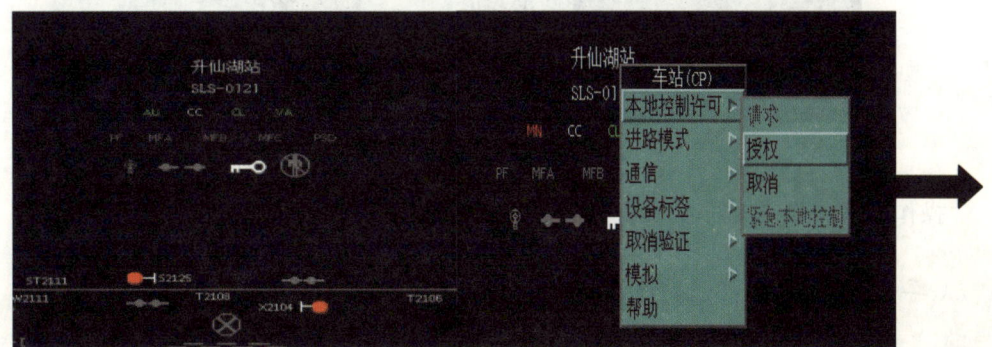

（a）站名图标控制菜单

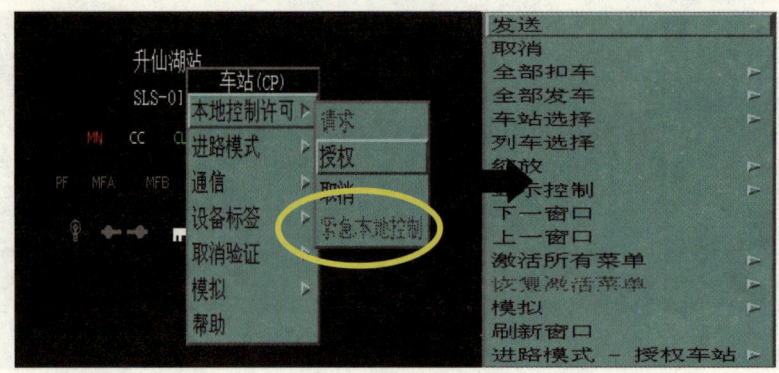

(b) 紧急本地控制发送

图 3-94　紧急本地控制

操作步骤：联锁站站名图标→右击→本地控制许可→紧急本地控制→发送。

七、进路控制及运行调整

（一）进路模式

各联锁区均可运行以下两种进路模式中的一种。
- 自动进路模式（缩写 AU）：由列车自动调整系统管理当前站内列车的进路与当前站的停站时间。列车必须是自动模式。
- 人工进路模式（缩写 MN）：列车自动调整系统无法对当前站内的列车发送自动进路与自动停站时间的控制指令。中心或车站的调度员必须人工开放进路。

用户可使用进路模式功能切换这两种模式，如图 3-95 所示。

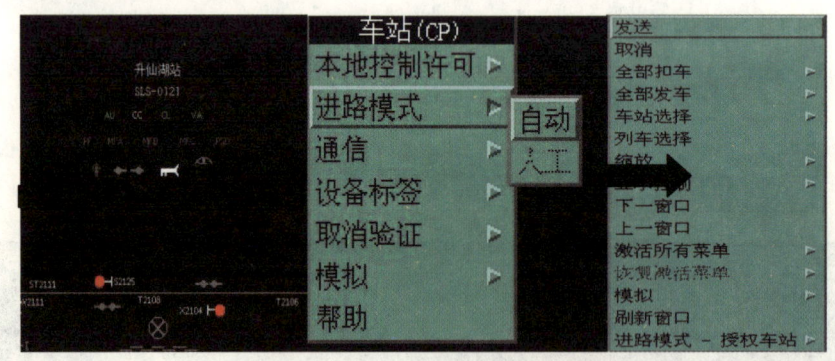

图 3-95　站名进路模式菜单发送

操作步骤：联锁站站名图标→右击→进路模式→"自动"或"人工"→发送。

（二）跳　停

1. 设置列车跳停下一站

用户可以在需要跳过车站的前方车站，设置下一站跳停命令，请求列车跳过这个计划中本要停靠的车站，系统发送跳停信息给列车。设置跳停时，需在列车从站台发车前进行设置，跳停下一站命令方能生效，如图 3-96 所示。

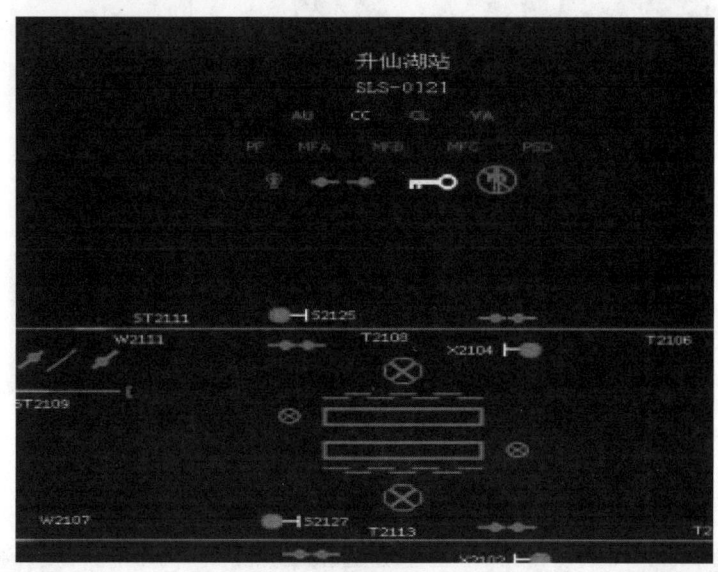

（a）站场图

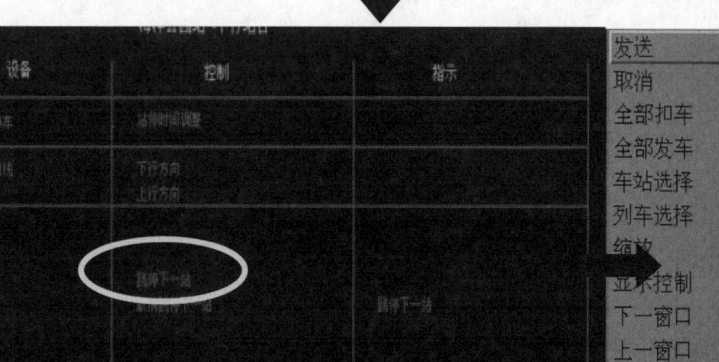

（b）站台概要表菜单

图 3-96 设置列车跳停下一站

操作步骤：所要跳停车站后方车站站台图标→左击→跳停下一站→发送。

2. 取消下一站跳停

取消下一站跳停，如图 3-97 所示。

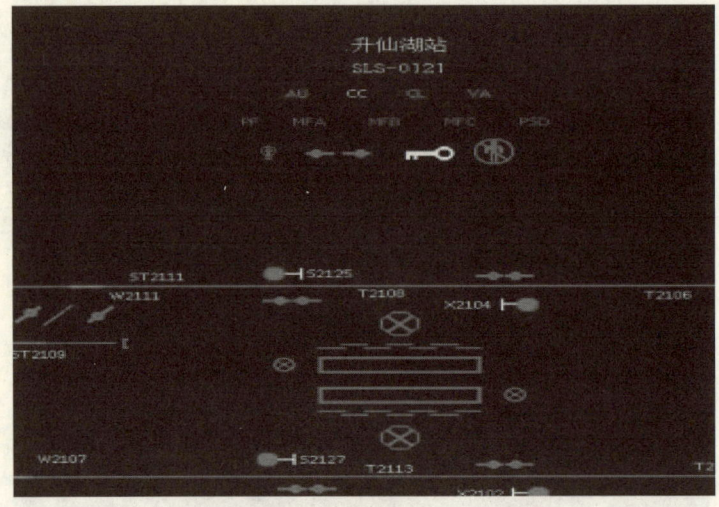

（a）站场图

（b）站台概要表菜单

图 3-97 取消下一站跳停

操作步骤：所要跳停车站后方车站站台图标→左击→取消跳停下一站→发送。

（三）扣 车

1. IBP 盘扣车

IBP 站台扣车功能可以在车站控制盘实现。站台扣车将使 Microlok 关闭已开放的信号。站台扣车在 ATS 工作站上显示，但是 ATS 没有激活/取消的功能，如图 3-98 所示。

图 3-98 IBP 盘扣车

2. ATS 扣车

ATS 向 ATS 调度员提供在本站扣车的人工扣车功能。列车一旦被停止，列车打开车门并在车站等待直至 ATS 调度员提供一个扣车释放请求。ATS 扣车不会使信号关闭，DTI 将显示扣车信息。

（四）追踪号

在"追踪号"菜单下有几个子菜单，可对列车交路、追踪号进行修改，并对列车运行等级、运行模式进行参数修改，如图 3-99 所示。

图 3-99 "追踪号"菜单

- 目的地 ID：修改列车交路号，如图 3-100 所示。

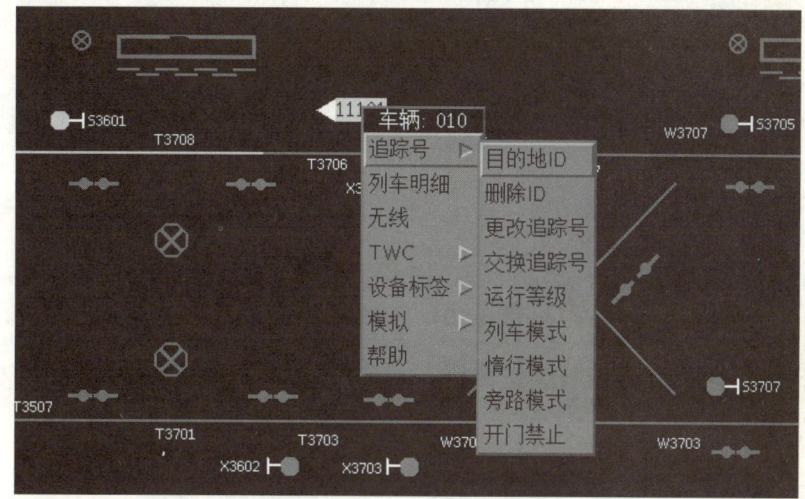

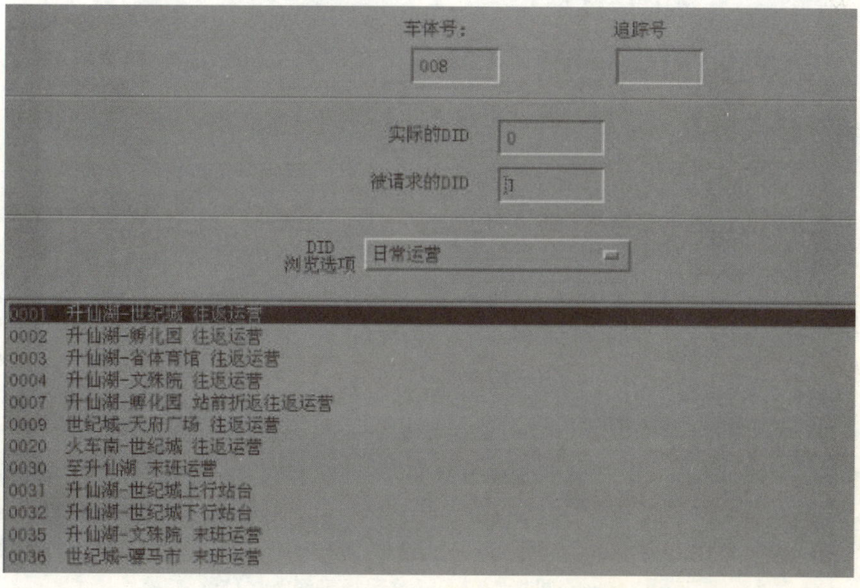

图 3-100 目的地 ID

- 删除 ID：删除列车车次信息。在有通信的情况下，执行命令后列车车次信息将被删除，车次框内仅显示车底号；在没有通信的情况下，执行命令后整个车次框将被删除。
- 更改追踪号：修改列车追踪号（服务号），如图 3-101 所示。

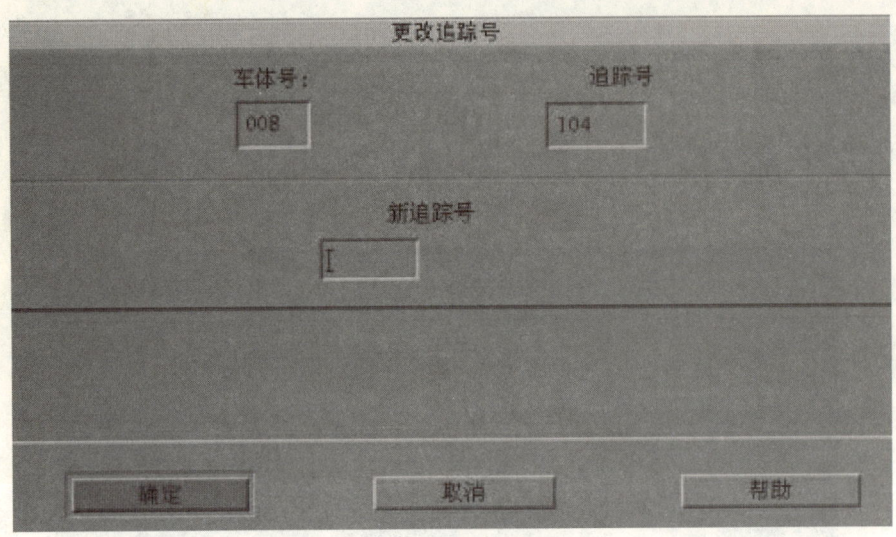

图 3-101　更改追踪号

- 运行等级：修改列车运行等级参数，选择不同的运行等级来变更列车区间运行速度，如图 3-102 所示。

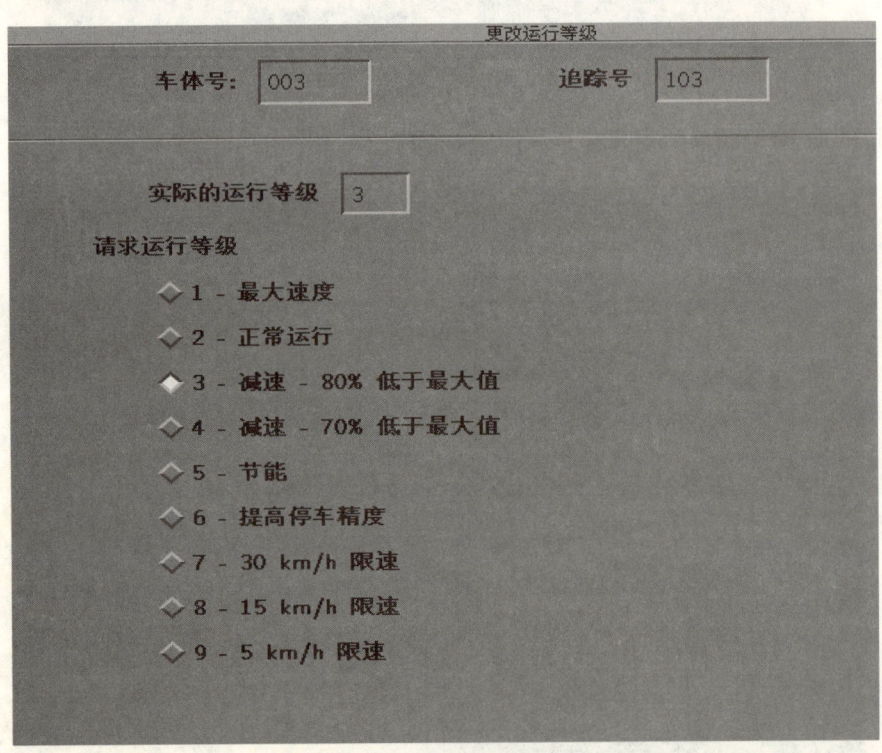

图 3-102　更改运行等级

- 列车惰行模式，如图 3-103 所示。

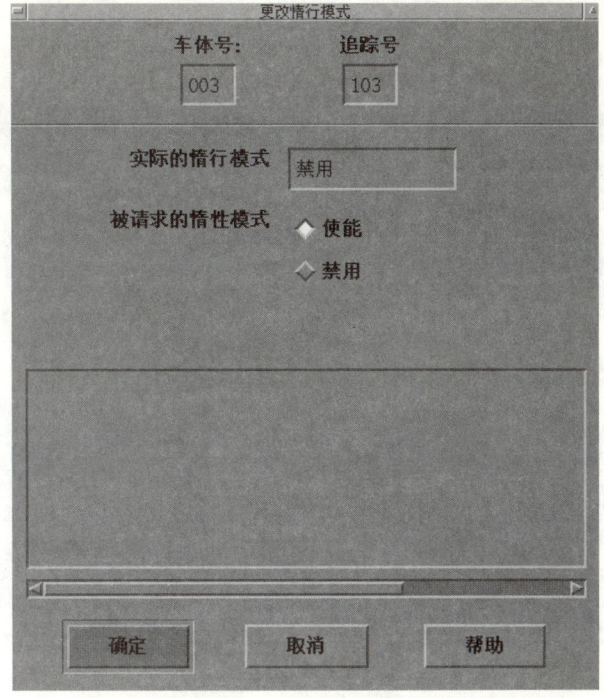

图 3-103　更改惰行模式

（五）列车明细

列车明细显示列车当前的详细运行信息。此功能只提供显示，无操作功能，如图 3-104 所示。

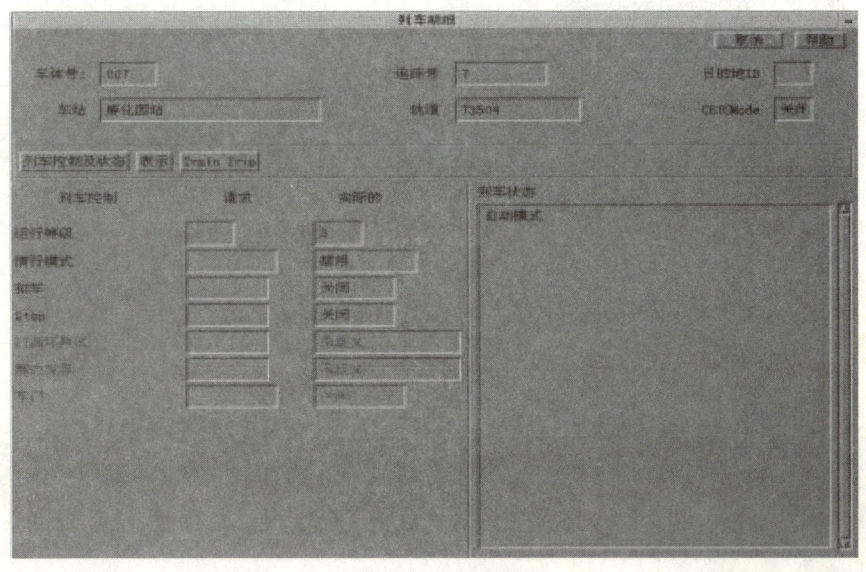

图 3-104　列车明细

（六）车站概要表

通过左键点击站台框会弹出车站概要表，如图 3-105 所示。

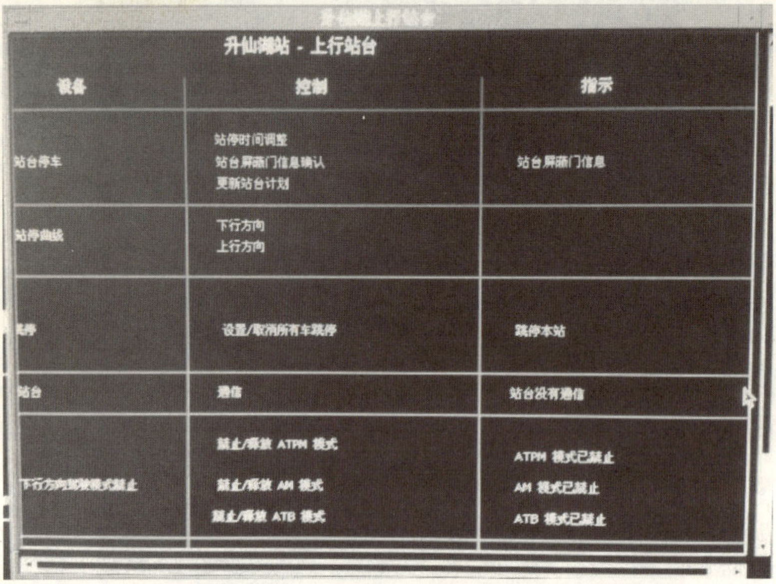

图 3-105　车站概要表

车站概要表可实现以下功能：
- 查看车站站台概要信息。
- 指定默认的站台停站时间，如图 3-106 所示。

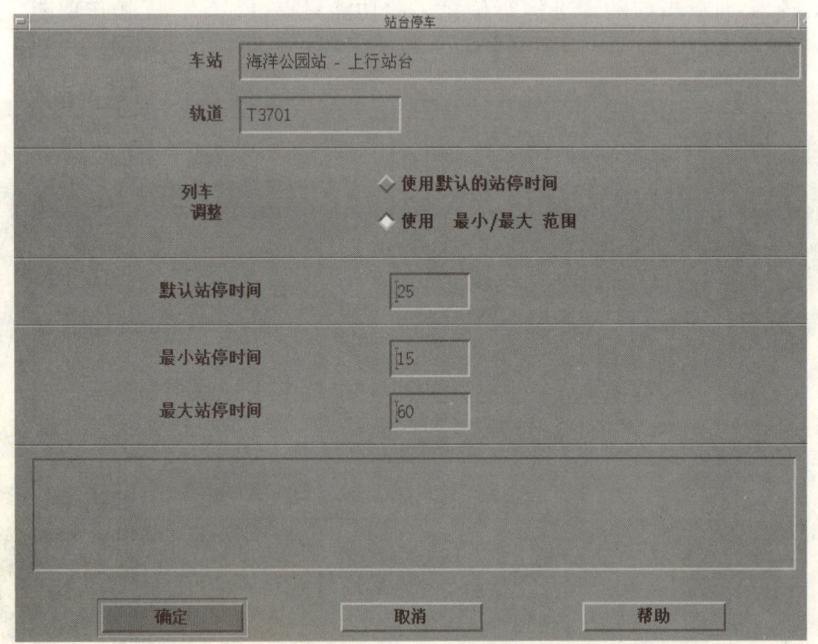

图 3-106　站台停车

- 指定车站制动曲线，如图 3-107 所示。

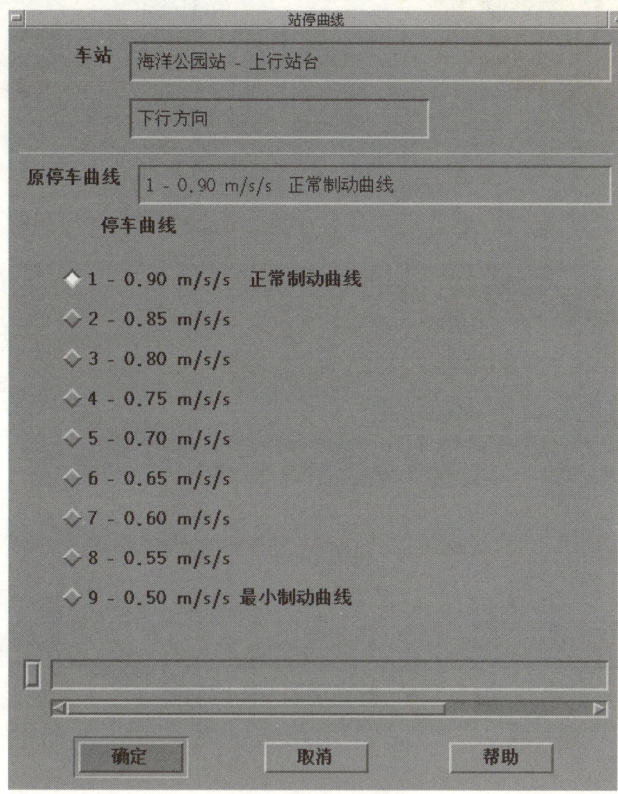

图 3-107 站停曲线

- 控制跳停站功能。
- 屏蔽门报警功能确认。

八、时刻表和 VR 控制窗口及操作

时刻表和 VR 控制窗口允许操作员查看以及修改列车调整系统参数，修改参数的命令一旦从这个"时刻表和 VR 控制"窗口发送，改变的参数立即生效并保持到下次更改生效之前。时刻表和 VR 控制窗口由五部分组成，即时刻表菜单、列车 VR 控制、晚点参数、系统范围参数、运行等级，如图 3-108 所示。

时刻表菜单共有四项：时刻表控制、时刻表数据、变更时刻表、编辑列车时刻表。

1. 正常时刻表加载

通常情况下，都需要在时刻表编辑工作站上设置好日历，时刻表服务器可以根据日历的数据自动为当天和明天选择一个时刻表，不需要人工干预。时刻表服务器在当前日历结束后自动选择下一个日历。

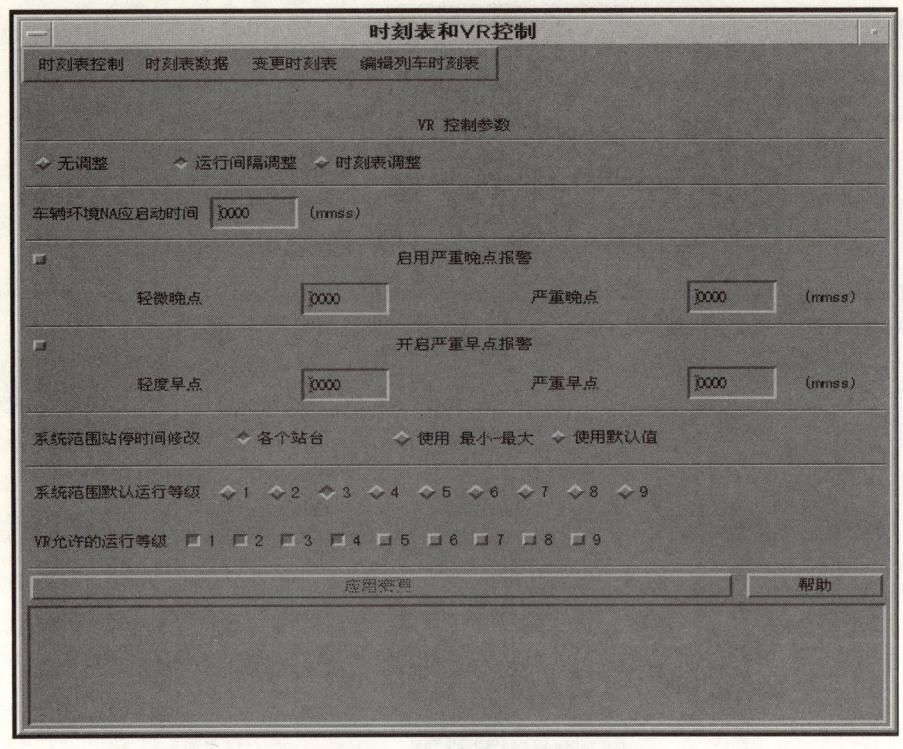

图 3-108 时刻表和 VR 控制窗口

2. 人工加载时刻表

选择时刻表功能允许操作员避开时刻表通过日历自动选择而立刻人工选择一个新的时刻表文件。操作步骤如下。

• 将鼠标光标置于时刻表和 VR 控制主菜单上的"时刻表控制"选项,单击鼠标左键,系统显示时刻表控制下拉菜单,如图 3-109 所示。

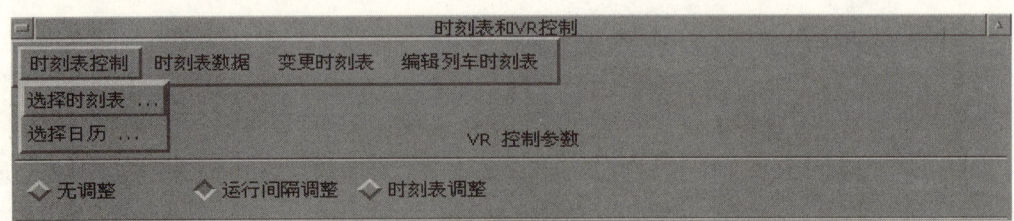

图 3-109 时刻表控制下拉菜单

• 在下拉菜单中选择"选择时刻表",系统将会显示"选择时刻表"窗口,如图 3-110 所示。

• 在"选择时刻表"窗口中,有"当前时刻表"选项和"下一时刻表"选项。

• 若修改当前时刻表,则将鼠标光标定位在当前时刻表菜单上,单击鼠标左键,系统显示当前时刻表选项菜单,从选项菜单中选择所需的时刻表;若修改下一时刻表,则将鼠标光标置于下一时刻表菜单上,单击鼠标左键,系统显示下一时刻表选项菜单,从选项菜单中选择所需的时刻表。

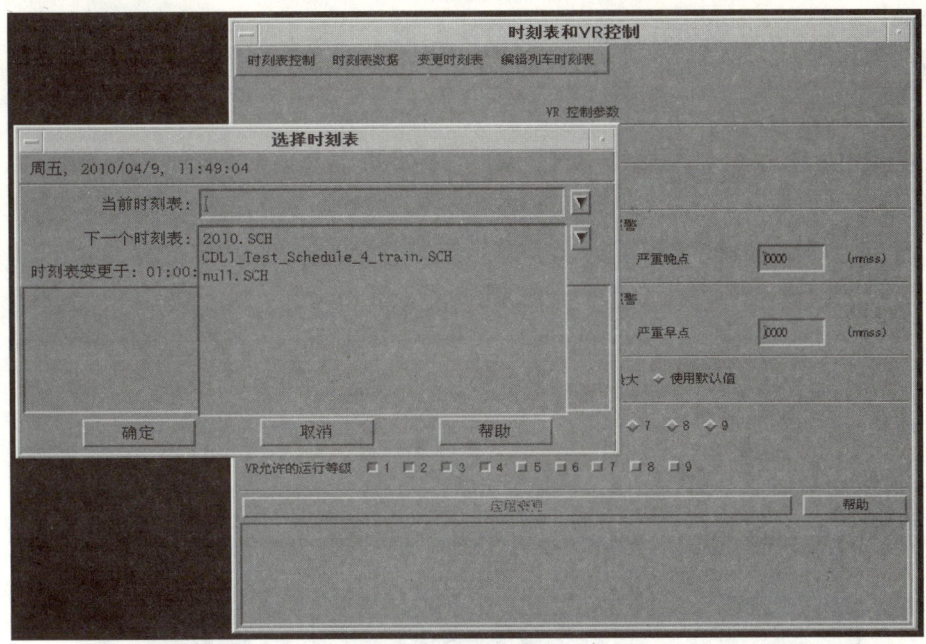

图 3-110　选择时刻表窗口

• 选择"确定"按钮，应用所选择的更改并退出窗口；或选择"取消"按钮停止操作并退出窗口。

• 在点击"确定"按钮后，若命令执行失败，则有可能弹出两种消息对话框，分别是"没对时刻表进行修改"和"SCH 任务没有响应，请稍后重试"，选择"确认"按钮，重新加载时刻表。

3．其他选项

时刻表控制菜单的其他选项如"选择日历"操作同"选择时刻表"。

4．参数设置、修改

VR 参数控制窗口里面，所有参数设置、修改的操作都根据运营需要通过鼠标左键点选设置，设置好后点击"应用变更"，确定参数配置完毕并运用。

九、设备操作

（一）ATS 设备一级命令

ATS 设备一级命令可防止用户误操作，其中道岔单解、终端信号解封、轨道解封属于 ATS 系统一级命令。

执行一级命令时 ATS 用户需按以下步骤操作。

• ATS 用户启动第一类功能时，其请求在操作请求堆栈中显示，并且必须在 90 s 内发出，否则会被取消。

- 第一类功能请求发出后，远端设备必须在 15 s 内做出确认反应。该反应会在屏幕上显示出闪烁的黄色"E"图标，表示已经收到远端设备的确认信息。若远端区域没有及时做出回应，则系统就会报警，并请求取消。
- ATS 用户需选定"E"图标，并在右键菜单选项中选择"使能"并发送请求，"E"图标停止闪烁。静态的黄色"E"图标表示该功能指令的再次确认过程已经完成。若在系统规定的时间内未完成"使能"确认，远端设备即会取消确认表示信息，屏幕上的"E"图标消失，相关设备恢复到其先前的状态。

(二) 进路开放

1. 第一种方式

进路开放的第一种方式，如图 3-111 所示。

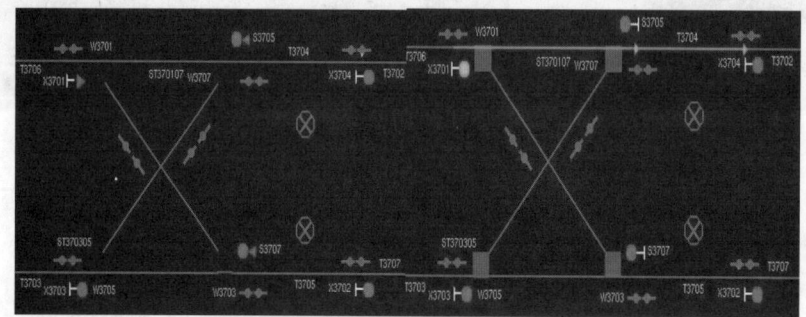

图 3-111 进路开放的第一种方式

操作步骤：信号机→终端信号机→发送。

如图 3-111 所示，若需排列 X3701—X3704 进路，则先点击 X3701，系统提示 S3705 和 S3707 均可以作为终端，即有两条进路选择，再点击信号机 S3705，进路办理完毕。

2. 第二种方式

进路开放的第二种方式，如图 3-112 所示。

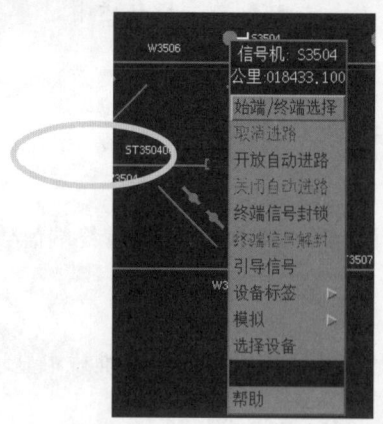

图 3-112 进路开放的第二种方式

操作步骤：始端信号机→右击→"始端/终端选择"→终端信号机→右击→发送。

（三）道岔操作

1. 定反位

用户可单击道岔或从菜单选项选择这一功能，若道岔锁闭或单锁，则"道岔定位/反位"菜单选项不可用。

1）第一种方式

道岔定反位操作的第一种方式，如图 3-113 所示。

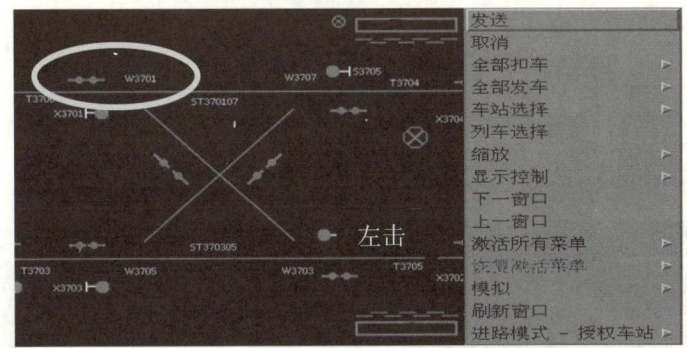

图 3-113　道岔定反位操作的第一种方式

操作步骤：选定道岔→左击选中→发送。

2）第二种方式

道岔定反位操作的第二种方式，如图 3-114 所示。

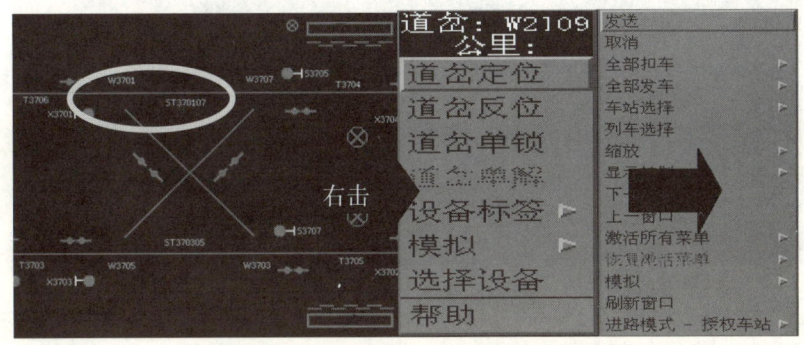

图 3-114　道岔定反位操作的第二种方式

操作步骤：选定道岔→右击→道岔定/反位→发送。

2. 单　　锁

可通过"道岔单锁"功能请求系统阻止道岔从其当前位置进行转动。若道岔已单锁，则"道岔单锁"菜单选项不可用，如图 3-115 所示。

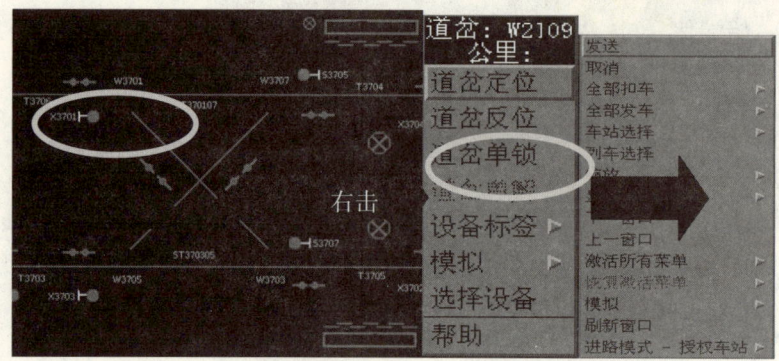

图 3-115 道岔单锁

操作步骤：选定道岔→右击→道岔单锁→发送。

3. 单　解

可以通过"道岔单解"功能请求系统对已经单锁的道岔进行解锁。若道岔未单锁，则"道岔单解"菜单选项不可用，如图 3-116 所示。

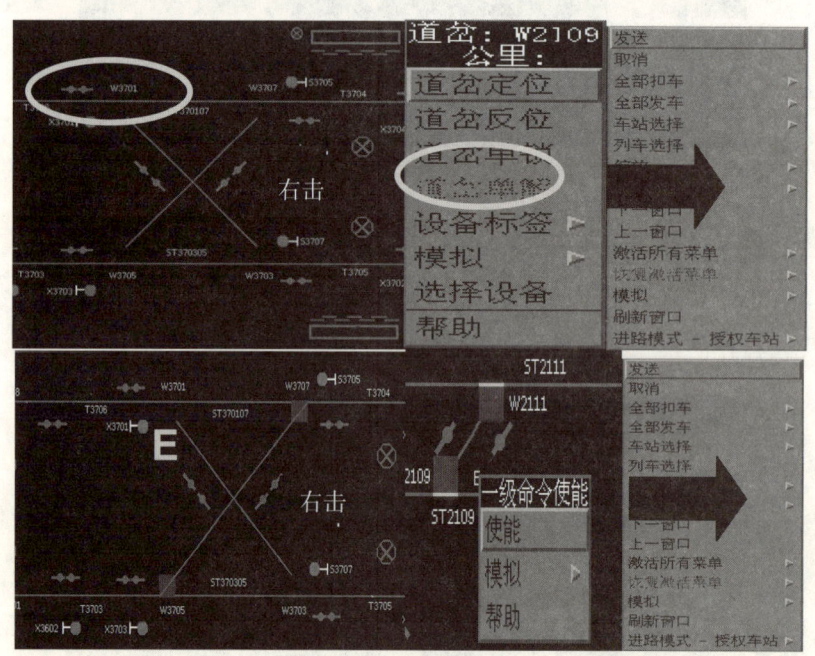

图 3-116 道岔单解

操作步骤：选定道岔→右击→道岔单解→发送→1 类启用设备"E"→右击→使能→发送。

（四）信号机操作

1. 取消进路

可以通过"进路取消"功能取消先前开放的进路。当请求进路取消时，信号被设置为自动进路，同时系统请求"关闭自动进路"命令，如图 3-117 所示。

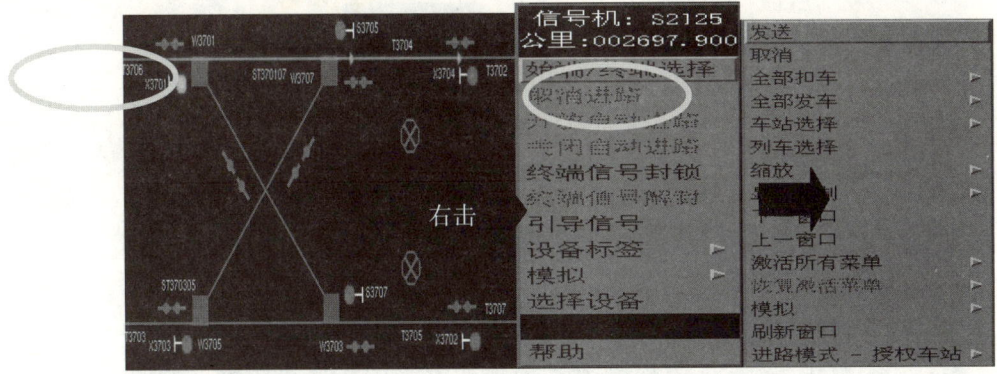

图 3-117 取消进路

操作步骤：信号机→右击→取消进路→发送。

2. 自动进路

开放自动进路可让系统在进路区段出清时自动重新开放进路。若信号关闭并且道岔处于定位，则可使用信号自动进路功能开放信号，在执行此功能之前必须满足以下约束条件：
- 信号必须支持自动进路。
- 自动进路控制发送至轨旁设备。
- 请求的进路内轨道均未占用。
- 待设置自动进路的终端信号机未设置终端封锁。
- 请求进路方向上无敌对的延伸进路锁闭。
- 信号机处于控制范围之内。
- 用户的控制权限具有更新权限。
- 联锁区连接正常。
- 信号机未设置自动通过。

"关闭自动进路"让系统关闭信号机自动进路功能，并且仅可在已经开放自动进路的信号机上请求，"关闭自动进路"并不取消进路。
- 开放自动进路操作步骤：信号机→右击→开放自动进路→发送。
- 关闭自动进路操作步骤：信号机→右击→关闭自动进路→发送。

3. 引导进路

可以通过开放信号建立引导进路，如图 3-118 所示。

注意：若进路中存在占用无岔轨道的情况，列车后方的道岔没有锁闭，则当系统请求引导并发送时，道岔锁闭进路开放。由于道岔不会解锁，直至占用出清，因此，需要在开放引导之前将道岔移至想要开放进路所需的位置。

若进路内任一轨道区段故障或信号机的红色灯丝报警指示无效的话，则可以在接近轨道占用时开放引导信号。

操作步骤：信号机→右击→引导信号→发送。

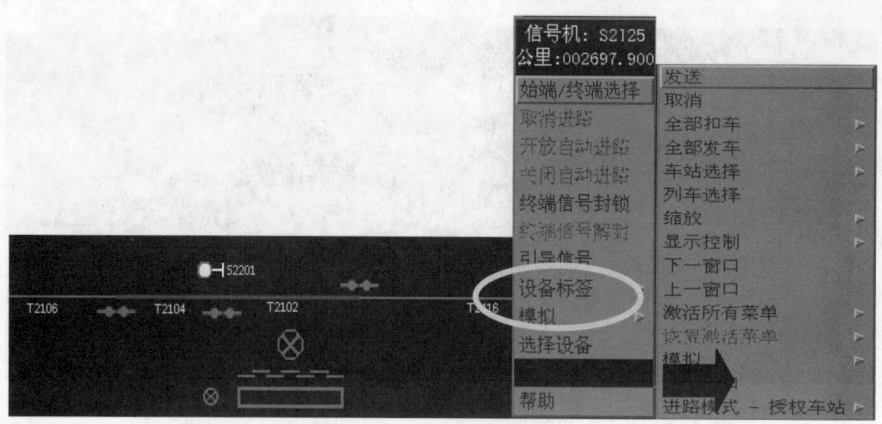

图 3-118　建立引导进路

4. 终端信号封锁和终端信号解封

（1）终端信号封锁：阻止以此信号机作为终端设置进路，如图 3-119 所示。

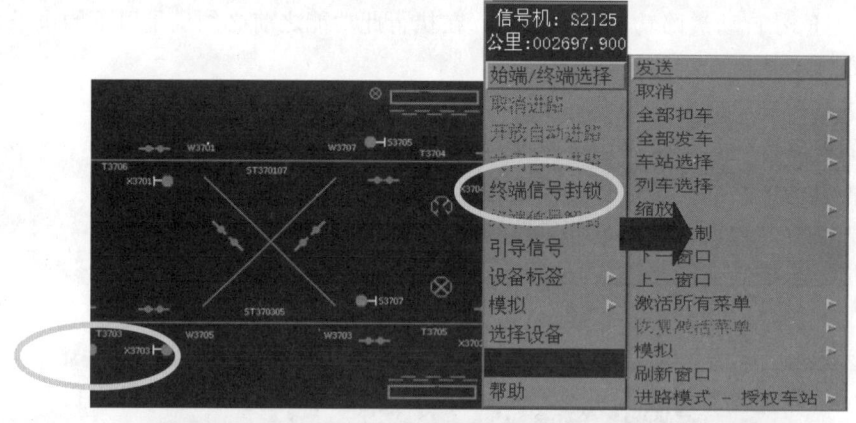

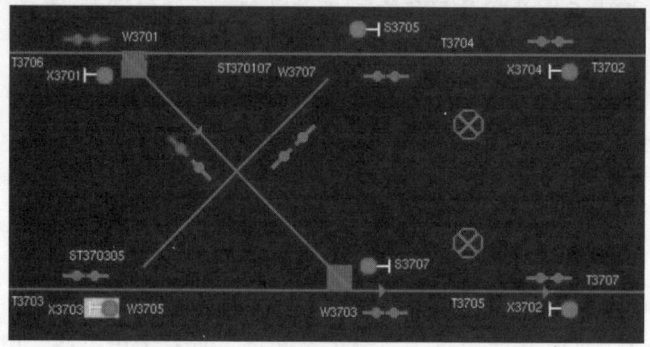

图 3-119　终端信号封锁显示

终端信号封锁操作步骤：信号机→右击→终端信号封锁→发送。

（2）终端信号解封：取消信号机终端封锁。

终端信号解封操作步骤：选定道岔→右击→终端信号解封→发送→1 类启用设备"E"→右击→使能→发送。

（五）轨道操作

1. 轨道封锁

"轨道封锁"功能可以防止通过该轨道区间设置任何进路。"轨道封锁"适用于信号机之间的轨道区间。一旦系统发送该功能，其会将相关信号机设置为终端封锁，如图 3-120 所示。

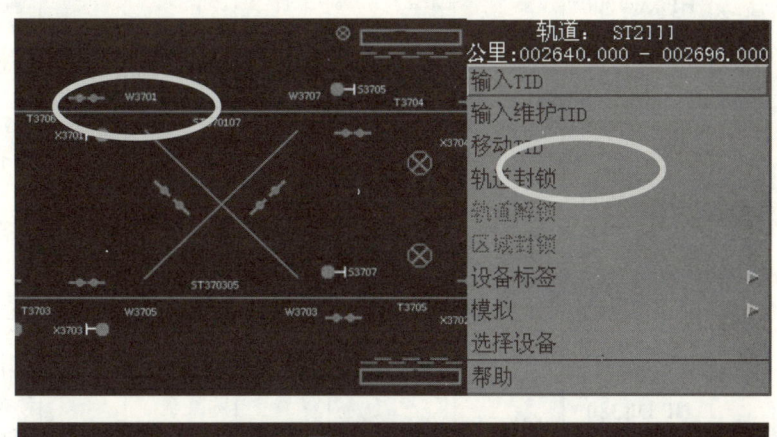

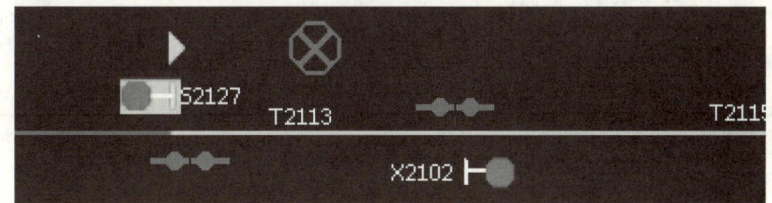

图 3-120　轨道封锁显示

操作步骤：选定轨道→右击→轨道封锁→发送。

注意：区段内的所有轨道没有被占用，以便轨道封锁生效。如果区段内的轨道被占用，那么信号机出口封锁依旧有效，但区段内的轨道封锁保持闪烁。闪烁轨道表明轨道区段内轨道封锁未生效，直至区段内的轨道占用出清。"轨道封锁"功能仅防止列车进入生效区域，而不会阻止已处于封锁轨道上的列车发生移动。

2. 解除封锁

"轨道封锁解除"功能可让用户移除先前在轨道区间内建立的轨道封锁。

操作步骤：选定轨道→右击→轨道封锁解除→发送。

执行以下步骤可解除轨道区间两端的信号机终端封锁。

- 当用户从联锁收到确认指示之后，请将鼠标指针移至 1 类启用设备"E"（位于终端封锁的信号机附近），并按下鼠标右键。
- 选择"使能"，单击右键菜单上的发送按钮。

十、设备工作环境

设备工作环境，如表 3-44 所示。

表 3-44 设备工作环境

设备名	设备所在地	设备型号	设备工作温度要求/°C	设备工作湿度要求	防尘要求	防鼠患要求	备品备件存储要求	其他环境要求
显示器	中央控制室	HP xw4600 Workstation	5~35	20%~80%（非冷凝）	保持室内整洁	洞口应有防鼠泥，门口应有防鼠板		74.8~106 kPa，按照铁路信号机械室要求保持室内整洁即可，必须有防静电措施
工控机	中央控制室	HP xw4600 Workstation	0~40	10%~85%（非冷凝）	保持室内整洁	洞口应有防鼠泥，门口应有防鼠板		70~106 kPa（相当于海拔3 000 m），按照铁路信号机械室要求保持室内整洁即可，必须有防静电措施
服务器	信号机房	HP DL380 G6	10~35	10%~90%	保持室内整洁	洞口应有防鼠泥，门口应有防鼠板		70~106 kPa（相当于海拔3 000 m），按照铁路信号机械室要求保持室内整洁即可，必须有防静电措施

十一、系统硬件

1. 服务器

ATS 主机服务器、通信服务器、接口服务器采用 HP DL380 G6 服务器，具体配置如下：
- 四核处理器 Intel® Xeon® Processor E5530 志强 2.40 GHz（492237-L21）；
- 4 GB（2 条 2 GB）PC3-10600R DDR3-1333 内存（500656-B21）；
- 2 个内置双口千兆服务器以太网卡 HP NC382i；
- HP 磁盘阵列控制器；
- 2 个冗余电源；
- 1 个 DVD 刻录光驱；
- 2 个 72 GB SAS 硬盘。

服务器正面，如图 3-121 所示。

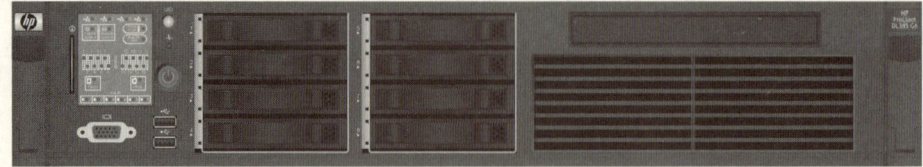

图 3-121 服务器正面

服务器背面及连线，如图 3-122 所示。

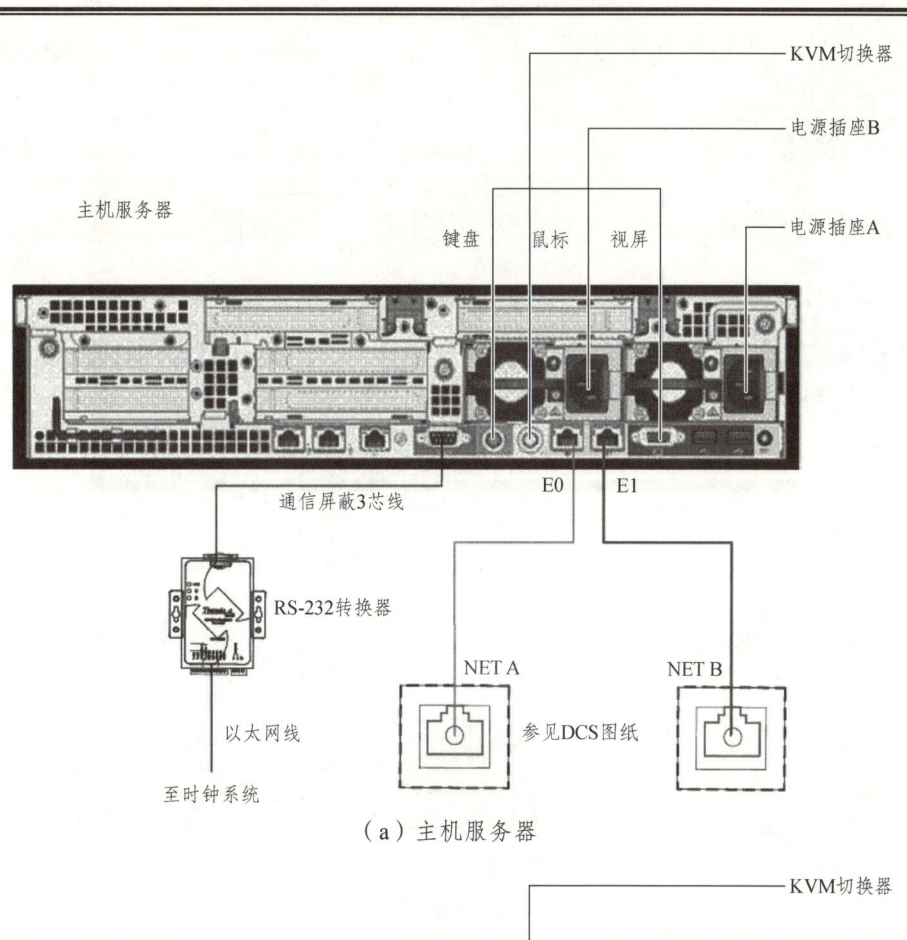

（a）主机服务器

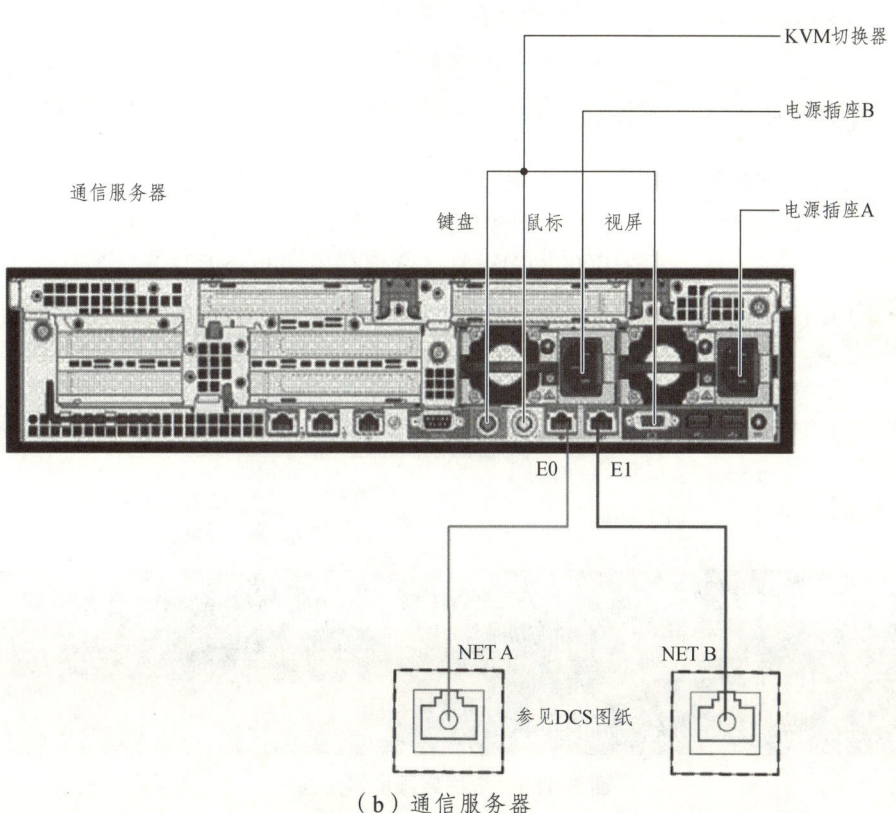

（b）通信服务器

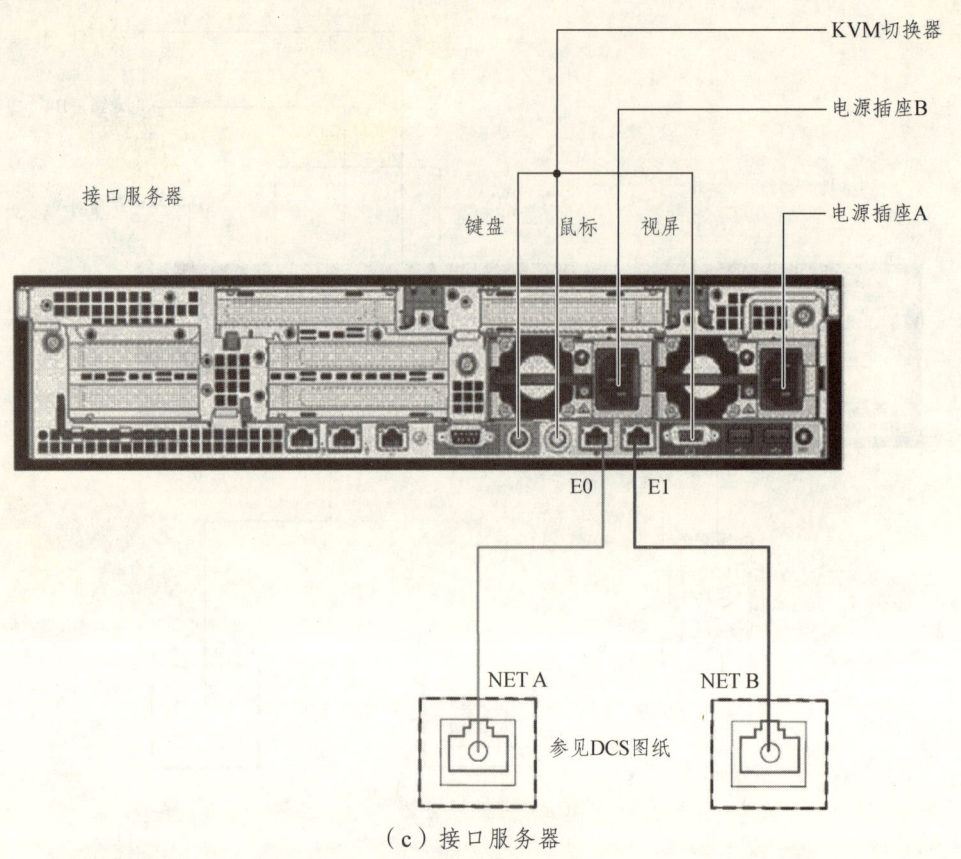

(c)接口服务器

图 3-122 服务器背面及接线

2. 数据库服务器及磁盘阵列

（1）ATS 数据库服务器采用 HP DL380 G6 服务器，具体配置如下：
- 四核处理器 Intel® Xeon® Processor E5530 志强 2.40 GHz（492237-L21）；
- 4 GB（2 条 2 GB）PC3-10600R DDR3-1333 内存（500656-B21）；
- 2 个内置双口千兆服务器以太网卡 HP NC382i；
- HP 磁盘阵列控制器；
- 2 个冗余电源；
- 1 个 DVD 刻录光驱；
- 2 个 72 GB SAS 硬盘。

数据库服务器正面，如图 3-123 所示。

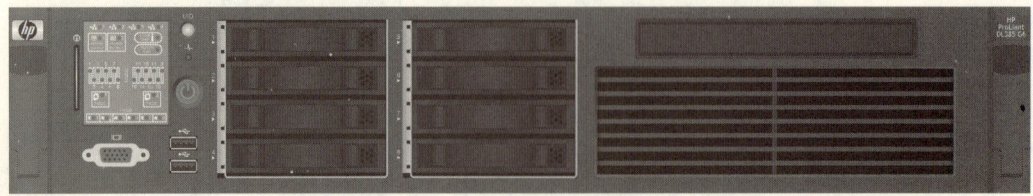

图 3-123 数据库服务器正面

数据库服务器背面及连线，如图3-124所示。

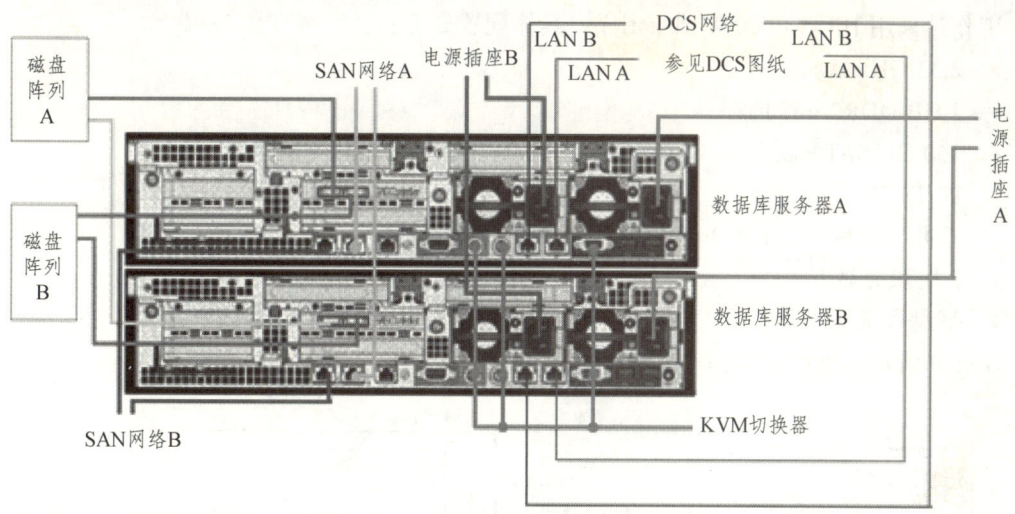

图3-124 数据库服务器背面及连线

（2）磁盘阵列（SAN）采用HP MSA2000智能磁盘阵列，具体配置如下：
- 惠普HPMSA2312sa双控制器智能磁盘阵列；
- 惠普HPSAS线缆-2 m（4根）；
- 惠普HP146GB SAS硬盘（12块）。

磁盘阵列正面，如图3-125所示。

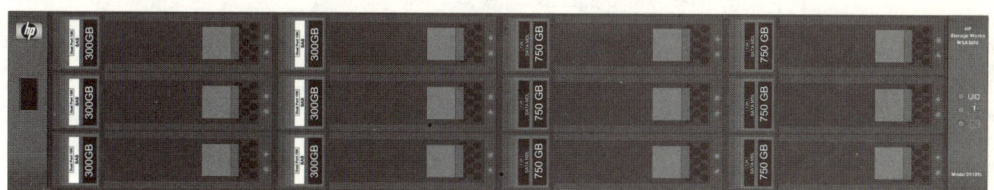

图3-125 磁盘阵列正面

磁盘阵列背面及连线，如图3-126所示。

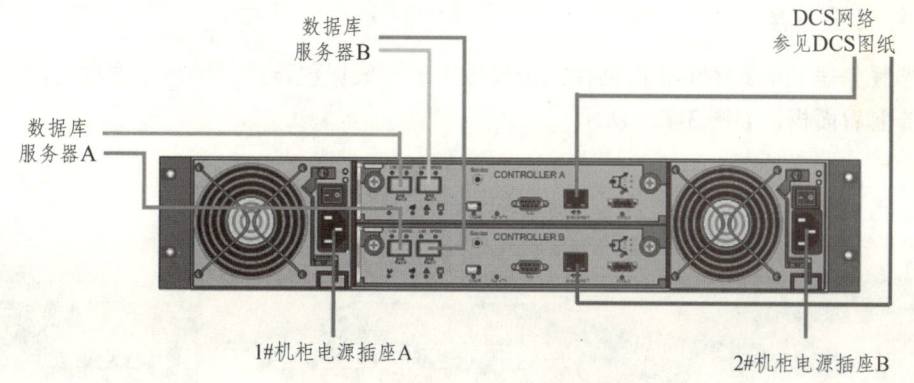

图3-126 磁盘阵列背面及连线

3. 工作站

工作站采用 HP xw4600 Workstation，具体配置如下：
- 2.33 GHz 双核处理器；
- 2 GB DDR2-667 内存；
- 160 GB SATA 硬盘；
- DVD/CD 刻录光驱；
- 千兆以太网卡（1 块）；
- 2 块双屏显卡；
- 键盘和鼠标 1 套。

工作站背面及连线，如图 3-127 所示。

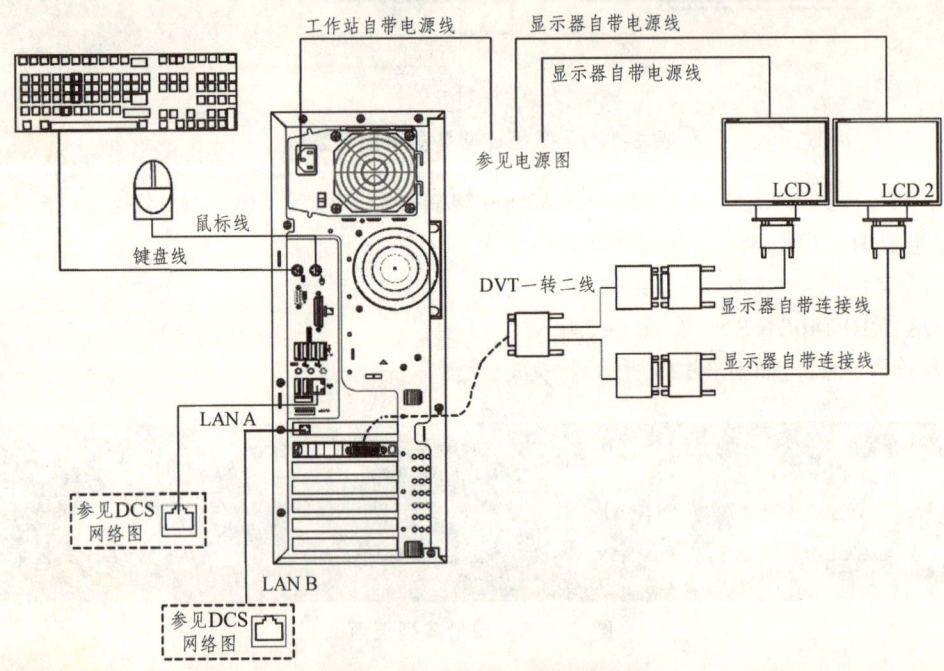

图 3-127　工作站背面及连线

4. 终端服务器

终端服务器 Moxa 5650-8 提供在冗余局域网上将数据包转换成串行数据通信的方式。终端服务器前后面板，如图 3-128 所示。

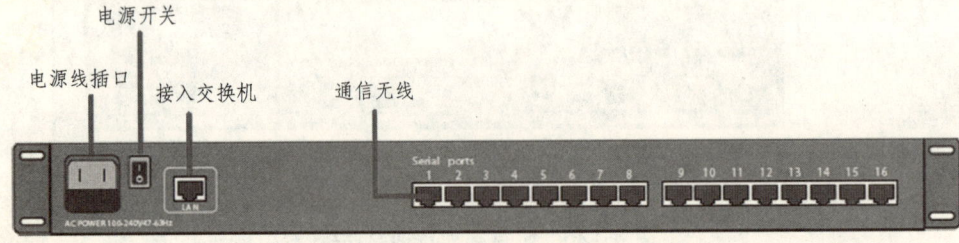

（a）终端服务器后面板

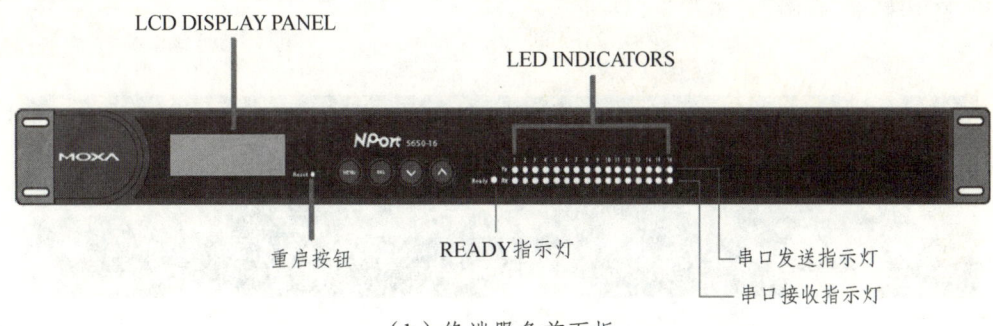

(b)终端服务前面板

图 3-128 终端服务器

5. 机架显示器及 KVM 切换器

机架显示器用于 ATS 机柜内各个服务器的显示,通过 KVM 切换器在各个服务器的显示屏之间进行切换。中心信号设备室内每个 ATS 机柜内都设有 KVM 切换器和机架显示器,各服务器共用主机外设,如鼠标、键盘、显示器。

机架显示器如图 3-129 所示。

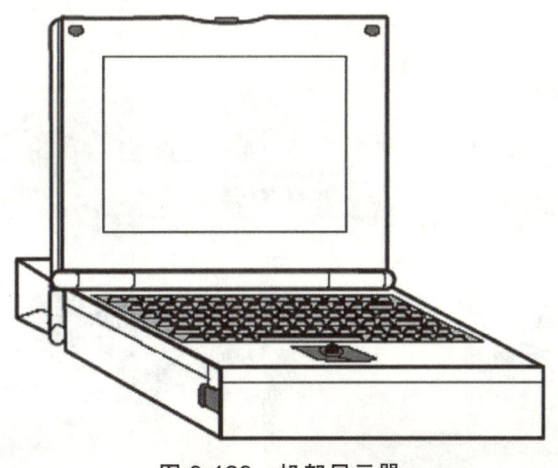

图 3-129 机架显示器

KVM 切换器背面及连线,如图 3-130 所示。

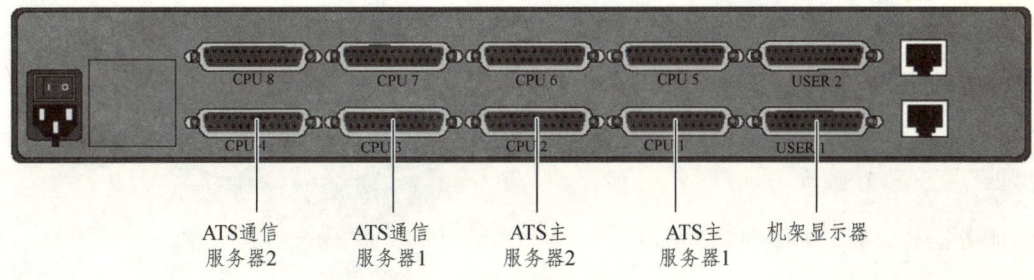

图 3-130 KVM 切换器背面及连线

KVM 切换器前面板，如图 3-131 所示。

图 3-131　KVM 切换器前面板

十二、设备日常维护

（一）服务器实物图

1. 服务器各部件

服务器各部件，如图 3-132 所示。

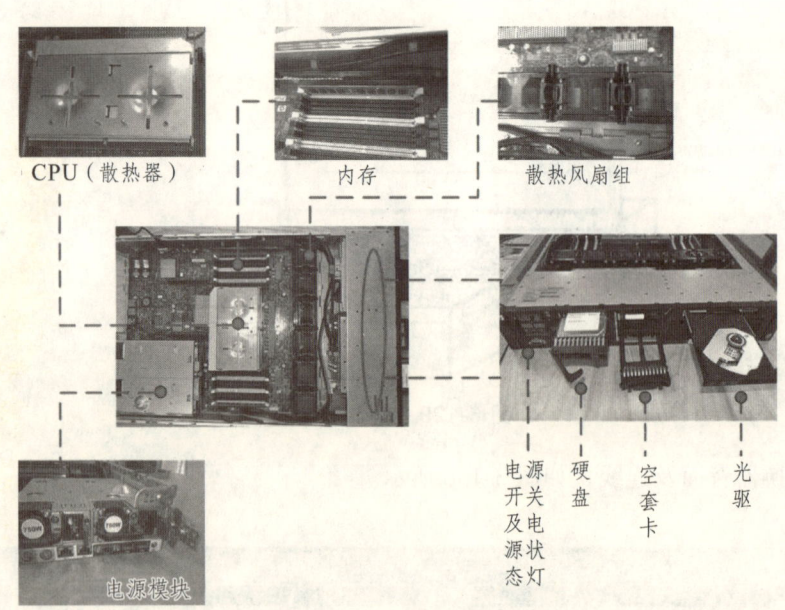

图 3-132　服务器各部件

2. 服务器前面板

服务器前面板，如图 3-133 所示。

图 3-133 服务器前面板

①—网卡灯；②—机身内部温度报警指示灯；③—电源工作状态指示灯；④—定位灯；⑤—系统健康灯；⑥—系统电源指示灯；⑦—电源报警指示灯；⑧—内存状态指示灯；⑨—CPU 状态指示灯；⑩—风扇状态指示灯

3. 服务器背面

服务器背面，如图 3-134 所示。

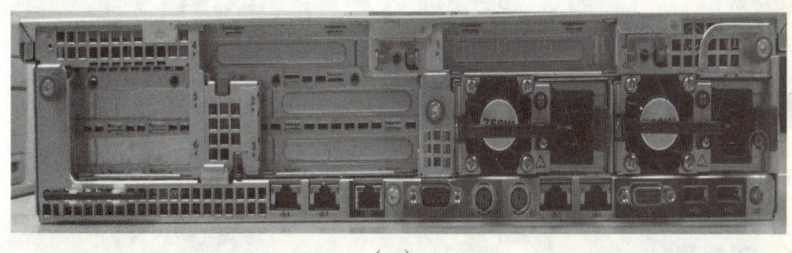

(a)

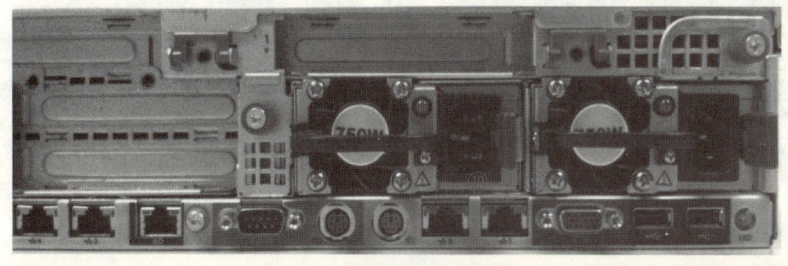

(b)

图 3-134 服务器背面

①—电源；②—电源灯；③—USB 接口；④—视频接口（VGA）；⑤—网线接口；⑥—鼠标接口（PS2）；⑦—键盘接口（PS2）；⑧—定位灯；⑨—网卡/iLO 2 激活灯；⑩—网卡/iLO 2 连接灯

4. 服务器内部

服务器内部，如图 3-135 所示。

(a)

(b)

(c)

(d)

(e)

图 3-135　服务器内部

①—硬盘与主板接口；②—内存插槽；③—南桥；④—CPU 散热器；⑤—CPU；⑥—BIOS 电池；
⑦—散热风扇；⑧—光驱；⑨—磁盘阵列控制板；⑩—电源

（二）服务器各种健康灯指示含义

1. 前面板

前面板指示灯，如图 3-136 所示，其含义如表 3-45 所示。

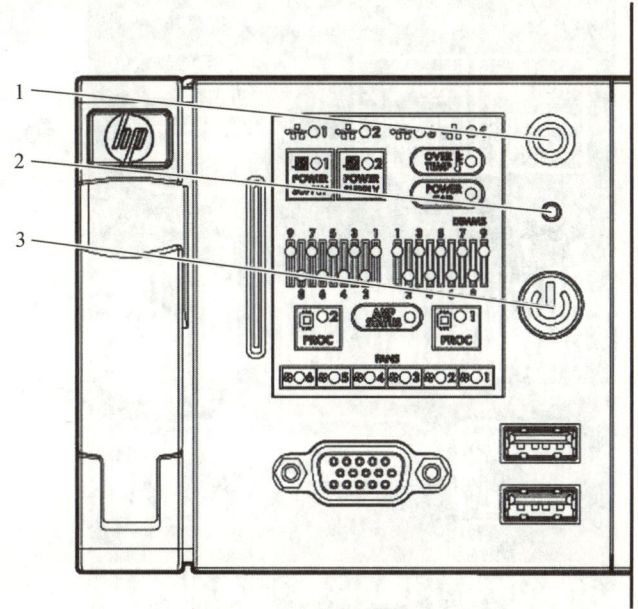

图 3-136 前面板指示灯

表 3-45 前面板指示灯含义

序号	描述	状态
1	UID 灯	绿色：活动 绿色闪烁：系统被远程管理 不亮：不活动
2	系统健康灯	绿色：正常 琥珀色：系统降级 红色：系统危险
3	系统电源指示灯	绿色：系统运行 琥珀色：系统待机但已加电 不亮：电源线没插或电源故障

2. 系统快速诊断板

系统快速诊断板指示灯如图 3-137 所示，其含义如表 3-46 所示。

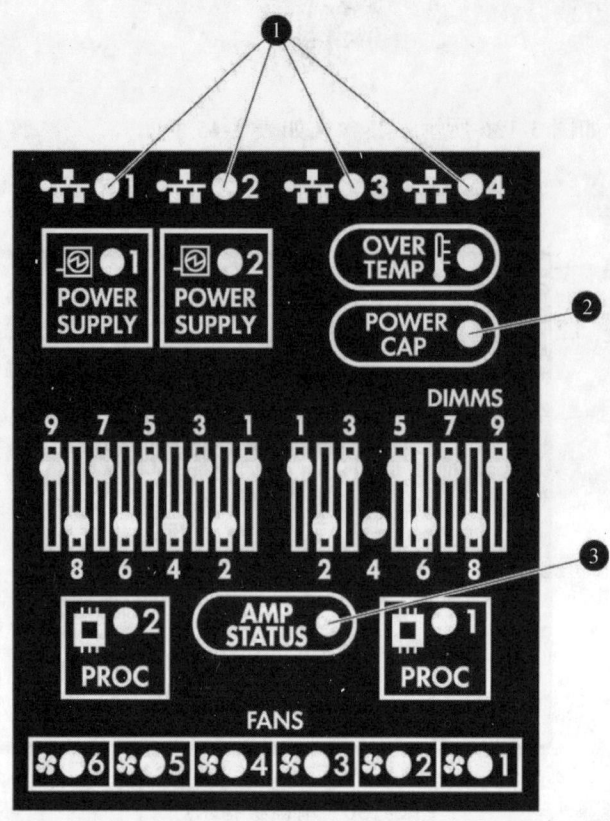

图 3-137 系统快速诊断板指示灯

表 3-46 系统快速诊断板指示灯含义

序号	描述	状态
1	网卡连接/活动灯	绿色：网络连接 闪烁绿色：网络连接而且活动 不亮：网络未连接
2	Power cap	确定 Power cap 状态
3	AMP 状态	绿色：AMP 模式开启 琥珀色：Failover 闪琥珀色：不合理的配置 不亮：AMP 模式关闭
4	所有其他灯	不亮：正常 琥珀色：失败

系统快速诊断板指示灯说明，如表 3-47 所示。

表 3-47 指 示 说 明

指示灯和颜色	健康灯	电源灯	状态
Processor（琥珀色）	红色	琥珀色	处理器槽位问题；处理器没有被安装；处理器不兼容；自检时检测到失败的处理器
Processor（琥珀色）	琥珀色	绿色	处理器处于预损坏状态
DIMM（琥珀色）	红色	绿色	一个或多个内存失败
DIMM（琥珀色）	琥珀色	绿色	内存预报警
Overtemperature（琥珀色）	琥珀色	绿色	检测到内部处于警告级的过热情况
Overtemperature（琥珀色）	红色	琥珀色	检测到内部处于硬件严重错误的过热级别
Fan（琥珀色）	琥珀色	绿色	1个风扇损坏或多个风扇被移除
Fan（琥珀色）	红色	绿色	2个或多个风扇损坏或被移除
Power supply（琥珀色）	红色	琥珀色	只安装了一个电源模块并处于待机状态；电源模块错误；系统板错误
Power supply（琥珀色）	琥珀色	绿色	安装了冗余模块,但只有1个电源模块在工作;电源线没有插入冗余电源模块；冗余电源模块错误；自检过程中发现电源模块不符或正处于不相符的热拔状态
Power cap（熄灭）	—	琥珀色	待机
Power cap（绿色闪烁）	—	绿色闪烁	等待电力
Power cap（琥珀色闪烁）	—	琥珀色	超出电力限制
Power cap（绿色）	—	绿色	电力可用

（三）服务器硬件更换

1. 打开机箱盖

打开机箱盖，如图 3-138 所示。

2. 风扇清洁

将风扇取下，然后用毛刷扫或用压缩空气吹掉风扇上面的灰尘，如图 3-139 所示。

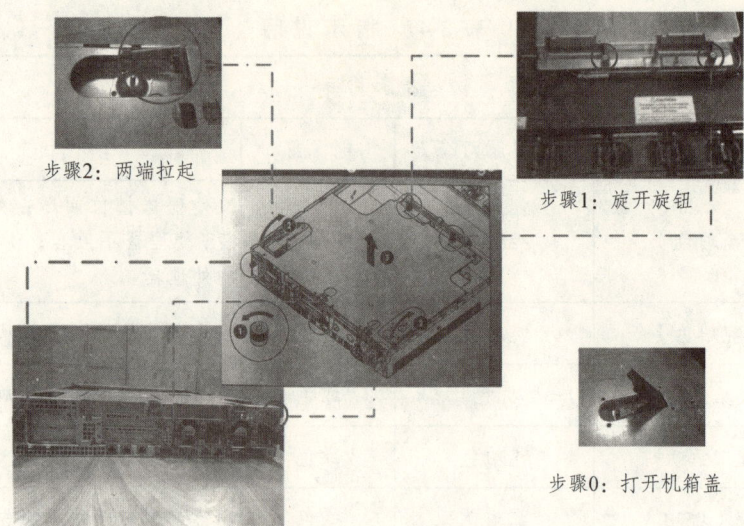

图 3-138　打开机箱盖

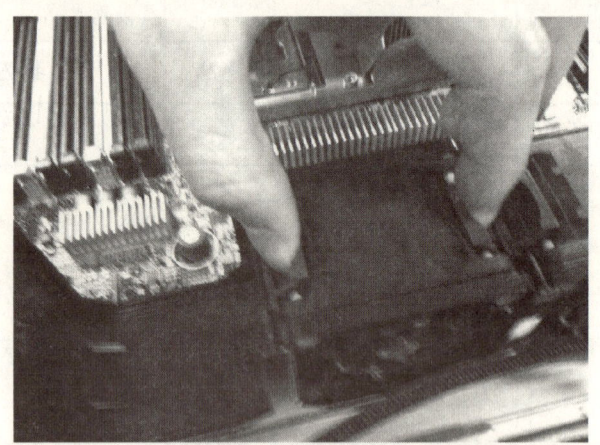

图 3-139　取出风扇

3. 硬盘更换

更换硬盘，如图 3-140 所示。

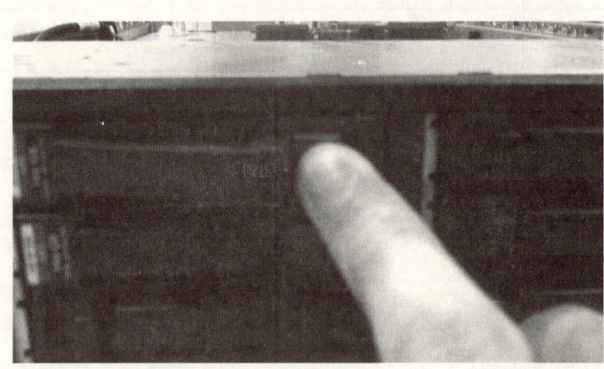

（a）按压按钮

(b)拔出

图 3-140 更换磁盘

4. 内存更换

按压两边的塑料卡,待内存弹出插槽后,即可取出内存条;插上内存条,按压内存条两末端,使两旁的塑料卡完全卡住内存条,如图 3-141 所示。

(a)

(b)

图 3-141 更换内存

5. 电源模块更换

更换电源模块,如图 3-142 所示。

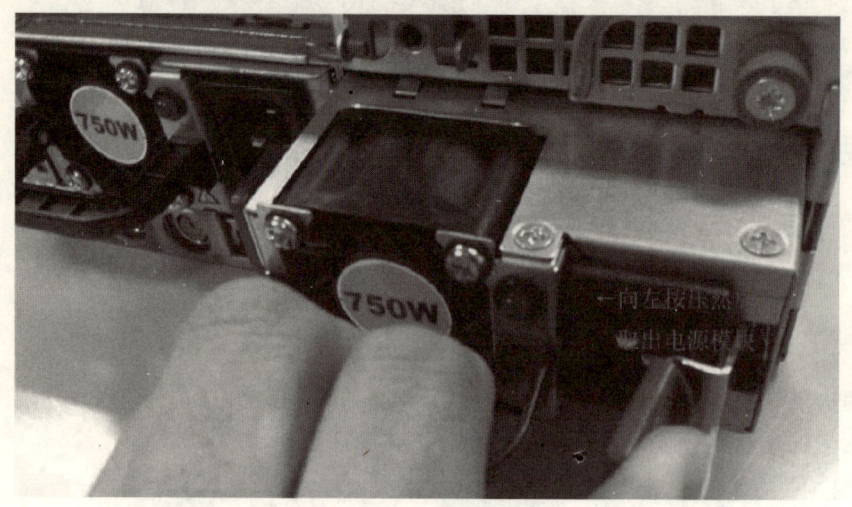

图 3-142　更换电源模块

十三、作业指导及设备工艺标准

(一) 设备重启周期

1. 服务器
- 月检：重启 ATS 应用软件。
- 季检：使用 reboot 命令重启系统。
- 年检：断电重启。

2. 行车调度工作站/总调工作站
- 月检：断电重启。
- 年检：断电重启。

3. 大屏接口工作站/时刻表编辑工作站
- 季检：使用 reboot 命令重启系统。
- 年检：断电重启。

(二) 设备重启标准

设备重启标准,如表 3-48 所示。

表 3-48 设备重启标准

序号	设备	重启周期	重启要求
1	服务器（数据库服务器除外）	月	服务器应用软件重启
2	服务器（数据库服务器除外）	季	先关闭所有应用程序，使用 reboot 命令重启
3	服务器	年	先关闭所有应用程序，断电重启
4	车站/车辆段/停车场/系统管理员/培训工作站	月	先关闭所有应用程序，使用 reboot 命令重启
5	车站/车辆段/停车场/系统管理员/培训工作站	年	先关闭所有应用程序，断电重启
6	行调工作站	月	先关闭所有应用程序，断电重启
7	大屏工作站/时刻表编辑工作站	季	先关闭所有应用程序，使用 reboot 命令重启
8	大屏工作站/时刻表编辑工作站	年	先关闭所有应用程序，断电重启

（三）设备工艺标准

（1）服务器及其附属设备（含磁盘阵列、8 口终端服务器、KVM 切换器、机架显示器、ATS 机柜），如表 3-49 所示。

表 3-49 服务器及其附属设备

序号	周期	工作内容	检修标准
1	日	检查 OCC 信号设备房磁盘阵列、SAN 交换机、终端服务器、KVM 切换器、机架显示器、串口转换器（含转换器电源）与所有服务器、正面与背面各指示灯状态	各指示灯显示正常
		检查各机架显示器工作状态	各机架显示器显示正常，操作灵活流畅
		检查节点监控	记录节点监控中显示的全线 ATS 设备状态，对故障设备应及时处理
		检查全线主用网络通道情况	记录主用的网络通道情况
		检查所有服务器进程主备情况	记录主备情况
		检查全线 ATS 设备网络连通情况	所有设备 A、B 网络都能 Ping 通
		查看全线 ATS 工作站用户登录情况	没有未登录的 ATS 工作站
		查看数据库服务器硬盘容量情况	若检查发现容量超过 85%，则当夜进行运营数据备份
		查看报警队列状态	显示、更新正常，未出现 300+
2	周	检查 ATS 系统时间和通信时间一致性	ATS 系统时间与通信 GPS 时间保持一致，误差不得超过 1 s
		检查运行图室与培训室机房环境情况	温度；湿度；机房设施无异状；完成机房环境卫生清洁工作

续表

序号	周期	工作内容	检修标准
3	月	服务器重启；进程主备倒切	重启倒切后，服务器功能正常，接口服务器报文日志正常
		所有服务器及附属设备（主机、通信、接口、数据库、培训）表面清洁	清洁，无尘，无污渍
		检查服务器主机及附属设备外设插接件紧固部件螺丝	外设插接件紧固部件螺丝紧固无松动
		检查所有服务器主机及附属设备运行、散热风扇是否正常，电源及线缆检查	主机运行无异常噪声，工作指示灯正常点亮；风扇转动正常，无噪声等异常情况
		检查服务器及附属设备电源及线缆是否正常	电源线缆无破损，电源模块上指示灯正常点亮
		数据库服务器备份运营数据到光盘	数据备份完整；标记清楚、明确，标记字迹保存期限长
4	季	重启所有服务器	重启服务器后功能正常，接口服务器报文日志正常
5	年	断电重启服务器	重启后服务器功能正常，各接口日志文件正常
		服务器设备内部板级清洁（包括附属打印机）	内部清洁无尘
		服务器及附属设备内部部件紧固（包括附属打印机）	各个配件插接牢固，无松脱
		服务器功能测试	ATS 主要功能经测试，正常可用，无异状
		服务器硬盘备份	完整同步备份，并做好备份标记

（2）工作站及附属设备（含鼠标、键盘、打印机），如表 3-50 所示。

表 3-50 工作站及附属设备

序号	周期	工作内容	检修标准
1	日	检查管理员工作站工作状态	管理员工作站主机前后各指示灯显示正常，软件运行正常
2	周	检查主调工作站、行调工作站、大屏工作站主机正面与背面各指示灯状态	各指示灯显示正常
		检查主调工作站、行调工作站、大屏工作站的显示器显示情况	显示器无花屏、无光点，显示正常
		检查主调工作站、行调工作站、大屏工作站的鼠标键盘工作状态	鼠标、键盘操作灵活，无卡阻，无坏键
		检查主调工作站、行调工作站、大屏工作站上各进程运行情况	无占用计算机资源异常的进程

续表

序号	周期	工作内容	检修标准
3	月	管理员工作站	先关闭所有应用程序,使用 reboot 命令重启,设备正常运行
		行调工作站	先关闭所有应用程序,断电重启,设备运行正常
		管理员、主调、行调工作站、大屏接口工作站、时刻表编辑工作站设备表面清洁,线缆插接头紧固检查(包括打印机设备表面清洁)	设备表面清洁,无尘,无污渍
		管理员、主调、行调、培训工作站、大屏工作站、时刻表编辑工作站的线缆插接头紧固检查	紧固无松动
		管理员、主调、行调、培训工作站、大屏工作站、时刻表编辑工作站的散热风扇状态检查	风扇转动正常,无噪声等异常情况
		管理员、主调、行调、培训工作站、大屏工作站、时刻表编辑工作站的电源及线缆检查	电源线缆无破损,电源模块上指示灯正常点亮
4	季	重启大屏工作站	重启后,工作站运行正常,大屏正常显示 ATS 轨道图
		开启时刻表编辑工作站检查,检查结束后关闭电源	检查结束后关闭主机与显示器的电源
5	年	断电重启大屏工作站	重启后大屏显示正常
		工作站及附属设备板卡级清洁(包括附属打印机)	内部清洁无尘
		工作站及附属设备件紧固(包括附属打印机)	各个配件插接牢固,无松脱
		工作站功能测试	ATS 主要功能经测试,正常可用,无异状
		工作站硬盘备份(除时刻表编辑工作站)	完整同步备份,并做好备份标记

(四)作业指导

1. 日 巡

1)作业条件

- 空气温度:室内 0 ~ 35 ℃。
- 大气压力:70 ~ 106 kPa(相当于海拔高度 3 000 m)。

2)准备工作

- 作业人员:ATS 检修工当天值班人员。
- 工器具:清洁剂、螺丝刀。
- 劳动保护用品及其他物品:维保服、防尘鞋套(或防静电拖鞋)。
- 资料:《信号系统维修规程》《信号系统作业指导书》。
- 需填写的表格:《控制中心信号设备日常巡视表》《ATS 与 MLK 通信通道主备情况记录表》。

3）作业工期

检修用时 55 min。

- 所有设备正面、背面各指示灯状态：10 min/人。
- 各机架显示器工作状态检查：2 min/人。
- 节点监控检查：5 min/人。
- 全线主用网络通道情况查看：10 min/人。
- 所有服务器、车站工作站进程主备情况查看：10 min/人。
- 网络连通情况检查用时：10 min/人。
- 工作站用户登录情况查看：2 min/人。
- 数据库服务器硬盘容量查看：2 min/人。
- 报警队列状态检查：2 min/人。
- 管理员工作站运行情况检查用时：2 min/人。

4）危险点控制措施

危险点控制措施，如表 3-51 所示。

表 3-51　危险点控制措施

序号	危险点	安全控制措施
1	防止尘土带入机房	进入机房穿戴鞋套或更换洁净的防静电拖鞋

5）作业程序及作业标准

作业程序及作业标准，如表 3-52 所示。

表 3-52　作业程序及作业标准

序号	作业程序	标准及监督检查
1	设备正面、背面各指示灯状态	各指示灯显示正常无误
2	机架显示器状态	正常显示，鼠标键盘操作无异常，各主机显示控制切换正常
3	管理员工作站运行情况	ADM 主机前后所有指示灯都显示正常，软件各种功能菜单的启用关闭正常，各窗口功能正常
4	报警队列状态	报警队列未出现"300＋"，故障记录等各种信息显示正常
5	工作站用户登录情况	没有未登录的 ATS 工作站，切登录用户名正确
6	数据库服务器硬盘容量	硬盘容量不超过 80%，一旦超过 80%，当日夜间进行运行数据备份工作，并清理其硬盘空间
7	与联锁通信通道情况检查	记录通道主备情况
8	网络连通情况	节点监控界面中主服务器均为绿色显示，所有设备 A、B 网均能 Ping 通

2. 周 检

1）作业条件

- 空气温度：室内 0~35 ℃。
- 大气压力：70~106 kPa（相当于海拔高度 3 000 m）。

2）准备工作

- 作业人员：ATS 检修工当天值班人员。
- 工器具：清洁剂、螺丝刀。
- 劳动保护用品及其他物品：维保服、防尘鞋套（或防静电拖鞋）。
- 资料：《信号系统维修规程》《信号系统作业指导书》。
- 需填写的表格：《OCC 调度大厅 ATS 设备周巡检记录表》。

3）作业工期

检修用时 25 min。

- 大厅各工作站主机设备正面、背面各指示灯状态：2 min/人。
- 大厅各工作站显示状态检查：2 min/人。
- 大厅各工作站鼠标、键盘状态检查：3 min/人。
- 大厅各工作站进程运行情况检查：10 min/人。
- 运行图室与培训室机房环境情况检查用时：8 min/人。

4）危险点控制措施

危险点控制措施，如表 3-53 所示。

表 3-53 危险点控制措施

序号	危险点	安全控制措施
1	防止尘土带入机房	进入机房穿戴鞋套或更换洁净的防静电拖鞋

5）作业程序及作业标准

作业程序及作业标准，如表 3-54 所示。

表 3-54 作业程序及作业标准

序号	作业程序	标准及监督检查
1	正面、背面各指示灯状态	各指示灯显示正常无误
2	显示与鼠标、键盘情况	ATS 软件界面显示正常，显示器无异状，鼠标、键盘操作无异常
3	进程运行情况	运行正常

3. 月 检

1）作业条件

- 空气温度：室内 0～35 ℃；
- 大气压力：70～106 kPa（相当于海拔高度 3 000 m）。

2）准备工作

- 作业人员：必须经过 ATS 系统维护技术培训，并经考核合格，取得 ATS 检修工上岗证方可进行该作业。月检作业时作业组人员不得少于两人，作业前由班组长指定一名责任心强、业务素质高、经验丰富、熟悉作业流程且具备高级职业技能的人员为作业负责人，负责办理作业请销点、设备检修指导与作业全过程的安全卡控。
- 工器具：作业前需带齐下列工具，并确保其使用良好：手持台 2 台及其他相关工具。
- 劳动保护用品及其他物品：维保服、防尘鞋套（或防静电拖鞋）。
- 资料：《信号系统维修规程》《信号系统作业指导书》。
- 需填写的表格：《ATS 设备重启登记表》《培训室 ATS 设备月度保养记录表》。

3）作业工期

由于每次检修需重启的设备不同，其设备数量也不同，因此，每次检修的用时都不同。具体工作用时如下。

- 通信服务器重启：30 min/台。
- 数据库服务器重启：20 min/台。
- 主服务器重启：30 min/台。
- 培训服务器重启：20 min/台。
- 培训室内各设备运行状态检查用时：10 min/人，培训网络情况检查：2 min/人。

4）危险点控制措施

危险点控制措施，如表 3-55 所示。

表 3-55　危险点控制措施

序号	危险点	安全控制措施
1	防止尘土带入机房	进入机房穿戴鞋套或更换洁净的防静电拖鞋
2	接打电话或手持台对讲忽略重启过程中的异常现象，导致故障或不良影响	重启过程中，重启操作人员不得接打电话或对讲手持台，直到重启完毕

5）作业程序及作业标准

作业程序及作业标准，如表 3-56 所示。

表 3-56 作业程序及作业标准

序号	作业程序	标准及监督检查
1	重启通信服务器	重启后通信服务器运行正常，接口服务器处各个实时接口日志文件的数据更新正常无异状
2	重启数据库服务器	重启后数据库服务器运行正常
3	重启主服务器	重启后主服务器运行正常，全线 ATS 工作站运行和显示正常，各种操作功能试验正常（同运营前检查）
4	重启培训服务器	重启后培训服务器运行正常，各培训工作站软件运行正常，培训功能可用
5	培训室内各设备运行状态检查	培训服务器、培训工作站和 KVM 切换器及机架显示器正反面各指示灯均正常。机架显示器显示正常，操作灵活流畅
6	培训网络情况检查	交换机状态及其指示灯均正常

4．季 检

1）作业条件

- 空气温度：室内 0 ~ 35 ℃。
- 大气压力：70 ~ 106 kPa（相当于海拔高度 3 000 m）。

2）准备工作

- 作业人员：必须经过 ATS 系统维护技术培训，并经考核合格，取得 ATS 检修工上岗证方可进行该作业。季检作业时作业组人员不得少于两人，作业前由班组长指定一名责任心强、业务素质高、经验丰富、熟悉作业流程且具备高级职业技能的人员为作业负责人，负责办理作业请销点、设备检修指导与作业全过程的安全卡控。
- 工器具：作业前需带齐下列工具，并确保其使用良好：手持台 2 台、全棉毛巾 2 张、毛刷 2 把、清洁剂及其他相关工具。
- 劳动保护用品及其他物品：维保服、防尘鞋套（或防静电拖鞋）。
- 资料：《信号系统维修规程》《信号系统作业指导书》。
- 需填写的表格：《ATS 设备重启登记表》《OCC 调度员工作站检修表》《ATS 系统设备主备倒切试验记录表》《ATS 服务器检修表》《控制中心 ATS 综合设备检修记录表》。

3）作业工期

由于每次检修需重启的设备不同，其设备数量也不同，因此，每次检修的用时都不同。具体工作用时如下。

- 接口服务器重启：30 min/台。
- ATS 工作站重启：10 min/台。
- 主服务器倒切试验：45 min。
- 综合设备检查（季检）：25 min/套·2 人。
- 综合设备清洁：30 min/套·2 人。
- 调度工作站表面清洁：5 min/台。
- 调度工作站检查（季检）：10 min/台。

4）危险点控制措施

危险点控制措施，如表3-57所示。

表 3-57　危险点控制措施

序号	危险点	安全控制措施
1	防止尘土带入机房	进入机房穿戴鞋套或更换洁净的防静电拖鞋
2	接打电话谈论与检修无关内容，忽略检修过程中的异常现象，导致故障或不良影响	检修过程中，检修人员不得接打电话或对讲手持台，谈论与检修无关的内容，直到检修完毕；因检修需要，可使用手机或手持台联系检修相关事宜

5）作业程序及作业标准

作业程序及作业标准，如表3-58所示。

表 3-58　作业程序及作业标准

序号	作业程序	标准及监督检查
1	SAN交换机、终端服务器（8口）、串口转换器及其电源（232转422）、KVM切换器及机架显示器、磁盘阵列与所有服务器设备表面清洁	机柜内及设备表面清洁无尘，无污渍
2	SAN交换机、终端服务器（8口）、串口转换器及其电源（232转422）、KVM切换器及机架显示器、磁盘阵列与所有服务器设备各线缆和插接件紧固	紧固无松动
3	SAN交换机、终端服务器（8口）、串口转换器及其电源（232转422）、KVM切换器及机架显示器、磁盘阵列与所有服务器设备电源及线缆检查	电源及其线缆无破损，无拉糊变色，电源模块各个指示灯显示正常
4	SAN交换机、终端服务器（8口）、串口转换器及其电源（232转422）、KVM切换器及机架显示器、磁盘阵列与所有服务器设备工作状态检查	散热风扇正常转动，无异常噪声；设备工作指示灯正常显示，设备工作无异常噪声和报警音
5	重启接口服务器	重启后接口服务器运行正常，各实时接口日志文件的数据更新正常无异状
6	主服务器倒切试验	倒切正常，倒切后主服务器运行正常，ATS主要功能经测试正常可用，无异状
7	调度工作站表面清洁	调度工作站设备表面清洁无尘，无污渍
8	调度工作站线缆和插接件紧固	紧固无松动
9	调度工作站电源及线缆检查	电源及其线缆无破损，无拉糊变色
10	重启调度工作站	重启后各个调度工作站运行正常，软件显示和操作无异状
11	调度工作站工作状态检查	散热风扇正常转动，无异常噪声；设备工作指示灯正常显示，设备工作无异常噪声和报警音

5. 半年检

1）作业条件

- 空气温度：室内 0~35 ℃。
- 大气压力：70~106 kPa（相当于海拔高度 3 000 m）。

2）准备工作

- 作业人员：必须经过 ATS 系统维护技术培训，并经考核合格，取得 ATS 检修工上岗证方可进行该作业。半年检作业时作业组人员不得少于两人，作业前由班组长指定一名责任心强、业务素质高、经验丰富、熟悉作业流程且具备高级职业技能的人员为作业负责人，负责办理作业请销点、设备检修指导与作业全过程的安全卡控。
- 工器具：作业前需带齐下列工器具，并确保其使用良好：手持台 2 台、全棉毛巾 2 张、毛刷 2 把、清洁剂及其他相关工具。
- 劳动保护用品及其他物品：作业人员需穿戴好维保服、防尘鞋套（或防静电拖鞋）。
- 资料：《信号系统维修规程》《信号系统作业指导书》。
- 需填写的表格：《ATS 设备重启登记表》《ATS 服务器检修表》《OCC ATS 工作站检修记录表》。

3）作业工期

由于每次检修需重启的设备不同，其设备数量也不同，因此，每次检修的用时都不同。具体工作用时如下：

- 大屏工作站重启：20 min/台。
- ADM 工作站重启：20 min/台。
- 培训服务器表面清洁：5 min/人。
- 培训工作站表面清洁：3 min/人。
- 各 ATS（大屏、时刻表编辑、ADM）工作站表面清洁：3 min/台。
- 插接件紧固、电源检查、工作状态检查用时：5 min/台·人（培训服务器/培训工作站/大屏工作站/ADM 工作站）。
- 时刻表编辑工作站检查：10 min/人。

4）作业程序及作业标准

作业程序及作业标准，如表 3-59 所示。

表 3-59 作业程序及作业标准

序号	作业程序	标准及监督检查
1	培训服务器、培训工作站、各 ATS（大屏、时刻表编辑、ADM）工作站表面清洁	表面清洁无尘，无污渍
2	培训服务器、培训工作站、各 ATS（大屏、时刻表编辑、ADM）工作站各线缆和插接件紧固	紧固无松动

序号	作业程序	标准及监督检查
3	培训服务器、培训工作站、各ATS（大屏、时刻表编辑、ADM）工作站设备电源及线缆检查	电源及其线缆无破损，无拉糊变色，电源模块各个指示灯显示正常
4	培训服务器、培训工作站、各ATS（大屏、时刻表编辑、ADM）工作站工作状态检查	散热风扇正常转动，无异常噪声；设备工作指示灯正常显示，设备工作无异常噪声和报警音
5	重启大屏工作站	重启后大屏工作站运行正常，软件显示和操作无异状
6	重启 ADM 工作站	重启后 ADM 工作站运行正常，软件显示和操作无异状
7	开机，检查时刻表编辑工作站	时刻表编辑运行正常；检查结束后，关机处理

6. 年　检

1）作业条件

- 空气温度：室内 0~35 ℃。
- 大气压力：70~106 kPa（相当于海拔高度 3 000 m）。

2）准备工作

- 作业人员：必须经过 ATS 系统维护技术培训，并经考核合格，取得 ATS 检修工上岗证方可进行该作业。月检作业时作业组人员不得少于两人，作业前由班组长指定一名责任心强、业务素质高、经验丰富、熟悉作业流程且具备高级职业技能的人员为作业负责人，负责办理作业请销点、设备检修指导与作业全过程的安全卡控。
- 工器具：作业前需带齐下列工器具，并确保其使用良好：手持台 2 台、全棉毛巾 2 张、毛刷 2 把、清洁剂及其他相关工具。
- 劳动保护用品及其他物品：作业人员需穿戴好维保服、防尘鞋套（或防静电拖鞋）。
- 资料：《信号系统维修规程》《信号系统作业指导书》。
- 需填写的表格：《ATS 服务器检修表》《OCC ATS 工作站检修记录表》。

3）作业工期

- 服务器年检：100 min/台（不含硬盘备份）。
- 工作站年检：80 min/台（不含硬盘备份）。
- 硬盘备份：40 min/块硬盘。

4）危险点控制措施

危险点控制措施，如表 3-60 所示。

表 3-60　危险点控制措施

序号	危险点	安全控制措施
1	防止尘土带入机房	进入机房穿戴鞋套或更换洁净的防静电拖鞋
2	设备内部清洁工作污染机房环境	设备内部清洁工作，应将主机从机柜中拆卸下来，带至设备房外合适的地点进行，防止清洁工作中产生的灰尘污染机房环境

续表

序号	危险点	安全控制措施
3	细小零配件散落主机内部，短路工作板卡	关闭主机盖前，仔细检查，确认无散落小物件后方可加盖、插线、上电
4	接打电话谈论与检修无关内容，忽略检修过程中的异常现象，导致故障或不良影响	检修过程中，检修人员不得接打电话或对讲手持台，谈论与检修无关的内容，直到检修完毕；因检修需要，可使用手机或手持台联系检修相关事宜

5）作业程序及作业标准

作业程序及作业标准，如表 3-61 所示。

表 3-61 作业程序及作业标准

序号	作业程序	标准及监督检查
1	完成硬盘备份	完整同步备份，并做好标记
2	各服务器/工作站设备内部清洁	内部清洁无尘
3	各服务器/工作站设备内部部件紧固	各个插接件牢固无松脱
4	功能测试	主要功能测试，正常可用无异状

7.5 年检

1）作业条件

- 空气温度：室内 0~35 ℃。
- 大气压力：70~106 kPa（相当于海拔高度 3 000 m）。

2）准备工作

- 作业组人员：必须经过 ATS 系统维护技术培训，并经考核合格，取得 ATS 检修工上岗证方可进行该作业。月检作业时作业组人员不得少于两人，作业前由班组长指定一名责任心强、业务素质高、经验丰富、熟悉作业流程且具备高级职业技能的人员为作业负责人，负责办理作业请销点、设备检修指导与作业全过程的安全卡控。
- 工器具：作业前需带齐下列工器具，并确保其使用良好：手持台 2 台、螺丝刀及同型号替用新纽扣电池和新硬盘。
- 劳动保护用品及其他物品：作业人员须穿戴好维保服、防尘鞋套（或防静电拖鞋）。
- 资料：《信号系统维修规程》《信号系统作业指导书》。
- 需填写的表格：《配件更换记录表》。

3）作业工期

- 服务器主板 BIOS 电池更换：70 min/台（更换 20 min，上电开机检查 20 min，系统功能测试 30 min）

- 服务器硬盘更换：80 min（更换 30 min，上电开机检查 20 min，系统功能测试 30 min）
- 工作站主板 BIOS 电池更换：40 min/台（更换 20 min，上电开机检查 10 min，工作站功能测试 10 min）
- 工作站硬盘更换：50 min（更换 30 min，上电开机检查 10 min，工作站功能测试 10 min）

4）危险点控制措施

危险点控制措施，如表 3-62 所示。

表 3-62 危险点控制措施

序号	危险点	安全控制措施
1	防止尘土带入机房	进入机房穿戴鞋套或更换洁净的防静电拖鞋
2	细小零配件散落主机内部，短路工作板卡	关闭主机盖前，仔细检查，确认无散落小物件后方可加盖、插线、上电
3	接打电话谈论与检修无关内容，忽略检修过程中的异常现象，导致故障或不良影响	检修过程中，检修人员不得接打电话或对讲手持台，谈论与检修无关的内容，直到检修完毕；因检修需要，可使用手机或手持台联系检修相关事宜

5）作业程序及作业标准

作业程序及作业标准，如表 3-63 所示。

表 3-63 作业程序及作业标准

序号	作业程序	标准及监督检查
1	拆卸服务器或工作站主机	轻插拔，无损伤
2	更换 BIOS 电池	新电池电量充足，试验开机无异常
3	更换硬盘	试验开机，检查软件及配置数据与旧硬盘一致
4	恢复主机，并进行功能测试	主要功能测试，正常可用无异状

十四、ATS 应用软件基础维护

（一）查看 ATS 应用软件版本

以 ATS 系统管理员工作站（ADM001）为例，所有操作步骤都以在系统管理员工作站上的操作为标准。步骤如下：

- 打开一个命令窗口（shell 环境）；
- 输入密码：svc4cd1；
- 进入默认路径，[cd1svc@cd1adm001 ~]；
- 进入 scripts 目录，[cd1svc@cd1adm001 ~]cd scripts；
- 查看版本：[cd1svc@cd1adm001 ~]validate_kit。

这时我们会看到如图 3-143 所示内容。

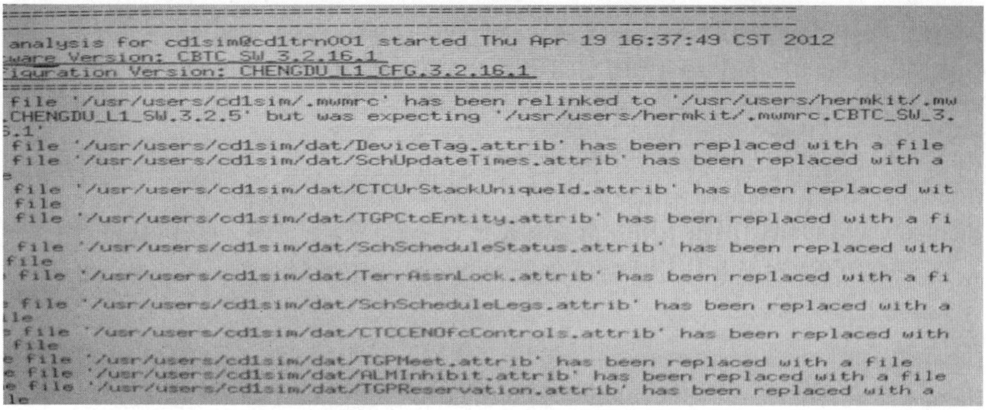

```
analysis for cd1sim@cd1trn001 started Thu Apr 19 16:37:49 CST 2012
ware Version: CBTC SW 3.2.16.1
iguration Version: CHENGDU L1 CFG.3.2.16.1
file '/usr/users/cd1sim/.mwmrc' has been relinked to '/usr/users/hermkit/.mw
.CHENGDU_L1_SW.3.2.5' but was expecting '/usr/users/hermkit/.mwmrc.CBTC_SW_3.
5.1'
file '/usr/users/cd1sim/dat/DeviceTag.attrib' has been replaced with a file
file '/usr/users/cd1sim/dat/SchUpdateTimes.attrib' has been replaced with a
e
file '/usr/users/cd1sim/dat/CTCUrStackUniqueId.attrib' has been replaced wit
file
file '/usr/users/cd1sim/dat/TGPCtcEntity.attrib' has been replaced with a fi
file '/usr/users/cd1sim/dat/SchScheduleStatus.attrib' has been replaced with
file
file '/usr/users/cd1sim/dat/TerrAssnLock.attrib' has been replaced with a fi
file '/usr/users/cd1sim/dat/SchScheduleLegs.attrib' has been replaced with a
ile
file '/usr/users/cd1sim/dat/CTCCENOfcControls.attrib' has been replaced with
file
file '/usr/users/cd1sim/dat/TGPMeet.attrib' has been replaced with a file
file '/usr/users/cd1sim/dat/ALMInhibit.attrib' has been replaced with a file
file '/usr/users/cd1sim/dat/TGPReservation.attrib' has been replaced with a
le
```

图 3-143　查看软件版本

图 3-143 中画线部分就是我们查看到当前工作站所用的 ATS 软件版本。

- Software Version：CBTC_SW_3.2.16.1（软件版本）。
- Configuration Version：CHENGDU_L1_CFG.3.2.16.1（配置版本）。

（二）安装 ATS 应用软件

1. 准备工作

- 装有需要更新的 ATS 软件包和配置包的 U 盘一个，以 ATS 软件包 kit.CBTC_SW_3.2.16.1.tar.gz、配置包：kit.CHENGDU_L1_CFG.3.2.16.tar，gz 为例进行阐述。
- 需要更新 ATS 软件的 ATS 工作站或 ATS 服务器一台，以 ATS 系统管理员工作站（ADM001）为例。
- 若是安装已经投入运营的 ATS 工作站或 ATS 服务器，则在运营结束后安装。

2. 安装步骤

- 打开一个命令窗口，输入密码后进入命令输入模式，关闭 ASP 程序。

[cd1svc@cdadm001 ~]shutdown asp

- 用 pss 查看是否关闭，关闭后进行后续步骤。

[cd1svc@cdadm001 ~]pss

- 切换到 root 用户，将 U 盘插入 ADM001 主机 USB 口，挂载装有需要更新 ATS 软件包和配置包的 U 盘。

[cd1svc@cdadm001 ~]su root

[root@cd1adm001 cd1svc]mount/dev/sdb1/mnt（在输入/dev/sd 时请用 TAB 键查看到 U 盘盘符名字，一般显示在最后）

[root@cd1adm001 cd1svc]cd/mnt
[root@cd1adm001/mnt]ls（查看是否挂载成功，若成功则能看到 U 盘里的文件）

- 将 U 盘里的 kit.CBTC_SW_3.2.16.1.tar.gz 和 kit.CHENGDU_L1_CFG.3.2.16.tar，gz 拷贝到 hermkit 用户的默认目录。

[root@cd1adm001/mnt]cp kit.CBTC_SW_3.2.16.1.tar.gz/use/user/hermkit

[root@cd1adm001/mnt]cp kit.CHENGDU_L1_CFG.3.2.16.1.tar.gz/use/user/hermkit

- 切换到 hermkit 用户，进入 hermkit 用户的默认目录。

[root@cd1adm001/mnt] cd/use/user/hermkit

[root@cd1adm001 hermkit]su hermkit

[hermkit@cd1adm001 ~]ls（可以查看到拷贝过来的 ATS 软件包和数据包）

- 解压这两个文件，解压完成后可在 hermkit/scripts 下看到这两个文件解压出来的文件，如图 3-144 所示。

[hermkit@cd1adm001 ~]tar zxvf kit.CBTC_SW_3.2.16.1.tar.gz

[hermkit@cd1adm001 ~]tar zxvf kit.CHENGDU_L1_CFG.3.2.16.1.tar.gz

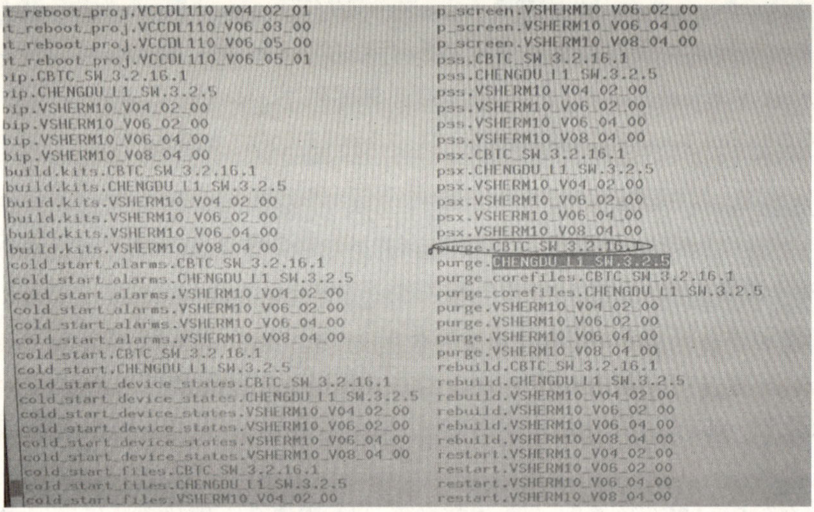

图 3-144 文件解压结果

- 切换回 cd1svc 用户，运行 activate_kit，运行后会出现如图 3-145 所示界面。

[hermkit@cd1adm001 ~]su cd1svc

[cd1svc@cd1adm001 hermkit]cd

[cd1svc@cd1adm001 ~]./scripts/activats_kit

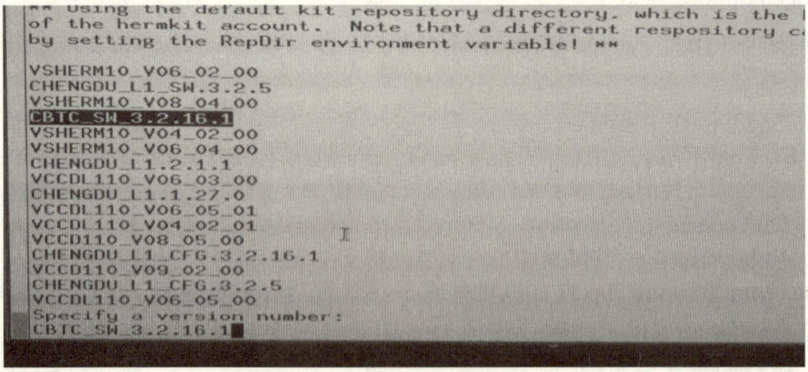

图 3-145 运行 activate_kit 界面

- 按住鼠标左键拖选 CBTC_SW_3.2.16.1，再按鼠标中键复制到"Specify a version number："，然后回车，软件会进行链接激活，如图 3-146 所示。

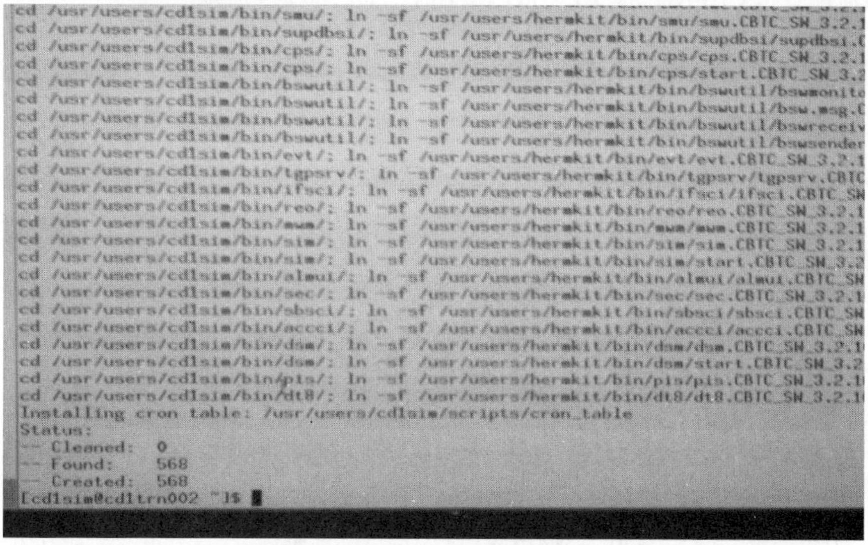

图 3-146　链接激活

图 3-146 最下方有个链接激活的结果数据，如图 3-147 所示。

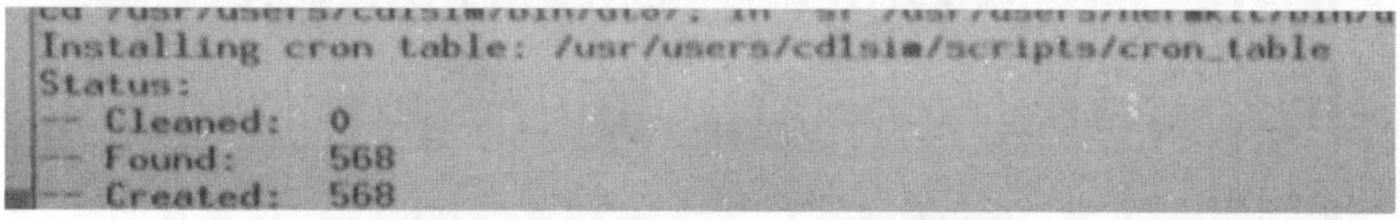

图 3-147　链接激活结果数据

图 3-147 中 Cleaned 为清理，Found 为发现，Created 为创建。

当 Found 和 Created 数量一致时，才表示激活成功。若数据不一致或数字过小，如只有 10 多个、40 多个或 Cleaned 有数据表示激活失败，则需要重新激活。激活失败如图 3-148 所示。

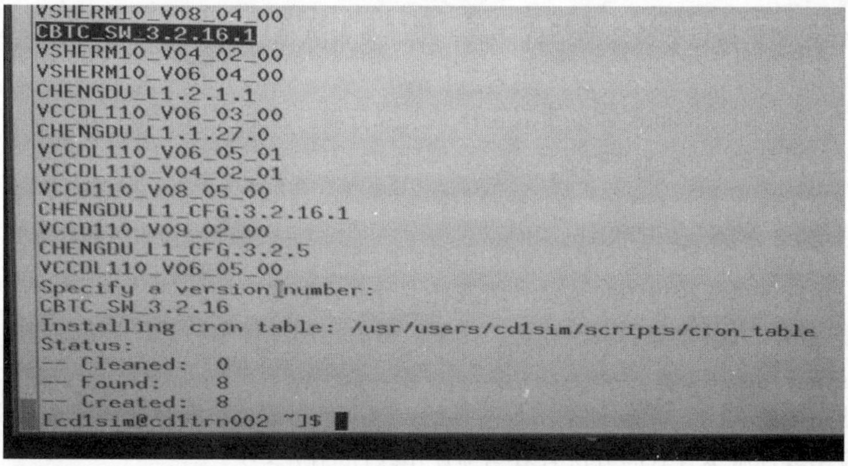

图 3-148　激活失败

激活软件包后，采用同样步骤激活配置包。链接激活的时候请先激活软件包 SW，再激活配置包 CFG，然后再激活一次软件包 SW。

- 激活配置包 CHENGDU_L1_CFG.3.2.16.1，如图 3-149 所示。

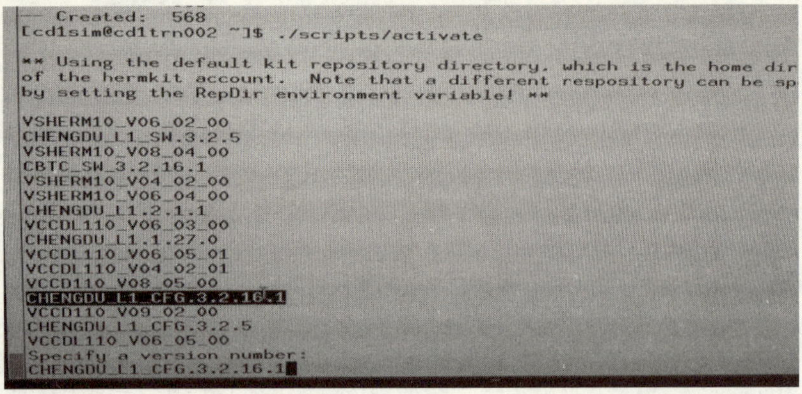

（a）

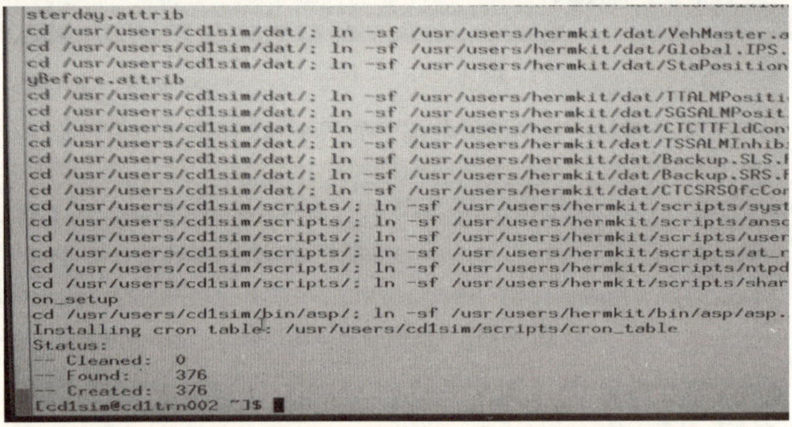

（b）

图 3-149　激活配置包

- 软件包和数据包都链接激活成功后，按照查看软件版本的方法查看当前软件版本是否为更新后的版本。
- 检查完成后用 reboot 命令重启工作站或服务器。重启完成后最好再检查一下当前版本信息，进行再次确认。

（三）清理 ATS 应用软件

ATS 应用软件可能经过多次软件升级或补丁升级，旧的应用软件和数据库保存在服务器或工作站上，占用大量存储空间。因此，需要对旧的应用软件和数据库进行清理，确保系统有足够的存储空间。

正在使用中的 ATS 应用软件是不可清理的，清理不会成功，同时还会导致系统出错。所以先要用应用软件版本查看的方法查看当前使用软件的版本号。

清理步骤，以软件包 CBTC_SW_3.2.16.1 为例进行阐述。

- 切换为 hermkit 用户，在 hermkit 用户下清理不再需要保存的应用软件。

[cd1svc@cd1adm001 ~]su hermkit

- 进入 scripts 查看，hermkit 默认目录下存放着所有软件包和配置包的压缩文件，如图 3-150 所示。

[hermkit@cd1adm001 ~]cd scripts

[hermkit@cd1adm001scripts]ls

假设我们查看到当前使用的软件版本是 CHENGDU_L1_SW.3.2.5，现在需要清理版本号为 CBTC_SW_3.2.16.1 的软件包。图 3-150 中实线圈里的便是需要清理的软件版本，绿色覆盖的是需要保留的软件版本。

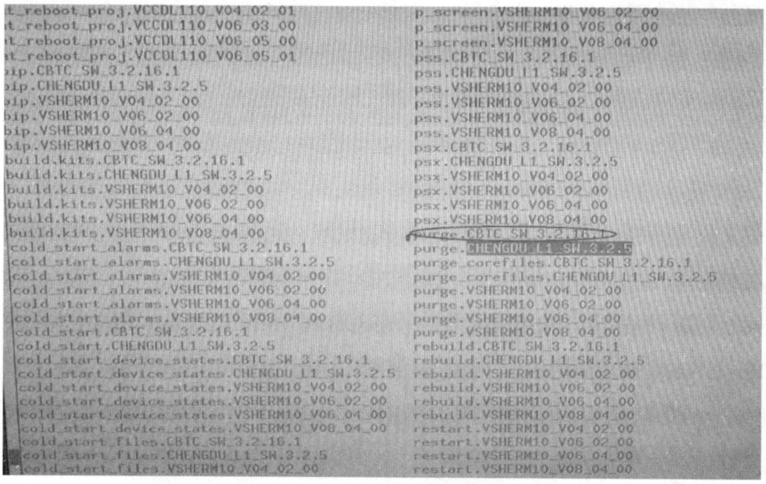

图 3-150 查看所有软件包和配置包结果

- 确定好需要保留和清理的软件版本后，运行 purge 脚本程序来保留和清理软件版本。

[hermkit@cd1adm001scripts]./purge.CHENGDU_L1_SW.3.2.5 CBTC_SW_3.2.16.1 purge 命令使用格式为：./purge.要保留的软件版本 + 空格 + 要清理的软件版本。

- 回车运行：

用户确认清理，如图 3-151 所示。

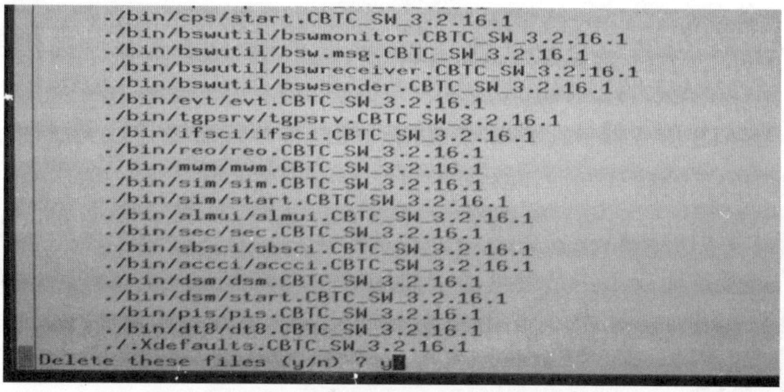

图 3-151 用户确认清理

首先完成对磁盘空间的扫描,然后列出即将删除的目录和文件,再次确认是否清理,输入 y,如图 3-152 所示。

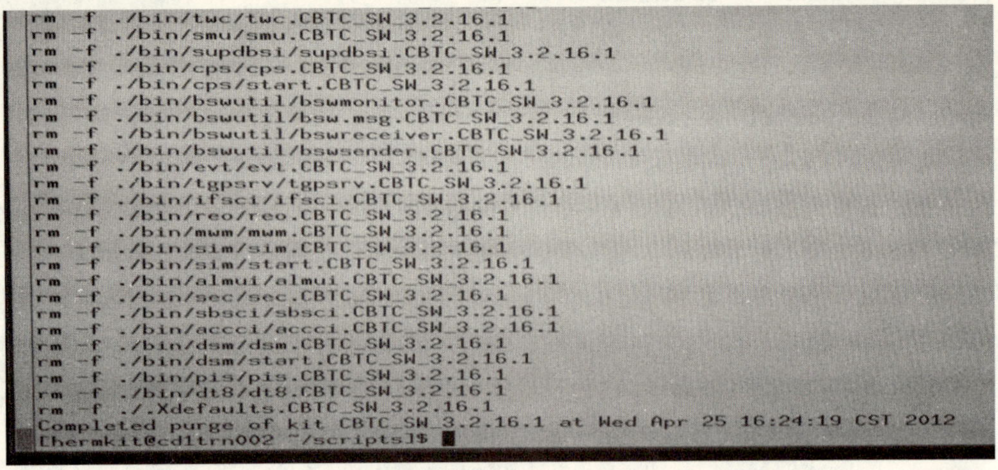

图 3-152 运行结果

全部目录和文件删除完毕后会回到命令输入状态,此时表示版本号为 CBTC_SW_3.2.16.1 的软件已经完成清理。

- 使用 ls 命令进行查看,检查是否还存在 CBTC_SW.3.2.16.1 相关的文件,同时还需要检查 CHENGDU_L1_SW.3.2.5 相关文件是否保留。
- 返回到 hermkit 默认目录清理 CBTC_SW_3.2.16.1 的压缩文件。

[hermkit@cd1adm001scripts]cd

[hermkit@cd1adm001 ~]ls

[hermkit@cd1adm001 ~]rm-rf kit.CBTC_SW_3.2.16.1.tar.gz(删除软件压缩包,可用 rm-rf 命令清理相关版本的各种信息、文本文件)

至此,版本号为 CBTC_SW_3.2.16.1 的应用软件的所有文件清理完毕。

十五、ATS 服务器/工作站硬盘恢复

ATS 服务器/工作站硬盘恢复是 ATS 检修工必须掌握的专业技能,主要分硬件恢复和软件恢复。

硬件恢复:当 ATS 服务器或工作站硬盘出现硬件损坏或故障导致无法使用时,需使用新硬盘装入正在使用的系统软件和应用软件,通过修改相应配置再替换掉坏的硬盘使服务器或工作站恢复工作,通俗的说就是更换硬盘,硬件恢复也包含了软件恢复的操作。

软件恢复:指服务器或工作站硬盘由于使用的系统软件或应用软件出现关键文件被破坏或被修改导致系统或软件无法正常使用时,对其进行系统软件或应用软件还原或重装的方法,前提是硬盘本身无问题。

（一）ATS 工作站硬盘恢复

1. 作业准备

（1）若是新装或硬盘硬件损坏需要更换则需要准备一块装有现用系统软件的新硬盘。

（2）装有运营使用中的应用软件安装包和配置包的 U 盘一个（本教材用以 ATS 软件包 kit.CBTC_SW_3.2.16.1.tar.gz、配置包 kit.CHENGDU_L1_CFG.3.2.16.tar.gz 为例进行阐述）。

（3）防静电手环（根据作业人数准备相应个数）。

（4）通用台式机硬盘数据线一根。

2. 软件安装

软件安装主要针对故障硬盘中只是应用软件故障或需要更换硬盘的情况下所使用的新硬盘中只有系统软件而未安装应用软件；若是更换硬盘所使用的新硬盘中已有使用中的应用软件，则可跳过此步骤直接进行数据配置。

若是需要更换新硬盘，先将故障工作站关机，将坏的硬盘取出，再将准备好的新硬盘数据线插好，开启工作站。（若无需更换硬盘则跳过此步骤）

（1）系统正常启动后，使用鼠标右键点击空白处出现菜单，如图 3-153 所示。

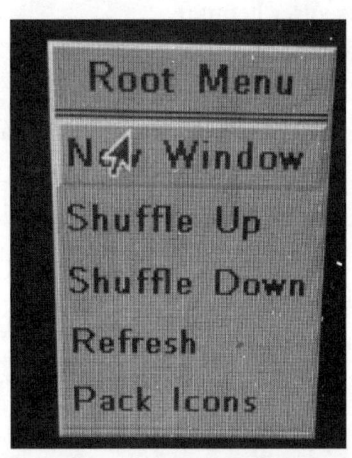

图 3-153　软件安装菜单

（2）鼠标左键点击 New Window，出现 shell 窗口即命令提示框，如图 3-154 所示。

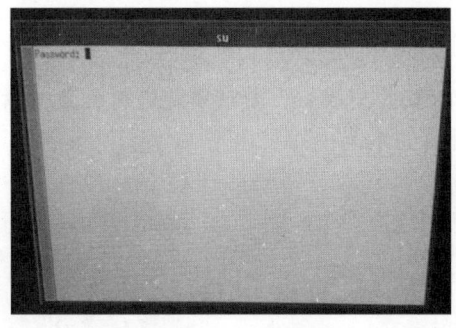

图 3-154　命令提示框

（3）输入超级用户密码：svc4cd1。

（4）建立 hermkit 用户。

- 切换到 root 用户，创建 hermkit 用户，设置 hermkit 用户的 HOME 目录为 "/usr/users/hermkit："。

[cd1svc@cd1adm001 ~] su root

[root@ cd1adm001 cd1svc]/usr/sbin/useradd-d/usr/users/hermkit-m hermkit

- 设置 hermkit 用户密码。

[root@ cd1adm001 cd1svc] passwd hermkit

- 设置 hermkit 的 HOME 目录权限为 "drwxr-xr-x："。

[root@cd1adm001 cd1svc] chmod 755/usr/users/hermkit

（5）挂载拷贝有应用软件的 U 盘到工作站上。

（6）将 U 盘里的软件包和配置包拷贝到 hermkit 用户的默认目录。

[root@cd1adm001/mnt]cp kit.CBTC_SW_3.2.16.1.tar.gz/use/user/hermkit

[root@cd1adm001/mnt]cp kit.CHENGDU_L1_CFG.3.2.16.1.tar.gz/use/user/hermkit

（7）切换到 hermkit 用户，进入 hermkit 用户的默认目录，解压拷贝的软件包和配置包压缩文件。

[root@cd1adm001/mnt] cd/use/user/hermkit

[root@cd1adm001 hermkit]su hermkit

[hermkit@cd1adm001 ~]ls（可以查看到拷贝过来的软件包和配置包）

[hermkit@cd1adm001 ~]tar zxvf kit.CBTC_SW_3.2.16.1.tar.gz

[hermkit@cd1adm001 ~]tar zxvf kit.CHENGDU_L1_CFG.3.2.16.1.tar.gz

（8）切换到 cd1svc 用户，进入 cd1svc 的 HOME 目录，从 HOME 目录创建两个链接。

[hermkit@cd1adm001 ~] su cd1svc

[cd1svc@cd1adm001 hermkit]$ cd ~

[cd1svc@ cd1adm001 ~]$ mkdir scripts

[cd1svc@ cd1adm001 ~]$ ln-sf/usr/users/hermkit/scripts/activate_CBTC_SW_3.2.16.1 scripts/activate_kit

[cd1svc@ cd1adm001 ~]$ ln-sf/usr/users/hermkit/scripts/activate. CBTC_SW_3.2.16.1 scripts/activate

（9）运行 activate 脚本命令安装 ATS 应用软件。

3. 数据配置

软件安装完毕、操作系统安装完成后，需对系统进行配置，以满足 ATS 软件的运行需求。

（1）系统配置前需从目前的系统中拷贝以下文件或目录到/root/Install 下。

- 显卡驱动安装脚本。
- 多串口卡驱动安装脚本。
- 网络配置脚本。
- 打印机配置脚本。

- NTP 配置文件。
- Hosts 文件。
- Anscad 文件。
- 字库安装文件。

（2）由于安装的应用软件和配置包所有配置脚本也已自动安装好，因此，主要对主机名、IP、网络配置、显示器、屏保、电源时间和启动变量等进行配置，其他参数直接用命令查看是否配置正确就可以了。

主机名及网络配置：

- 在 root 用户下的默认路径输入 cd Install/；
- 然后输入./net_config.sh；
- 出现一个配置窗口，依次输入主机名按回车键确定；
- 配置 A 网 IP 地址（相关地址请在根目录下/etc/下的 hosts 文件中查找）；
- B 网会根据 A 网自动配置；
- 查看路由设置（不需 root 用户）；
- cd/etc/sysconfig/network-scripts 回车；
- 使用 more 命令：more route-eth1。

显示配置：

vi/etc/X11/xorg.conf 在弹出的配置文件窗口里找到 Xinerama "1"（1 为车站，0 为中央）blank time "0"。此操作需重启后生效。

一般情况下，我们直接将相同显卡和屏幕配置的其他工作站的 xorg.conf 文件拷贝过来覆盖就可以了，这样做也可以省去屏幕数量的设置。

屏幕数量设置：

输入 nvidia-settings 回车后会出现一个显卡配置的图形窗口，如图 3-155 所示。

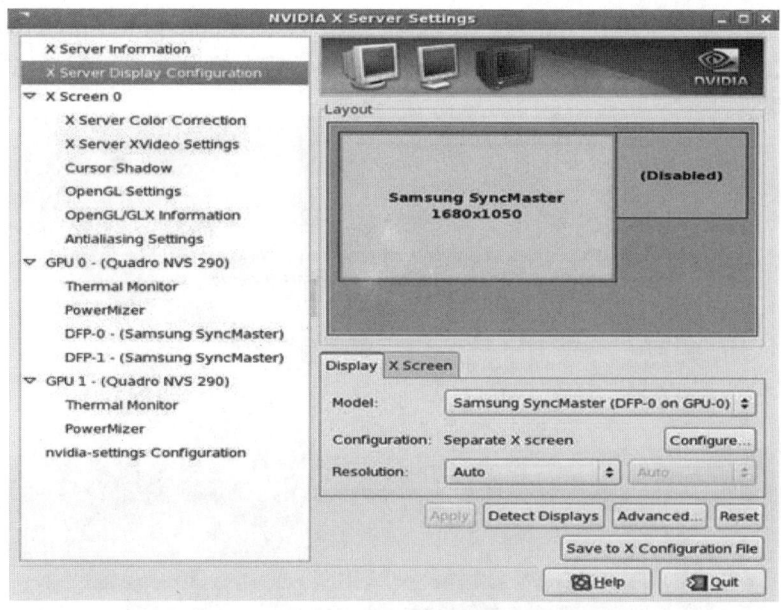

图 3-155　显卡配置窗口

在左上角选择"X server Display Configuration",会出现一个配置栏,如图 3-156 所示。

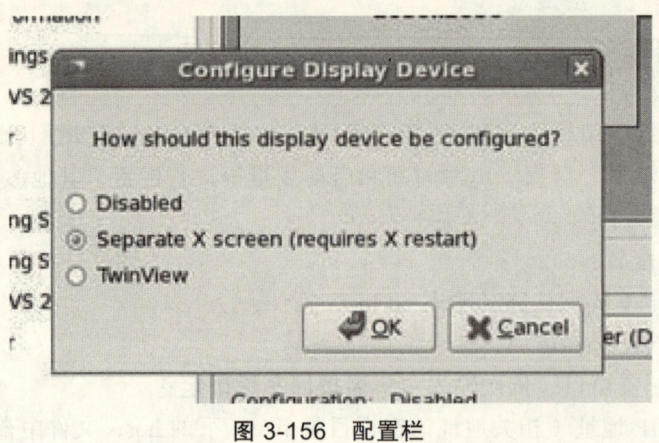

图 3-156　配置栏

"Separate X screen"选项为单屏;"Twinview"选项为双屏。经测试无论选什么,其对工作站的屏幕数量设置都无影响,因此,最好还是拷贝相同屏幕数量配置的工作站的 xorg.conf 文件。

屏保设置:

• 方式 1:输入 gnome-screensaver-preferences 回车,弹出图形界面,在 activate screensaver when computer is idle 前勾选框不要打钩(打钩为需要屏保)。

• 方式 2:使用 VI 命令编辑文件。修改/etc/X11/xorg.conf 文件,在 Section "Screen" 加入一行,注意区分大小写。

Option "RegistryDwords" "PowerMizerEnable = 0x1; PerfLevelSrc = 0x2222; PowerMizerLevelAC = 0x1"

电源设置:

电源设置主要是为了不让工作站进入休眠状态。输入 gnome-power-preferences 回车,将 "Sleep"下面的两个可拖动图标拉至最后,显示 nerver 后直接退出,如图 3-157 所示。

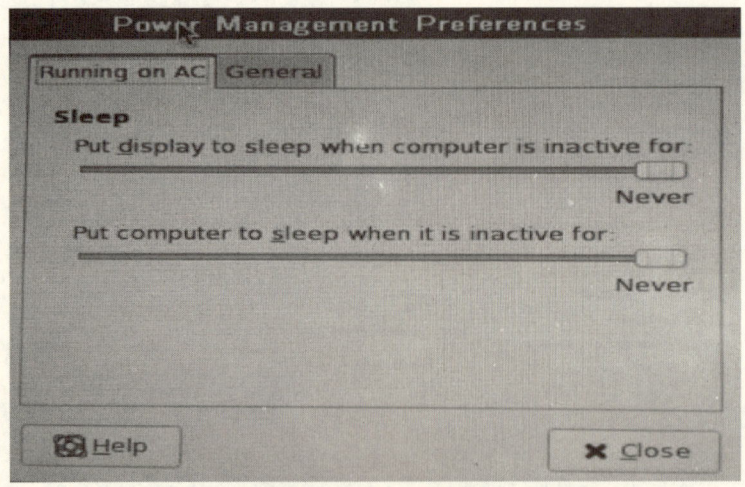

图 3-157　电源设置

字体设置检查：

输入 rpm-q wqy-bitmapfont 回车，显示的内容为 wqy-bitmafont-0.8.1-7 便是正常的。

时间源设置：

输入 system-config-time 回车，弹出图形化界面，点击 Network Time Protocol 栏，在 Enable network time protocol 前打钩，如图 3-158 所示。

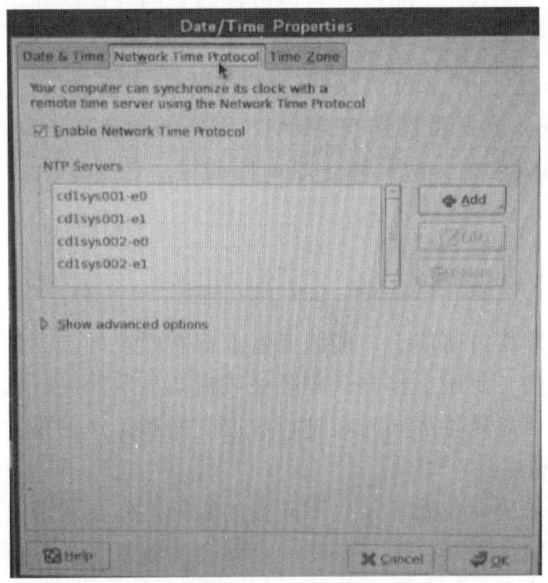

图 3-158 Network Time Protocol 设置

点击 Time Zone 栏，将时区选为上海，最后点击 OK 保存退出，如图 3-159 所示。

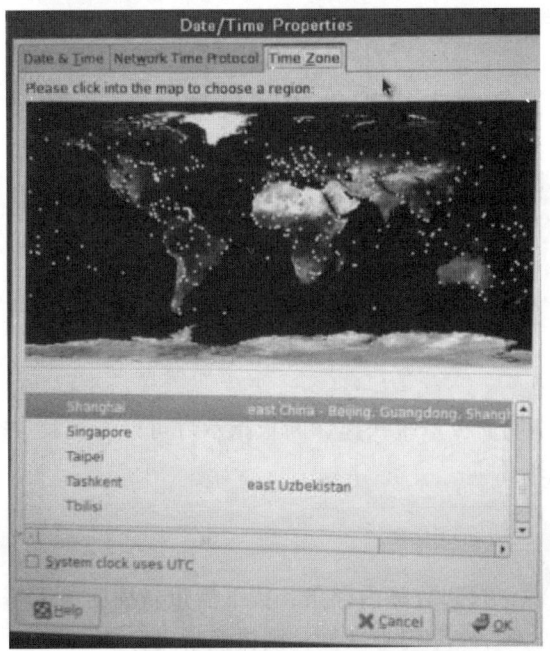

图 3-159 Time Zone 设置

默认启动参数配置：

通常 ATS 工作站默认启动用户都为 svc 用户。修改方法如下：

- cd/usr/share/gdm 回车；
- vi defaults.conf 回车；
- 在文件中找到"AutomaticLoginEnable = true"（此处需要为 true）；
- automaticlongin = cd1svc（cd1svc 可以改成需要的默认启动用户，成都地铁 1 号线集中站工作站一般改成 cd1lcw）。

所有配置修改完成后，用 reboot 命令重启工作站，若重启后发现还有问题，则请按以上步骤重新仔细检查一遍是否操作有错。ATS 工作站硬盘恢复作业若遇到需要整机更换的，请在更换前牢记网线位置，恢复时一定不要插错。更换完硬盘后请做好标记，登记相关台账。

（二）ATS 服务器硬盘恢复

（1）服务器硬盘恢复相对简单，一般服务器上都有两块硬盘，如果两块硬盘都坏了，请参照工作站硬盘恢复方法，使用工作站远程登录或机架显示器进行软件安装及数据配置。

（2）服务器的两块硬盘平时都同时在进行数据交换和工作，正常情况下两块硬盘的数据工作灯都是同步绿色闪烁。

（3）如果服务器有一块硬盘故障，故障硬盘的数据工作指示灯会显示为稳定黄色。只需将坏的拔出，将新的空硬盘插入，那块好的硬盘就会向新硬盘备份所有系统文件及数据；刚更换上去新硬盘时，两块硬盘的数据工作指示灯会交替绿色闪烁，数据交换完毕后就会同步绿色闪烁，这个时候新的硬盘就已经恢复为运营使用状态了。

（4）服务器硬盘一般支持热插拔，但在不影响运营的情况下最好收车且将服务器断电后再插入新硬盘进行恢复。

十六、服务器/工作站主机硬件故障处理

服务器/工作站主机常见的硬件故障可归结为内存故障、硬盘故障、显卡故障、光驱故障等。

（一）内存故障

1. 故障现象

根据服务器（在线）前面板系统快速诊断板指示灯可以看到某一个或多个 DIMM 灯显示红色或橙色（正常为琥珀色）。

2. 解决方法

关闭服务器拔掉电源，找到故障内存条，拔下后重新插回或重新换一个卡槽插回（颜色相同卡槽），然后再开机，若故障仍未恢复，则更换新内存。

（二）硬盘故障

1. 故障现象

硬盘故障现象，如表 3-64 所示。

表 3-64　硬盘故障现象

在线/活动 LED 灯（绿色）	故障/UID LED 灯（红色/蓝色）
亮、不亮或者闪烁	交替亮红色和蓝色
亮	红色，规律性闪烁（1 Hz）
不规律性闪烁	红色，规律性闪烁（1 Hz）
不亮	红色，规律性闪烁（1 Hz）
不亮	红色

（1）系统不能识别硬盘。

系统从硬盘无法启动，使用 CMOS 中的自动监测功能也无法发现硬盘的存在。这种故障大都出现在连接电缆或 IDE 端口上，硬盘本身故障的可能性不大，可通过重新插接硬盘电缆或改换 IDE 口及电缆等进行替换试验，很快就可以发现故障的所在。

（2）系统无法启动。

系统无法启动故障通常是由主引导程序损坏、分区表损坏、分区有效位错误引起的。

（3）硬盘出现坏道。

2. 解决方法

更换硬盘。由于硬盘支持热插拔，因此，可以在不关闭服务器的情况下更换故障硬盘。更换之前需确认硬盘是否是空白硬盘，检查是否有重要数据。

（三）显卡故障

1. 故障现象

（1）开机无显示。

开机无显示故障一般是由显卡与主板接触不良或主板插槽有问题造成的。

（2）显示颜色异常。

显示颜色异常故障一般有以下几个原因：

- 显示卡与显示器信号线接触不良；
- 显示器自身故障；
- 在某些软件里运行时颜色不正常，一般常见于老式机，在 BIOS 里有一项校验颜色的选项，将其开启即可；
- 显卡损坏；
- 显示器被磁化，此类现象一般是由于与有磁性的物体过分接近所致，磁化后还可能会引起显示画面出现偏转的现象。

（3）死机。

出现死机故障一般多见于主板与显卡的不兼容或主板与显卡接触不良，除此之外，显卡与其他扩展卡不兼容也会造成死机。

2. 解决方法

更换显卡。

（四）光驱故障

1. 故障现象

光驱故障主要为不能读取光盘数据或不能刻录。

2. 解决方法

更换新光驱。

项目小结

（1）卡斯柯ATS子系统采用两个网络交换机组成冗余配置的100 M中心局域网；正线设备集中站、正线非设备集中站、车辆段子系统采用网络设备组成热备的100 M车站局域网，ATS车站设备通过网络连接到其车站局域网，然后通过冗余的100 M主干网络接口连接到中心局域网。

（2）当卡斯柯ATS系统发生故障时，首先提醒调度员将相应车站转入站控或紧急站控模式。

（3）当卡斯柯ATS发生单点故障时，不要轻易切换应用服务器和通信服务器，不要轻易重启交换机等网络设备，否则容易扩大故障影响范围。

（4）日常巡视时发现备用机器或备用通道故障时，虽然暂时不影响使用，但必须立即处理。

（5）浙大网新ATS子系统、区域控制器（ZC）、数据存储单元（FRONTAM）、远程ATS车站工作站和数据通信子系统（DCS）间的通信，由配置为主/备模式的冗余以太网（LAN）完成。LAN通过远程光缆设备和网络复用设备与每个远程节点通信。网络复用设备（包括冗余的接入交换机、骨干交换机等）安装在中央控制室、车辆段、每个远程ATS车站子系统和其他DCS子系统。

复习思考题

1. 卡斯柯ATS子系统主要由哪些设备组成？
2. 卡斯柯ATS子系统应用服务器、通信前置机的主要功能分别是什么？

3. 卡斯柯 ATS 子系统服务器和工作站的检修周期分别是多长？
4. 简述卡斯柯 ATS 子系统发生 ATS 应用服务器故障的处理方法。
5. 简述卡斯柯 ATS 子系统发生中心通信中断、大屏通信中断故障的处理方法。
6. 卡斯柯 ATS 子系统可能发生哪些外部接口故障？
7. 浙大网新 ATS 子系统设备主要由哪些设备组成？
8. 浙大网新 ATS 子系统主机服务器、通信服务器、接口服务器的主要功能分别是什么？
9. 浙大网新 ATS 子系统服务器和工作站的检修周期分别是多长？

附 录

附表 1　专业名词缩写

英语缩写	中文名称及英语全称
ATC	列车自动控制（Automatic Train Control）
ATO	列车自动驾驶（Automatic Train Operation）
ATP	列车自动防护（Automatic Train Protection）
ATS	列车自动监控（Automatic Train Supervision）
CI	计算机联锁（Computer Based Interlocking）
CBTC	基于通信的列车自动控制系统（Communication Based on Train Control system）
DCC	车辆段调度中心（Depot Control Center）
DCS	数据通信系统（Data Communication System）
EOA	授权终端（End Of Authority）
ESB	紧急停车按钮（Emergency Stop Button）
FSFB	故障安全现场总线（Fail Safe Field Bus）
HMI	人机接口（Human Machine Interface）
IBP	综合后备盘（Integrity Backup Panel）
LAN	局域网（Local Area Network）
LC	线路控制器（Line Controller）
LEU	线路电子单元（Line side Electronic Unit）
MSS	维护支持系统（Maintenance Support System）
OCC	控制中心（Operation Control Centre）
OVERLAP	保护区段（Protection Route）
PSD	屏蔽门（Platform Screen Door）
PSL	屏蔽门站台控制盘（Platform Screen Door Panel）
PSS	供电系统（Power Supply System）
PSU	供电单元（Power Supply Unit）
PM	转辙机（Point Machine）

续表

英语缩写	中文名称及英语全称
SCO	车站操作员（Station Control Operator）
SDM	诊断和维护子系统（Diagnostics and Maintenance Subsystem）
SER	信号设备室（Signaling Equipment Room）
SIG	信号（Signaling）
SIL	安全等级（Safety Integrity Level）
TC	轨道电路（Track Circuit）
TD	运行方向（Traffic Direction）
TORR	随列车运行自动解锁（Train Operated Route Release）
TSR	临时限速（Temporary Speed Restrictions）
UPS	不间断供电电源（Uninterruptible Power Supply）
URBALIS888	URBALIS信号解决系统（Urbalis is a standard signaling product applied to transit solution）
VOBC	ATP系统-车载控制器（Vehicle On-board Controller）
ZC	区域控制器（Zone Controller）
ZLC	区域计算机联锁（Zone Logic Computer）

附表2 术语定义表

编号	名词	定义
1	CBTC模式	车地之间通过专用的无线方式实现车地双向连续通信，进而实施对列车的控制
2	后备模式	CBTC故障或夜间工程车运营时的控制模式。后备模式下CI子系统通过计轴方式的安全型列车检测系统对区段占用/出清状态进行检测。后备模式包含点式模式和联锁级模式
3	保护区段	在设定的停车位置之外的一段轨道区段，不授权列车进入，但需要为接近的列车进行锁闭，以确保列车运行安全
4	施工区域封锁	通过特定的程序，实现线路上的指定区段或多个区段由施工负责人进行指挥和控制的过程
5	安全侧故障	故障发生后将使信号系统自动转为具有限制条件的安全状态
6	危险侧故障	一种可能导致系统不安全的故障状态，有潜在的风险

参考文献

[1] 何宗华，汪松滋，何其光. 城市轨道交通通信信号系统运行与维修[M]. 北京：中国建筑工业出版社，2006.

[2] 吴汶麟. 城市轨道交通信号与通信系统[M]. 北京：中国铁道出版社，2006.

[3] 林瑜筠. 城市轨道交通信号设备[M]. 北京：中国铁道出版社，2006.

[4] 李建国. 城市轨道交通系统概论[M]. 北京：机械工业出版社，2009.

[5] 邢红霞，张党国. 城市轨道交通信号设备维护与保养[M]. 重庆：重庆大学出版社，2013.

[6] 高嵘华，吴广荣. 城市轨道交通信号基础设备维护[M]. 成都：西南交通大学出版社，2011.